일을 했으면
성과를
내라

일을 했으면 성과를 내라

2016년 3월 23일 개정판 1쇄 | 2019년 1월 21일 9쇄 발행
지은이 · 류랑도

펴낸이 · 김상현, 최세현
책임편집 · 최세현 | 디자인 · 김애숙

마케팅 · 김명래, 권금숙, 심규완, 양봉호, 임지윤, 최의범, 조히라, 유미정
경영지원 · 김현우, 강신우 | 해외기획 · 우정민
펴낸곳 · (주)쌤앤파커스 | 출판신고 · 2006년 9월 25일 제406-2006-000210호
주소 · 경기도 파주시 회동길 174 파주출판도시
전화 · 031-960-4800 | 팩스 · 031-960-4806 | 이메일 · info@smpk.kr

ⓒ류랑도(저작권자와 맺은 특약에 따라 검인을 생략합니다)
ISBN 978-89-6570-318-1(03320)

쌤앤파커스(Sam&Parkers)는 독자 여러분의 책에 관한 아이디어와 원고 투고를 설레는 마음으로 기다리고 있습니다. 책으로 엮기를 원하는 아이디어가 있으신 분은 이메일 book@smpk.kr로 간단한 개요와 취지, 연락처 등을 보내주세요. 머뭇거리지 말고 문을 두드리세요. 길이 열립니다.

대한민국 최고의 성과 창출 전문가가 말하는 일의 해법

일을 했으면 성과를 내라

Performance WAY

• 류랑도 지음 •

쌤앤파커스

일은 역할이고
성과는 책임이다.

CEO, 본부장, 실장, 사업부장, 팀장, 그룹장, 파트장, 팀원…. 이들에게는 공통점이 있다. 각자에게 역할과 책임이 있다는 것이다. '역할役割'이란 조직의 성과창출을 위해 자신이 해야 할 구체적인 일이고, '책임責任'이란 역할수행을 통해 조직에 기여해야 할 성과물이다. 조직의 구성원들은 자신이 속한 조직의 성과목표 달성에 기여하기 위해서 우선적으로 해야 할 일인 '역할'과 역할수행을 통해 '책임'져야 할 성과목표를 기간에 따라 명확하게 인식하고 실천해야 한다. 구성원들이 각자의 역할과 책임을 다해야 팀워크도 생기고 조직의 성과도 창출되며 미래를 위한 성장도 할 수 있기 때문이다.

만약 자신의 역할과 책임을 명확하게 알지 못하고 일할 경우, 나름대로 열심히 일하긴 하는데 구체적으로 자신이 조직의 어떤 성과에 기여하고 있는지 잘 몰라서 성취감과 만족감이 생기기 어렵고, 이는 조직의 성과창출에 큰 장애요인이 된다. 그래서 조직에서는 일정기간 동안 수행해야 할 자신의 역할을 정확히 알고 자기 주도적으로 책임지고 실행해냄으로써 관리감독이 필요 없는 인재를 원한다.

　어떤 회사나 조직이든 그 안에 소속되면 근무하는 동안 반드시 지켜야 할 도리라는 것이 있다. 출근한 순간부터 퇴근하기 전까지 업무시간에는 사적인 일을 하지 않고 공적인 업무에 충실해야 한다. 하지만 현실에서는 이와 다르게 생각하거나 행동하는 사람들이 너무나도 많다. 회사의 구성원으로서 해야 할 공적인 일보다는 사적인 통화, 인터넷 채팅, SNS 활동 같은 개인적인 일에 더 신경 쓰는 경우다.

　그리고 팀 단위로 일을 하다 보면 자신에게 맡겨진 역할과 책임을 다했다 하더라도 관련된 다른 팀원의 일을 지원해야 하는 경우가 종종 생긴다. 일이라는 것이 팀원 간에 역할과 책임의 경계선이 명확하게 구분되지 않는 경우가 부지기수이기 때문에 자기 일을 하면서 관련된 다른 팀원들과 역할조율을 해나가면서 유연하게 대처해야 한다. 그런데 처음에 지시받은 일 외에는 손가락 하나 까딱하지 않거나, 동료들의 일에는 관심 없고 오직 자기 자신만이 우선이라고 생각하는 이기적인 사람들도 많다. 이런 사람들 때문에 팀워크가 잘 안 되고, 팀의 성과도 낮아지는 것이다.

　조직에 몸담은 사람들과 이야기를 나눠보면 많은 이들이 공통적으로 하는 이야기가 있다.

"자신이 조직으로부터 합당한 보상이나 대우를 받지 못한다며 불평하기 전에, 먼저 자신의 역할과 책임을 제대로 해냈는지, 그리고 이기적인 행동으로 주변 동료들에게 피해를 주지는 않았는지를 반성하는 것이 중요하다."

나는 이 책을 통해서 "나는 열심히 했는데 원하는 결과가 나오지 않는다."는 사람들에게 스스로에게 과연 떳떳한지, 원하는 결과물을 얻기 위해 진정으로 고민하고 노력했는지 일깨워주고 싶었다. 일은 자신에게 맡겨진 '역할'이고, 성과는 자신이 '책임'져야 할 결과물이다. 이 책의 제목을 《일을 했으면 성과를 내라》라고 정한 이유도 바로 그것이다.

하지만 많은 사람들이 '성과'를 부담감과 두려움을 느끼는 대상으로 막연하게 인식하고 리더들이나 똑똑한 소수의 엘리트들에게만 해당되는 이야기로 생각하는 듯하다. 그리고 성과라고 하면 이익이나 매출과 같은 회사의 최종 결과물만 생각하는 경향들이 의외로 많다.

실제로는 그렇지 않다. 성과란 '일을 통해 기대하는 결과물, 원하는 결과물'이다. '성과'라는 단어가 거창하게 들릴지도 모르겠지만, 결국 우리가 늘 고민하는 '어떻게 해야 일을 잘할 수 있는가?' 하는 '일 잘하는 방법'에 관한 이야기다.

회사에서 요구하는 목표는 내 힘으로 어떻게 해볼 수 없는 것 같고, 상사가 해주는 코칭과 질책은 두루뭉술해서 어디서부터 어떻게 개선해야 할지 모르겠다고 토로하는 사람들이 많다. 나는 제대로 일하고 성과를 창출하기까지 일련의 과정에서 보고 느끼고 깨달은 것을 공유하면서 그들이 갖고 있는 고정관념이나 거부감을 조금이나마 줄여주고 싶었다. 무엇보다도 성과를 낼 수 있는 가장 직접적인 요소들을 찾아내 실천하고 체질화하도록 돕고 싶었다. 그런 뜻을 담아, 나는 성과경영 컨설턴트로서 대한민국의 모든 비즈니스맨들이 자신의 능력을 쌓고 역량을 거침없이 발휘해 지속적인 성과를 낼 수 있도록 응원하고자 이 책을 쓰기 시작했다.

이번 개정증보판에서는 '왜 성과를 내야 하는가?'에 대한 이유와 역할, 책임에 대한 내용을 더욱 보강했으며, 핵심에 더욱 집중할 수 있도록 재구성했다. 뿐만 아니라, 6년 전의 초판을 읽고 보내온 많은 독자들의 의견도 반영했다. '성과'라는 진지하고 까다로운 주제를 다루고 있고, 나 자신이 전문작가가 아니기 때문에 글이 다소 거칠 수 있다. 때로는 무겁게 느껴질 것이다. 성과창출 방법의 정석을 보여주려면 좋은 말로 부드럽게 타이르는 것보다 직설적인 화법의 정공법이 더 효과적일 것이라고 생각한다. 비록 세련된 표현은 부족하겠지만, 성과경영 컨설턴트로서 내가 현장에서 보고 경험한 것들, 훌륭한 분들을 만나서 가르침을 받고 깨달은 것을 바탕으로, 성과창출에 가장 효과가 좋은 처방만을 가감 없이 제시했다는 점은 감히 자신할 수 있다.

실력은 거짓말하지 않는다. 내가 현재 위치에서 더욱 당당하고 자신 있게 이 세상을 살아가기 위한 무기가 바로 실력이며, 그것은 기본기를 익힌 '역량'을 통해 이루어진다. 어쩌다 우연히 반짝하고 성과를 낸 것은 '행운'이지 결코 '역량'이 될 수 없다. 역량은 우연도, 일회적인 것도 아니다. 역량은 지속적인 성과를 만드는 '일근육'이다. 멋진 근육처럼 만들기까지는 시간이 걸리지만 한번 체질화하면 두고두고 써먹을 수 있는 것이 바로 역량이다. 우리는 이제 역량을 체질화하여 지속적인 성과로 승화시켜야 한다.

무한한 성장 가능성을 지닌 당신이, 눈앞의 어려움에 좌절하거나 좀더 편하게 현재상태에 안주하며 살고픈 유혹에 부딪힐 때마다 이 책을 들춰보기 바란다. 이 책에 당장 연봉을 올리는 법이나, 상사에게 잘 보이는 법은 없지만, 그보다 몇 배 더 가치 있고, 평생 가는 성과 창출법이 있다. 해마다 풍년의 기쁨을 안겨주는 옥토沃土를 돌보듯, 이 책과 함께 지속적인 성과를 뽑아내는 지력地力을 탄탄하게 다지기를 바란다.

대한민국 모든 조직의 구성원들이
자신의 역할과 책임을 분명히 알고 제대로 일해서
탁월한 성과를 창출하는 하이퍼포머가 되기를 기대하면서

안국동에서 **류랑도**

이 책에서는 일의 기본기를 제대로 익혀 성과를 내는 방식을 3가지로 정리했다.
1부에서는 일에 대한 본질, 일하는 프로세스의 원칙, 개념, 가이드라인을 모아
'일하는 방식Work'으로 구분했다. 그리고 2부에서는 성과를 달성하기 위해 발
휘해야 하는 행동적 요소로 전략적 실행력, 습관 등을 구분 지어 '행동하는 방
식Action'으로 정리했다. 마지막 3부에서는 행동하는 방식을 유지하는 정신적인
요소인 주인의식과 열정 등을 모아 '열망하는 방식Yearn'으로 구분했다.

이 책 전체에 걸쳐 제시하고 있는 '퍼포먼스 웨이'는 성과를 달성하는 역량을
체득하는 구체적인 방법론을 담고 있다. 읽는 순간에는 당연한 얘기라고 생각
할지 모르지만, 좀 더 곱씹어보면 어떤 것을 요구하는지 더욱 깊이 알게 될 것
이다. 덧붙여 책을 눈으로만 읽는 것에 그치지 않고 독자 스스로 책의 내용을
실행에 옮길 수 있도록 '퍼포먼스 웨이 실천하기'를 '부록 1'로 추가했다. 퍼포
먼스 웨이는 이 책의 전체 내용을 축약한 일종의 체크리스트로써, 3개월 동안
매일 '퍼포먼스 웨이 실천하기'의 각 항목을 직접 실천해봄으로써 자신의 역량
DNA와 체질을 혁신하고 습관으로 만들기 위한 도구다.

도전정신을 좀 더 발휘한다면 아예 '나만의 퍼포먼스 웨이'를 만들 수도 있다.
'부록 2'에 소개한 '나만의 퍼포먼스 웨이 작성하기'을 참조하여 당신만의 '퍼포
먼스 웨이'를 만들고 실천해보자. '부록 3'에 시니어Senior 팀원이 '일하는 방식'
에 대해 작성한 사례가 있으니, 이를 참고하는 것도 좋다.

모든 업무수행의 핵심은 내가 정조준해서 겨냥한 '목표'를 '성과'로 변신시키는
화학적 작용을 이끌어내는 것이다. 자, 이제 그 첫발을 힘차게 내디뎌보자.

CONTENTS

프롤로그 일은 역할이고 성과는 책임이다 • 5

책을 읽기 전에 • 11

PART 1 **일하는 방식** WORK
일의 본질을 간파하라

성과는 회사와 거래하는 상품이다 • 16

엉덩이로 일하지 말고 머리로 일하라 • 25

상사가 원하는 일은 따로 있다 • 39

아무리 맛있는 음식도 유통기한이 있다 • 51

남의 안경을 빌려 쓰지 마라 • 60

과녁을 정조준해야 할 일이 정해진다 • 68

성공은 2,000번의 실패를 요구한다 • 76

권한위임은 리더가 아니라 나의 문제다 • 83

숨어 있는 그림자가 일을 망친다 • 91

산이 아니라 돌멩이에 걸려 넘어진다 • 100

1년 목표는 하루가 결정한다 • 107

혼자 하지 말고 품앗이를 하라 • 113

준비한 자만이 승리한다 • 121

예의 있게 소신을 밝혀라 • 128

나의 존재가치는 성과로 증명된다 • 134

PART **2** 행동하는 방식 ACTION
일하는 전략을 혁신하라

상사에게는 내가 모르는 한 방이 있다 • 144

목표에 대해 백일몽 꾸지 마라 • 154

아부할 시간에 일의 본질을 캐물어라 • 162

자기완결형 인재가 되어라 • 167

사람들은 훈수에 강하다는 것을 활용하라 • 174

한번 일을 시작했으면 끝장을 봐라 • 182

상사와 이메일 패스워드를 공유하라 • 192

자신을 뻥튀기하지 마라 • 199

맹세만 하지 말고 행동으로 실천하라 • 206

내가 인정받아야 성과도 인정받는다 • 213

핑계 대지 말고 인정하라 • 220

평균의 지배를 벗어나라 • 227

내가 실행한 업무의 품질을 논하라 • 235

잘 혼나는 법을 익혀라 • 242

PART 3 열망하는 방식 YEARN
일의 주인으로 우뚝 서라

세상에 공짜 점심은 없다 • 254

회사에 있는 동안은 내 시간이 아니다 • 260

프로는 반드시 대가를 지불한다 • 267

이왕 할 거면 확 미쳐라 • 275

최고를 나의 라이벌로 선택하라 • 284

직장에 대한 막연한 환상을 버려라 • 289

그에겐 뭔가 특별한 게 있다 • 296

회사는 고민상담소가 아니다 • 303

고수는 혹독한 역량훈련으로 탄생한다 • 311

회사 흉보는 친구들을 멀리하라 • 318

관점을 바꾸면 숨어 있는 것도 보인다 • 326

화려한 과거가 미래를 보장하지 않는다 • 335

회사 물건의 주인은 나다 • 343

거위를 잘 키워야 황금알을 낳는다 • 349

성장은 언덕길처럼 오는 게 아니라 계단식으로 온다 • 357

에필로그 고객이 원하는 성과를 창출하는 사람이 '하이퍼포머'다! • 364

부록 1 퍼포먼스 웨이 실천하기 • 368

부록 2 나만의 퍼포먼스 웨이 작성하기 • 380

부록 3 시니어 팀원 작성 사례 • 388

일하는 방식

일의 본질을
간파하라

1부는 일상적으로 그냥 해오던 일이 아닌, 성과목표를 반드시 달성하기 위한 업무방식에 대해 이야기한다. 회사에서 일을 할 때는 '얼마나 열심히 일했는가?'보다는 '성과목표를 달성하기 위해 얼마나 제대로 열심히 일했는가?', '그래서 기대하는 업무의 성과를 달성했는가?'가 중요하다. 1부에서 우리는 성과목표를 달성하는 데 가장 효율적인 업무 프로세스 역량을 익히는 방법들을 알아볼 것이다.

WORK

성과는 회사와
거래하는 상품이다

열심히 일한다고 반드시 성과가 창출되는 것이 아니다.
고객이 가치를 인정해야 성과가 될 수 있다.
노력을 알아달라고 떼쓰지 말고, 고객과 거래할 수 있는 상품을 만들어라.

불량不良, 영어로는 폴트fault의 사전적 의미를 찾아보면 '마음가짐이
나 행실이 나쁨, 성적이 나쁨, 물건 따위의 품질이나 상태가 나쁨'을
뜻한다.

기업이 생산한 제품이나 제공한 서비스에 불량이 발생하면 어떻게
될까? 불량의 정도가 크든 작든 기업의 신뢰도는 추락할 것이고, 불
만족한 고객으로 인해 제품과 서비스의 구매가 줄어들어 이익에 막대
한 영향을 미칠 것이다.

'불량'에 가장 민감하고 신경을 곤두세우는 업종은 아마도 제조업일
것이다. 제조업은 원가율을 낮추고 고품질의 제품을 생산해내는 데서
경쟁력이 생긴다. 그래서 제조업 기업들은 제품불량을 없애기 위해 엄
격히 관리한다. 불량으로 인해 제품원가와 노무비가 상승하고 수익성

일하는 방식

이 하락하는 문제를 예방하기 위해 모든 과정에서 손실을 줄이고 이익을 극대화하려고 애쓴다. 불량이 나면 손해가 발생한다는 것은 누구나 안다.

제품불량률 1%는 걱정하면서 업무불량률 50%는 왜 무시하는가?

그런데 제품에만 불량이 있는 것이 아니다. 매일 수행하는 업무에도 많은 불량을 찾아볼 수 있다. 재작업, 일정지연, 목표대비 성과미달 등이 조직의 여기저기에서 수시로 발생하고 있다. 그럼에도 불구하고 많은 조직과 구성원들은 자신들의 업무효율이 과연 얼마나 되는지에 대해 민감하게 반응을 하지 않는다. 이것이 문제다. 우리가 알게 모르게 무시하고 있는 업무불량은, 우리가 생각하는 것보다 훨씬 심각하게 조직의 생산성과 이익에 영향을 미친다.

우리는 앞으로 제품불량률 제로에 도전하듯 업무불량률 제로에 도전해야 한다. 하지만 업무불량률을 경영성과지표에 포함시켜 제대로 관리하고 있는 기업이나 조직은 단 한 군데도 없다. 회사나 리더들도 업무불량률에 대한 개념이 없다 보니 구성원들도 그리 심각하게 생각하지 않는다. 그것은 아마도 이미 정해진 인건비를 지급하는 구성원들이 일을 하다 보니 재작업으로 인해 시간이 더 투입되는 것을 원가로 인식하지 않기 때문일 것이다.

정해진 기한 내에 원하는 업무결과물이 산출되지 않았다면 그것은 엄연한 업무불량이다. 제품을 생산할 때 품질과 원가, 납기가 중요하듯이, 업무를 수행할 때도 업무품질과 투입원가, 납기준수가 엄격하게 관리되어야 할 것이다. 그래야 진정한 원가절감은 말할 것도 없고 경쟁우위를 확보할 수 있다. 눈에 보이는 원가절감요소가 10%라면 눈에 보이지 않는 부분은 90% 이상이라는 것을 항상 잊지 말아야 한다.

눈에 보이지 않는 업무불량으로 인해 낭비되는 비용이 엄청나다

K기업에서 강의를 하기 전에 CEO와 대화를 나누었는데, 그때 들은 이야기는 업무불량에 따른 비용이 생각보다 훨씬 크다는 것을 확인시켜주었다. 그 CEO의 설명에 의하면 K기업의 당해년도 비용절감액 목표가 '100억 원'이었다고 한다. 이는 웬만한 우량기업의 한해 이익규모와 맞먹는다. 그래서 그 CEO는 이 목표를 달성하기 위해 5명의 TF를 구성하고 3개월에 걸쳐 낭비요인을 조사했다고 한다. 과제는 '우리 회사에서 비용을 유발시키는 낭비요인 중 무엇이 가장 큰 영향을 미치는가?'였는데, TF의 조사결과는 놀랍게도 상사가 부하에게 업무지시를 제대로 하지 못해서 생기는 재작업 비용이었다고 한다. 인건비 기준으로 1년에 무려 300억 원 정도였다는 것이다.

K기업의 사례와 같이 업무불량으로 인해 생기는 눈에 보이지 않는

비용손실은 막대하다. 재작업, 일정지연, 낮은 업무품질 등 조직에 만연하는 업무불량률은 적게 잡아도 50%가 넘을 것이라고 한다. 구성원 1명의 월 근로시간을 170시간 정도로 보면, 무려 85시간이 업무불량을 발생시키는 시간이다. 매년 기업체 평균임금이 발표되는데 산업별·회사별로 차이가 크지만 2014년 대한민국 전체 근로자 1,618만 7,647명의 평균 연소득이 3,172만 4,658원임을 감안하면, 1,586만 2,329원이 성과를 창출하지 못하는 일에 쓰이는 것이다. 구성원 수가 1,000명의 조직이라면 158억 원이 낭비되는 것과 같다.

대부분의 사람들은 그 일을 얼마나 열심히 했는지, 얼마나 노력했는지만 주장한다. 지시한 사람의 요구사항에 부합하는 결과물인지 아닌지, 즉 고객의 관점은 진지하게 고민하지 않는다. 내가 아무리 열심히 일했다고 주장해도 고객이 원하는 결과물이 아니라면 모든 과정은 의미가 없다. 그런데 많은 사람들이 결과도 중요하지만 과정도 중요하다고 이야기한다. 팀원의 업무처리가 마음에 들지 않아 팀장이 팀원에게 질책하는 상황에서도 팀원은 여전히 자기는 열심히 했는데 팀장이 왜 그러는지 모르겠다는 투다.

"김 대리, 내가 김 대리에게 요청한 것은 핵심인재를 확보하기 위한 전략이었네. 그런데 보고서 내용에는 핵심인재의 중요성만 언급되어 있을 뿐, 우리가 적용해야 할 시사점이나 전략이 하나도 없군. 왜 일을 이렇게 했지?"

김 대리는 이렇게 대답한다.

"팀장님, 저는 정말 열심히 했습니다. 아침 8시에 출근해서 밤 10시가 넘어 퇴근한 경우도 허다합니다. 이렇게 열심히 일하는 사람 드뭅니다. 찾아보십시오."

물론 과정이 중요하다. 하지만 요구사항에 맞는 결과를 내는 과정이 중요한 것이지 아무 상관없는 결과를 만든 과정은 오히려 조직에서 가장 경계해야 할 대상이다. 기업이나 조직은 항상 한정된 인력과 예산과 시간을 자신들이 원하는 성과를 창출하기 위한 결정적인 일에 집중하여 투입한다. 그런데 이 한정된 자원을 성과와 무관한 일에 무심코 투입했다는 것은 한마디로 생각이 없는 것이며 개념이 없는 것이다. 원가의식 말이다.

이러한 무념무상의 행동은 탁월한 성과를 창출하는 하이퍼포머들에게서는 찾아볼 수 없을 것이다. 이러한 관행은 구성원 각자의 업무성과는 물론, 회사의 이익창출에도 많은 악영향을 미치고 있다. 업무불량률에 대한 이해와 철저한 관리가 선행되지 않는다면 조직의 근본적인 생산성 향상은 기대할 수 없을 것이다.

일을 상품으로 만드는
퍼포먼스 웨이

회사는 성과와 급여를 거래하는 시장이다

시장에서 일어나는 거래관계는 단순하다. 공급자인 기업이 생산한 제품이나 서비스를 수요자인 소비자가 구매하는 방식이다. 제품을 생산하는 공급자가 많아질수록 소비자는 그만큼 선택의 폭이 넓어지고 공급자는 경쟁이 치열해진다. 그래서 공급자는 소비자가 원하는 상품을 만들기 위해 부단히 노력한다. 소비자가 상품을 사주지 않으면 거래가 일어나지 않고 거래가 부실한 기업은 시장에서 퇴출되기 때문이다. 그래서 공급자는 고객이 무엇을 원하는지 겉으로 드러난 니즈needs는 물론 보이지 않는 원츠wants까지 파악해 상품에 반영한다. 고객은 자신의 니즈와 원츠가 제대로 반영된 상품을 골라 값을 치르고 구매한다.

시장에서 공급자와 소비자가 상품을 통해 서로 거래하듯이, 회사와 구성원은 일의 성과물과 급여라는 매개체를 통해 끊임없이 '거래'한다. 구성원이 성과, 역량, 능력을 제공하면 회사는 경쟁력 있는 연봉, 미래에 대한 비전, 원하는 직무, 승진, 쾌적한 업무환경 등의 처우로 보상한다. 구성원은 회사의 처우가 마음에 들면 계속 일을 하고, 마음에 들지 않으면 이직을 하거나 원하는 조건을 제시하기도 한다. 반대로 회사 또한 구성원이 창출하는 가치가 마음에 들지 않으면 연봉동결, 권고사직 등으로 앞으로 거래가 지속될 수 없다고 경고한다. 회사 역시 공급과 수요가 일어나는 시장의 메커니즘을 동일하게 적용한다.

만약 서로 간에 만족스러운 거래가 일어나지 않으면 어떻게 될까? 회사는 구성원에게 제공한 경제적 가치만큼의 성과를 얻지 못한다면 구성원들에게 권고사직이나 승진누락, 한직이동, 그리고 낮은 등급의 인사평가점수를 준다. 구성원 또한 마찬가지다. 자신이 노력한 만큼의 대가를 받지 못한다고 생각하면 자신의 가치를 인정해줄 회사를 찾아 떠나간다. 거래라는 것은 서로의 가치를 서로가 인정하여 교환할 때 일어나는 것이다.

이와 같이 회사의 본질을 이해하면 회사가 나에게 어떤 의미를 지닌 곳인지 깨달을 수 있다. 회사는 구성원들에게 역할과 책임을 부여하고 구성원들은 책임져야 할 성과를 창출해냄으로써 그 대가로 연봉과 인센티브, 더 많은 권한을 행사할 수 있는 승진을 약속받는다.

회사에서 일어나는 모든 일을 CEO가 혼자서 해낼 수 없기 때문에 CEO가 원하는 일을 임원들이 해내고, 임원들이 원하는 일을 각 팀장들이 해낸다. 팀장이 원하는 일은 팀원들이 해냄으로써 일을 시키는 사람과 일을 해내는 사람 사이에 지속적인 일 거래가 일어나는 것이다. 따라서 내가 아무리 일을 열심히 했다고 해도 일을 시킨 사람, 즉 고객인 상사가 만족하지 않으면 제대로 해냈다고 말할 수 없다.

고객인 상사의 기준이 상품의 기준이다

시장에는 넘쳐나는 상품들이 있다. 이 상품들은 언제 상품으로써 가치를 인정받을 수 있을까? 바로 소비자들이 상품을 구매했을 때다. 아무리 다양한 방법으로 상품을 홍보해도 소비자들이 구매하지 않으면 아무런 가치가 없다.

마찬가지로 회사에서 내가 한 일이 가치 있으려면 그것을 인정해주는 고객이 있어야 한다. 고객은 바로 나에게 그 일을 시킨 상사다. 상사가 일의 결과물을 보고 흡족해하고, 새로운 일을 다시 부여해야 내가 한 일에 대한 가치를 인정받는 것이다. 상사의 니즈와 원츠가 제대로 반영되지 않아 일을 다시 해야 하거나, 일이 진행되는 과정에서도 상사를 만족시키지 못했다면 아무리 많은 노력을 기울였다 해도 그 일에 가치가 있다고 말하기 어렵다.

그러나 대부분의 구성원들은 결과를 따져보기 전에, 많은 노력이 들어간 것 자체만으로 이미 가치 있는 일이라고 결정한다. 상사가 시킨 일을 제대로 완성하기 위해 매일 야근하며, 수많은 자료를 수집하고 고민했기 때문이라는 것이다. 열심히 노력하면 상사가 원하는 결과물을 만들어낼 수 있다고 생각한다. 그래서 스스로가 노력을 할 만큼 했다고 판단하는 순간, 자신이 보고 싶은 것만 보고 듣고 싶은 것만 들으려고 한다.

만약 시장에 상품을 내놓았는데 소비자가 외면하고 구매하지 않는다면 어떨까? 시장조사도 철저히 하고 소비자가 원하는 방향으로 품질을 지속적으로 개선했고, 유명 연예인을 동원하여 CF도 찍고 홍보와 마케팅도 활발히 진행했다. 그런데도 판매율이 저조하다면 훌륭한 상품을 알아보지 못하는 소비자가 문제일까? 우리가 들인 노력의 무게가 아니라 실행한 업무결과물의 무게로 진지하게 고민해야 한다. 소비자가 왜 우리의 상품을 선택하지 않았는지 말이다.

상사가 당신의 일을 인정해주지 않는 데는 그만한 이유가 있다. 크게 나누면, 상사가 원하는 품질수준이 아니거나, 원하는 품질이긴 하지만 마감일을 지키지 못했다거나 둘 중 하나일 것이다. 어떤 경우는 상사가 만족할 만한 품질과 마감일을 모두 충족했으나, 일이 진행되는 과정에서 상사와 소통이 제대로 되지 않아서 인정을 못 받을 수도 있다. 당신이 보고를 안 해서 상사가 늘 궁금해하고 불안해했다면 말이다.

무엇을 원하는지 명확하게 파악할 수 있는 상사가 있는 반면, 시시때때로 요구조건이 달라져 기준을 제대로 알 수 없는 유형도 있다. 하지만 회사의 메커니즘이 시장과 같다는 것을 생각하면 점차 까다로워지는 소비자처럼 상사의 기준도 얼마든지 까다로워질 수 있다. 내가 조직에서 만족시켜야 할 고객은 상사이며, 상사가 지속적으로 나에게 일을 부여한다는 것은 상사가 나를 거래할 만한 공급자라고 생각하는 것이다. 나의 첫 번째 고객인 상사가 나를 지속적으로 인정하고 신뢰할 수 있도록 일을 할 때마다 상사의 니즈와 원츠를 일하는 과정에 담아내야 할 것이며, 그 일의 결과물인 성과를 상사가 인정해야 비로소 상품이 되는 것이다.

엉덩이로 일하지 말고
머리로 일하라

일에 '끌려다니지' 말고, 성과를 '데리고' 다녀라.
무조건 엉덩이 붙이고 앉아 있다고 해서 성과가 창출되는 게 아니다.
열심히 일한다고 자랑하지 말고, 제대로 일한다고 자랑하라.

열심히 일한다고 너무 삐기지 마라. 미련하게 목표와 상관없이 이일 저 일 되는 대로 벌여서 많이 하는 것은 부질없는 짓이다. 아무리 많은 일을 했다 하더라도 목표와 전혀 상관없이 했다면 시간만 낭비한 것이다.

중소기업에 다니는 박 팀장은 하루 24시간을 회사를 위해 풀가동하는 스타일이다. 남들보다 30분 일찍 출근해 일간지와 경제지를 보며 업계동향을 파악하고, 인트라넷으로 팀원들의 하루 업무도 꼼꼼히 점검한다. 매일 하는 회의에서 업무보고 및 각종 현안논의를 하고 나면 바쁜 오전이 지나고, 하루 걸러 외부 미팅을 다니느라 오후에도 자리에 있을 새가 별로 없다. 그렇게 정신없이 시간을 보내고 나면 어느덧 퇴근시간. 그때부터 박 팀장은 비로소 팀원들의 업무를 살펴볼 짬을

낸다. 그러니 팀원들까지 덩달아 야근을 밥 먹듯이 한다. 팀원 입장에서 불만이 터져 나오는 것은 당연한 일.

게다가 몇몇 동료들은 박 팀장을 보며 '저렇게 회사에 충성하니 CEO의 총애를 받는 건 시간문제'라고 은근히 비아냥거리기까지 한다. 그러나 정작 회사에서는 박 팀장의 성실성을 썩 달가워하지 않는다. 열심히 하는 것에 비례해 성과도 높으면 좋으련만, 비교적 '정시퇴근'을 하는 다른 팀의 성과와 그다지 차이가 없기 때문이다. 이쯤 되면 미안한 말이지만, 일을 잘한다는 평가보다는 '미련하게 근근이 일한다.'는 표현이 딱 어울린다.

목표가 무엇인지 모르면
배가 산으로 간다

박 팀장이 이렇게 별반 성과도 못 내고 몸만 고생한 것은 어제오늘 일이 아니다. 신입사원 시절부터 남들보다 오랜 시간 열심히 일해서 결과를 만들어냈고 그 결과 팀장까지 됐으니, 성실성이 아예 소용없다고 말할 수는 없을 것이다. 그러나 그에게는 열심히 일하는 것 외에 결정적으로 중요한 뭔가가 결여돼 있었다. 바로 '목표'가 무엇인지 파악하고, 그에 따라 일의 우선순위를 판가름하는 역량이었다.

목표objective와 과제goal는 다르다. 박 팀장은 왜 목표가 무엇인지 제대로 파악하지 못할까? 방침이나 과제, 목표를 구분하지 못하기 때

일하는 방식

문이다. 흔히들 목표를 골goal이라고 알고 있지만 골goal은 방침이나 과제라는 뜻이다. '골세팅goal setting'이라고 하면 '방침설정'이라는 뜻으로, 물론 과제설정이나 수치목표설정을 모두 포함한다. 하지만 목표의 객관적인 모습은 볼 수 없다. 우리가 흔히 '목표를 설정한다.', '목표를 부여한다.'고 말할 때 목표는 objective다. MBO 즉, Management By Objective의 그 objective 말이다.

object는 목적어, 목적, 대상이라는 뜻이다. objective는 형용사이자 명사로, 객관적인, 목표라는 뜻인데 나머지 의미까지 같이 해석하면 '객관적인 목적이 반영된 목표'라는 의미다. 객관적이라는 것은 '주관적'의 반대말로, 수치화되어 있고 계량화되어 있어서 누가 보든 같은 모습이고 신뢰성이 있다는 말이다.

한자어로도 목표目標는 눈 목目, 표할 표標다. 표할 표標 자에는 보일 시示 부수가 들어 있다. 한자어 뜻풀이만 봐도 '목표는 눈에 보여야 한다.'는 것을 알 수 있다. 이것을 정리하면 '목표란 원하는 것을 눈으로 볼 수 있도록 객관적으로 표현해놓은 상태'를 의미한다.

목표가 달성된 상태를 눈으로 확인할 수 있어야 하는데, 박 팀장은 물론 많은 직장인들이 일의 방향을 의미하는 방침이나 과제를 목표로 착각하고 있기 때문에 열심히 과제를 수행하지만 일의 목적결과물인 성과는 제대로 창출할 수 없었던 것이다. 한마디로 하고자 하는 일은 잘 알고 있었지만 그 일을 통해 목적하고자 하는 결과물의 구체적인 모습은 제대로 알지 못했기 때문에 일의 기준이 결과물이 아니라 일 자체가 되어 과정에 최선을 다하면 좋은 결과를 얻을 것이라고 오해하는 것이다.

흔히 회사에서 가장 골치 아픈 유형이 '일은 제대로 못하면서 부지런한 사람'이라고들 말한다. 그 이유는 뻔하다. 열심히 하는 것 이상으로, 당초의 목적과 의도하는 바에 부합하게끔 성과를 내는 것이 중요하기 때문이다. 처음 몇 년 동안은 무조건 열심히만 일해도 어느 정도 인정받을 수 있다. 문제는 그다음이다. 열심히 하면 모든 문제가 풀린다는 사고방식이 일단 머릿속에 굳어지면, 목표에 맞게 우선순위를 안배하고 효율적으로 일하려는 노력을 게을리한 채 죽으나 사나 열심히만 하려고 든다. 해야 할 일인 과제와 과제수행을 통해 이루고자 하는 결과물을 객관화해놓은 목표를 구분하지 못한 탓이다. 구분하더라도 명확하지 않은 것이 문제다.

앞서 예로 든 박 팀장이 바로 그렇다. 그러나 무조건 열심히만 일했다가는 어느 순간 아무리 노력해도 성과가 나지 않을 뿐 아니라, 시간과 돈이라는 자원을 낭비하며 '고문관'이라고 낙인찍히게 된다. 평소에 '바빠 죽겠다.'고 광고하고 다니는 사람이라면 조심해야 할 것이다. 당신이야 '내가 이만큼 열심히 일하고 있으니 알아달라.'는 말이겠지만, 남들에게는 '나는 일의 우선순위도 모르고 허둥대는 사람이다.'라고 들리기 쉽다.

일이 아무리 바쁘게 돌아가더라도 처리해야 할 순서가 있다. 그 흐름을 잃지 않는 한 '바빠 죽을' 일은 없다. 최소한 쓸데없는 데 품을 파느라 남들이 10시간이면 할 일을 15시간, 20시간짜리로 엿가락처럼 늘여놓는 일은 없어진다. 허둥대다가 작지만 중요한 것들을 빠트리는 실수도 피할 수 있다.

일의 오너는 바로 나 자신이다. 당신이 아니면 일의 진행상황을 누가 알겠는가? 일의 오너답게, 자신의 일이 성과로 요리되는 순서를 확실하게 머릿속에 넣어라. 일의 핵심성공요인을 인지하고 각 단계를 차근차근 체크해나가라.

'무조건 열심히'가 아닌 '제대로 열심히'

정말로 중요한 것은 '무조건' 열심히 일하는 것이 아니라, 목표와 관련되는 쓸모 있는 일들을 '제대로' 성과에 명중시키는 것이다. '제대로 열심히'의 요건은 '타깃target'이라는 용어로 표현할 수 있다. 타깃이라고 하면 흔히 목표시장이나 목표고객을 떠올리는데, 개인의 업무 또한 목표를 달성하기 위한 결정적인 요소, 즉 타깃을 정확히 맞춰야 원하는 것을 얻을 수 있다. 타깃은 목표를 달성하기 위한 전략적인 대상을 뜻한다.

타깃을 정확히 맞추려면 목표가 명확해야 한다. 목표가 명확해야 전략이 결정되고, 전략이 구체적이어야 세부실행계획을 수립하고 실천할 수 있기 때문이다. 세부실행계획이 구체적이지 않으면 한정된 인력과 예산, 시간이 낭비된다. 자원뿐만이 아니다. 뇌세포 또한 낭비된다.

사람의 뇌에는 3가지 정보 집합소가 있다고 한다. 사과의 맛과 빛

깔 등 감각신호를 모아서 사과라는 것을 인식하게 해주는 두정엽, 감정과 임시기억이 한데 모이는 변연계, 그리고 두정엽과 변연계에서 걸러진 정보를 끌어와서 실제 판단과 행동을 일으키게 하는 전전두엽이다. 전전두엽은 추론하고 계획하며 감정을 억제하는 일을 한다. 즉, 우리 뇌의 중앙통제기구라고 보면 된다. 전전두엽이 손상된 사람은 계획을 잘 세우지 못한다. 문제는 전전두엽이 손상되지도 않았는데 손상된 것처럼 살아가는 사람들이 많다는 것이다. 목표 없이 일을 하면 1,000억 개의 뇌세포를 놀게 하는 것과 다름없다. 뇌세포를 활성화시키는 방법 중 하나는 목표를 명확히 세우고, 목표를 달성하기 위한 세부계획들을 세우는 일이다.

'내가 지금 하고 있는 일이 성과와 어떤 상관이 있는가?', '회사의 목표에 부합하려면 어떻게 해야 하는가?', '상사는 어떤 의도로 이 일을 내게 맡겼는가?' 이런 질문에 제대로 대답하지 못한다면 뇌세포들이 놀고 있을 가능성이 높다. 제대로 된 목표가 설정되지 않아 실제 판단과 행동을 일으킬 대상을 알지 못하기 때문이다. 무작정 일에 덤비면 결국 '일을 위한 일'이 될 수밖에 없다.

실제로 나는 경영 컨설턴트로서 많은 기업을 살펴보고, 그곳에 근무하는 구성원들을 만나왔다. 그러면서 짧은 시간 안에 크게 발전할 가능성이 있는 사람들이 가진 차별화된 요소를 확인할 수 있었다. 그것은 바로 일을 대하는 관점의 차이였다. 그 차이는 크게 3가지 면에서 두드러진다.

첫째, '시간적'으로 볼 때 성과를 내는 사람들은 눈앞의 열매가 아닌 중장기적 목표를 염두에 두고 일한다. 당장 이번 달 성과를 맞추려고 다음 분기 성과를 무리하게 끌어오거나 최종목표에 맞지 않은 행동을 하지 않는다.

둘째, '공간적'으로 자신의 목표에만 몰입하지 않고 회사와 상위조직의 목표를 염두에 두고 일한다. 내 일이 조직 전체의 비전과 어떻게 맞물리는지, 상위조직의 목표와 어떻게 어우러져 시너지를 낼지 감안해서 일한다는 말이다.

셋째, '관점'이 다르다. 성과를 내는 사람들은 자기 입맛이 아닌 '고객'의 입맛에 맞게 일한다. 같은 일을 해도 내부고객인 상사와 외부고객인 최종 수요자가 원하는 바에 맞추어 일한다.

이것이 제대로 일하고 성과를 만들어내는 차별화 지점이다. 그리고 이런 관점을 유지하면서 '성과'라는 최종목적지를 향해 가는 가장 빠른 길을 모색하는 것이 이른바 진정한 의미에서의 '성과주의'다.

이런 맥락에서 나는 '엉덩이로 일하는' 유형을 가장 경계한다. 한쪽에서는 요즘 젊은이들이 너무 끈기가 없다며 '머리가 아닌 엉덩이로 일하라.'는 주문을 하기도 하는데, 이 말만 믿고 무조건 의자에 오래 앉아서 버틴다면 정말 곤란하다. 오래 앉아 있다고 역량이 향상되는가? 애꿎은 엉덩이 사이즈만 커질 뿐이다.

오늘도 '밤늦게까지 야근했으니 일을 많이 했다.'며 스스로를 애써 위로하는 직장인들이 많고 많다. 당신은 아니라고 하겠지만 곰곰이 생각해보라. 누구든지 엉덩이로는 일하고 있다. 그런데 일부는 정말 엉덩이로만 일하며 하루하루를 보내고, 일부는 엉덩이로 일하되 성과라는 열매를 매일 수확한다. 둘 중 어느 쪽이 되어야 하는지는 굳이 말할 필요도 없다.

우리나라 직장인의 대부분이 밤낮과 주말 구분 없이 '월화수목금금금'을 외치며 죽도록 일한다. 2015년에 발표된 '2014년 OECD 회원국 근로자 1인당 연간 실제 노동시간' 통계에 따르면, 한국은 1인당 평균 2,124시간 일했다. 1,371시간으로 노동시간이 가장 짧은 독일보다 1.6배나 많다. 그런데도 시간은 모자라고, 원하는 성과는 나지 않는다고 아우성이다.

그렇게 오랜 시간을 일했는데도 성과가 나지 않는 이유는 무엇인가? 그 이유는 우리가 '엉덩이로만' 일하기 때문이다. 우리나라의 직장인들의 업무태도는 근로시간이 적은 독일에 비해 상상하지 못할 정도로 느슨하다. 인정하기 어려울지 몰라도 사실이다. OECD 국가들의 근로시간이 짧다고 부러워만 하기에는, 그들의 업무강도는 상당히 높다. OECD 국가 중 가장 적게 일한다는 독일인들에게는 '정수기 대화water cooler talk'가 없다. 정수기나 음료 자판기 앞에서 동료들과 사적인 이야기를 하며 음료를 마시고 허비하는 것보다는 짧은 시간 안에 일에 완전히 몰입해서 저녁시간을 충분히 즐기는 문화가 보편적이라는 것이다. 그리고 또 하나. 독일 노동부가 나서서 기업 관리자들에게 근로시간 외에 업무와 관련된 전화나 이메일을 보내지 않도록 권고하고 있기 때문에, 퇴근 이후에는 충분히 자기 시간을 사용할 수 있다.

일하는 방식

반면 우리나라의 직장인들은 어떤가? 출근도장을 찍고 나면 담배 한 대 피우고, 커피 마시고 인터넷 기사를 훑어보며 금쪽같은 아침시간을 20~30분씩 예사로 잡아먹는다. 개인적인 전화통화로 자리를 비우는 것은 일도 아니다. SNS와 온라인 쇼핑, 개인적인 수다로 평균 2~3시간을 허비한다. 이렇게 개인용무가 많으니 당연히 몰입이 끊어지고 일의 진행이 원활하지 않다. 일에 집중하지 못하는 것은 따지고 보면 내가 무엇을 해야 하는지, 지금 하는 일이 어떤 의미가 있는지 제대로 알지 못하기 때문이다. 한번이라도 일에 완전히 몰입해본 사람들은 알 것이다. 일에 온정신을 쏟고 있는 와중에는 화장실 가는 시간조차 아깝다. 반면 일에 집중하지 못하면 중요하지도, 급하지도 않은 일로 하루를 보내게 된다.

우리가 가지고 있는 시간이나 예산이라는 자원은 한정되어 있다. 한정된 자원의 범위 내에서 내가 원하는 성과를 내기 위해서는 해야 할 일의 우선순위를 반드시 정해야 한다. 나에게 목표가 주어졌다면 가장 우선적으로 해야 할 일이 무엇이고, 그 일을 해내기 위해서는 무엇부터 어떤 순서로 해나갈지를 먼저 파악하자.

지혜롭게 일하여
성과를 창출하는 퍼포먼스 웨이

하고자 하는 일의 목적지인 성과모습을 시각화하라

성과가 무엇인지 정확히 이해해야 성과모습을 시각화할 수 있다. 성과란, 일정기간 동안 일을 통해 이루고자 하는 목적이 목표한 대로 이루어진 상태다. '성공적인 결과'를 뜻하는 '성과'를 한자어로 풀이해보면 이룰 성成, 실과 과果, 열매를 맺는다는 의미가 포함되어 있다. 즉, 성과라는 말에는 어떠한 일을 열심히 해서 원하는 결과를 얻는다는 뜻이다.

성과를 의미하는 영어 퍼포먼스Performance 또한 같은 의미를 담고 있다. 기준을 뜻하는 per와 완성된 형태 form, 그리고 상태나 행동을 의미하는 접미사 ance가 있어 그대로 직역하면 '완성된 형태의 기준상태'라는 뜻이다. 이것을 한자어로 고치면 조감도鳥瞰圖라는 뜻이 된다. 건물을 짓기 전에 건물이 완성된 모습을 사전에 스케치해놓은 조감도와 같이 성과란 일의 결과물이 완성된 모습을 구체화해놓은 모습이다. 성과를 내겠다는 것은 사전에 목표한 조감도대로 모두 이루어졌다는 것을 뜻한다.

업무를 시작하기 전에 '무엇을 어떻게 할까?'만을 고민할 것이 아니라, '일(과제, 업무)을 통해 달성하고자 하는, 기대하는 결과물'을 먼저 구체적으로 그려놓고 일해야 한다. 그러기 위해서는 먼저, 내가 공략할 대상(who/what)을 명확히 설명하고 그려낼 수 있어야 한다. 지지부진하게 시간만 보내는 것은 십중팔구 일을 완료했을 때의 모습이 머릿속에 명확하지 않기 때문이다.

최종목적지를 분명하게 정해놓지 않고 길을 떠나면, 발길 닿는 대로 바람 부는 대로 그렇게 여기도 가고 저기도 가게 된다. 이처럼 일을 하면서도 목적지가 분명하지 않으면 이 방향으로 작업을 했다가 아닌 것 같아서 수정하고, 또 수정한다. 시간은 시간대로 힘은 힘대로 다 쏟고, 정작 성과는 나지 않는다. 가뜩이나 부족한 시간과 에너지를 엉뚱한 데 낭비하는 꼴이랄까.

일이 잘 진행되지 않을 때는 최초에 일을 시작했을 시점을 돌이켜 보자. 일이라는 것이 통상 중간과정에서 이런저런 이유들이 개입되면서 그 목적과 방향을 잃기가 쉬운데, 이럴 때일수록 처음으로 되돌아가서 근본취지에 대해 다시 생각해봐야 한다. 목적과 방향을 명확하게 짚어본다면 어둠 속에서 헤매는 시간을 줄이고, 의도했던 목적을 달성하기가 좀 더 쉬워진다.

또 하나, 언제까지 얼마나 할 것인지 수준을 명확히 하라. 일을 시작하기에 앞서 한 달, 한 주, 하루의 양을 정하여 계획을 세우자. 내가 해야 할 일이 무엇인지, 얼마만큼의 양을 언제까지 해야 하는지 알아야 일을 추진할 수 있기 때문이다. 우리에게 주어진 일은 언제나 넘쳐나고, 현실적으로 그 많은 일을 모두 다 하기 어려울 때가 많다. 따라서 일의 진도를 계획하고 우선순위를 정해 반드시 해내야 하는 항목을 정해두어야 한다.

이번 달의 성과목표달성을 위해 이번 주에는 어떤 일들을 해야 하는가? 이번 주의 성과목표를 위해 우선적으로 처리할 일은 무엇인가? 이런 질문을 통해 도출된 우선순위는 그 순서에 따라 그대로 '하루의 목표'가 된다.

이처럼 일의 우선순위를 정하기 위해서는 성과물이 명확하게 머릿속에 그려져야 한다. 그렇지 않으면 중요한 일이 무엇인지 파악하지 못하고 허둥대며 엉덩이로만 일하게 된다. 자신의 목적지를 시각화할 수 있는 역량은 실로 엄청난 것이다. '시작이 반이다.'라는 말처럼, 목표가 눈앞에 훤하게 보인다면 일의 50%는 이미 이루어졌다고 볼 수 있다. 남은 것은 실행의 50%뿐이다.

사람들은 흔히 에디슨을 이야기할 때 '1%의 영감과 99%의 노력'이고 말한다. 여기서 1%의 영감이 의미하는 바는 무엇일까? 그것은 바로 발명하고자 하는 물건의 '완성된 모습performance image'이다. 발명하고자 하는 물건의 모습만 머릿속에 확실하게 떠오르면 나머지는 노력이 만들어준다.

'업무관리' 하지 말고 일일 '목표경영' 하라

성과는 투입한 시간에 비례하지 않는다. 그러니 누구의 눈치를 살피며 자리에 오래 붙어 앉아 있을 필요가 없다. 물론 상사보다 일찍 퇴근하면 눈치를 주고, 자리에 오래 앉아 있는 것을 은근히 강요하는 분위기가 있다는 것은 안다. 그러나 이럴 때일수록 오히려 최소한의 시간으로 최대의 성과를 낼 수 있는 전략에 초점을 맞춰야 한다.

앞서 성과란, 일정기간 동안 일을 통해 이루고자 하는 목적이 목표한 대로 이루어진 상태라고 설명한 것을 기억하는가? 성과관리란 일을 하기 전에 원하는 결과물, 기대하는 결과물을 사전에 성과목표의 형태로 형상화해놓고 이를 달성하기 위한 실행전략과 방법을 한정된 자원 범위 내에서 선택과 집중하여 원하는 성과를 반드시 이루는 것이다.

이 개념을 유념하고, 업무시간 동안에는 정해진 목표를 달성하는 데만 절대적으로 집중해야 한다. 시간은 성과를 좌지우지하는 중요한 자원 중 하나이기 때문이다. 그러기 위해서는 일반적인 '업무관리'를 하는 대신 나만의 '집중근무시간제'를 운영해보는 것이 좋다. 일의 경중도 따지지 않고 무작정 '할 일 목록to do list'대로 하느라 급급해서는 성과를 낼 수 없다. 그보다 '목표'를 달성하는 데 가장 중요한 일을 집중해서 하는 자세가 필요하다.

회사에 따라 오전 10~12시 사이에는 전화도 받지 않고 일에만 몰두하도록 정해놓는데, 당신의 회사가 이런 정책을 실시하지 않는다면 혼자서라도 해보자. 오전과 오후에 집중이 가장 잘되고 열정이 샘솟는 시간을 정한다. 그 시간에는 그날의 가장 중요한 일 또는 어려운 일을 하는 것이다. 이렇게 하면 중요한 일들을 제 시간에 끝낼 수 있어서 황금 같은 시간을 앉아 있는 데만 쓰지 않아도 된다.

당연한 말이지만, 집중근무시간에는 당신의 일일목표를 중심으로 일을 해야 한다. 말만 그럴 듯하고 실제로는 오늘의 성과목표와 관련되지 않은 일에 시간을 다 쏟아버린다면, 그것만큼 조직에 큰 민폐도 없다.

상사가 원하는 일은
따로 있다

상사의 속마음은 아무도 모른다.
그러나 상사는 내심 자신의 숨겨진 의도를 알아주기 원한다.
상사가 원하는 목표를 알고, 상사의 니즈를 읽고, 상사의 의중에 맞게 행동하라.

점심을 먹은 뒤 상사가 "커피 한잔할까?"라고 말했다. 그래서 당신은 진짜 커피만 마실 줄 알고 마음 편히 커피를 준비했는데, 상사가 갑자기 "지금 맡고 있는 프로젝트에 문제는 없나? 어디까지 진행됐지?"라고 묻는다. 간단히 차 한잔하는 줄 알았는데 보고 아닌 보고를 해야 하니 순간 긴장이 몰려온다.

평소 비공식적인 자리에서 일 얘기를 하거나 자연스럽게 보고받기 원하는 상사들이 있다면 당신은 "커피 한잔할까?"에 숨은 의도를 단번에 파악하고 마음의 준비를 할 것이다. 하지만 모든 상사가 그렇지는 않다. 상사의 티타임뿐만 아니라 일을 부여받는 과정부터 사소한 일까지 상사의 숨은 의도를 파악하고 대응하는 것은 쉽지 않다.

상대방이 하는 말의 겉모양에만 신경 쓰면 정작 그가 원하는 것을 놓치기 쉽다. 일도 마찬가지다. 상사가 어떤 일을 제안하든, 그 말을 액면 그대로 해석할 것이 아니라 상사가 진정으로 원하는 성과기준이 무엇인지 파악해야 한다.

왜냐하면 상사는 내 성과의 '제1고객'이기 때문이다. 내 고객의 내면에 숨겨진 진정한 욕구를 파악하지 못하고 일하는 것은 아무 의미가 없다. 이 점은 아무리 강조해도 지나치지 않다. 혹자는 상사의 눈치를 보거나, 더 나아가 아부를 하라는 것이냐고 반문할지 모르겠다. 하지만 무조건 삐딱하게 볼 것이 아니라, 조직에 속한 구성원이라면 당연히 자신의 고객인 상사의 숨겨진 욕구를 파악해서 내 업무의 기준으로 삼아야 한다. 그래야 제대로 된 업무가치를 창출할 수 있다.

위에서 어떤 지시가 떨어져서 일을 추진할 때, 사람들은 매우 수동적으로 임한다. '시킨 대로만 하면 되겠지.' 하는 마음에 더도 덜도 말고 상사가 지시한 딱 그 말에만 집중하고 마는 것이다. 내가 이 일을 왜 해야 하는지, 어떤 책임을 져야 하는지 머리 아프게 고민할 필요 없다고 속 편하게 생각하기도 한다. 지금 하는 일들이 팀의 목표나 다른 일에 어떤 영향을 미치는지, 누구와 어떻게 성과를 나누어야 하는지에 대해서는 파악하지 않고, 그저 지시대로만 한다. 어디로 가야 하는지도 모른 채.

하지만 아쉽게도, 회사에서 주어진 일 중에 '아무 생각 없이' 해도 되는 일은 없다. 어떤 일에 대해서도 '소기의 성과'를 요구하는 것이 비즈니스 조직의 생리다. 하다못해 서류를 1부 복사하는 것조차 용도에 따라 이면지에 해도 되는지, 스테이플러가 아닌 클립으로 고정해야 하는지를 고민해야 한다. 자료조사나 문서작성, 업무미팅 등 상사를 '대리'해서 진행하는 업무인 경우는 말할 필요도 없다. 입장 바꿔 당신이 만약 상사라면, 구성원이 그저 시킨 일만 겨우 하면 어떤 생각이 들겠는가? 아마 '앓느니 죽지, 차라리 내가 하고 만다!'라며 분통을 터뜨릴 것이다.

일단 내 손안에 들어온 업무라면 진정한 성과를 내기 위해 그 일과 관련한 전체 맥락을 볼 줄 알아야 한다. 특히 상사가 갑자기 당신에게 일을 부탁했다면, 그 일을 가장 잘할 수 있는 사람으로 당신을 낙점한 것이다. 그렇다면 시킨 일이라고 대충 해치우기는커녕, 오히려 적극적으로 상사가 무엇을 필요로 하며 무엇을 진정으로 원하고 있는지 그 '성과기준'을 헤아려보아야 하지 않겠는가?

상사의 '말'이 아닌 '마음'이 시키는 일을 하라

문제는 당신이 상사의 속마음을 모른다는 것이다. 아무리 오랫동안 함께 일했더라도 상사의 마음을 다 알 수는 없다. 다만 짐작할 뿐이다. 대부분의 상사들은 항상 업무지시를 하지만, 마음속의 깊은 '원츠'까지 명확하게 표현하는 사람은 많지 않다. 때로는 표정으로, 때로는 말을 하면서 행간에 자신의 속내를 흘려놓는다. 그것을 누가 언제 캐치하느냐에 따라 일의 완성도가 달라진다.

가령, 상사가 당신에게 외식산업의 최근 3개년 성장추이에 관한 통계자료를 가져오라고 했다고 가정해보자. 당신은 어떤 자료를 보고할 것인가? 대부분은 상사가 시킨 대로 인터넷이나 뉴스를 검색해서 얻은 통계자료를 보고할 것이다. 그러나 이런 구성원은 잘해봐야 50점이다. 상사가 당신에게 원한 것은 '통계자료 모음집'이 결코 아니다. 좀 더 의미 있는 정보, 즉 기초자료들을 바탕으로 현재의 이슈, 앞으로의 성장방향, 대응방법 등을 유추한 내용이다.

다시 한 번 강조하지만, 상사가 일을 요청할 때는 그 일과 관련된 다양한 사항을 고려한다. 하지만 구성원에게 모든 것을 시시콜콜 말하지는 않는다. 물론 개인의 성격에 따라 귀찮아서 다 말해주지 않는 경우도 있겠지만, 그보다는 구성원 스스로 역량을 키워 창의적으로 성과를 만들어내길 바라기 때문이다. 그런데 상사의 의중, 즉 그의 '원츠'를 파악하지 못하면 자꾸 헛다리만 짚게 되고, 업무효율과 퀄리티가 저하된다. 느는 것은 당신의 역량이 아닌, 한숨과 걱정뿐이다.

다음 예를 한번 보자. 인력개발 컨설팅회사에서 일하는 박 대리와 손 대리는 김 팀장으로부터 제안서 작업을 지시받았다. 최근 발굴한 한 고객사를 대상으로 교육추진을 제안하는 용도였다. 평소 제안작업을 해왔던 회사들과 별반 다르지 않았지만, 지금까지 접해보지 못했던 산업분야의 회사라는 점과 교육컨셉이 아직 잡히지 않은 곳이라는 점이 고려할 사항이었다.

순식간에 제안서를 완성한 박 대리는 손 대리보다 먼저 팀장에게 자신 있게 자료를 전달했다. 그러나 최종적으로 채택된 것은 박 대리가 아니라 손 대리가 작성한 제안서였다. 그 후부터 팀의 중요한 제안서 작업은 손 대리에게만 돌아갔다. 김 팀장은 손 대리의 자료 중 어느 부분이 마음에 들었던 것일까?

김 팀장은 박 대리가 작성한 제안서를 3쪽만 넘기고 휴지통으로 들어가야 할 자료로 분류했다. 기존자료의 내용을 거의 그대로 가져와 아직 교육컨셉을 못 잡고 있는 고객사에 설득력이 없었던 것이다. 반면 손 대리는 팀장이 원하는 의도에 맞게끔 제안서를 재구성한 점이 돋보였다. 기존의 일반적인 환경분석에서 그치지 않고 고객사의 국내외 업계상황을 분석하고, 최근 내부에서 비중 있게 거론되는 교육이슈들을 고객사가 사용하는 친근한 용어들로 바꿔 작업했다.

그뿐 아니었다. 고객사가 교육을 믿고 맡길 수 있도록 손 대리는 자신들이 그동안 거래해왔던 고객사들 중에서 고객사가 원하는 교육과 가장 유사한 교육을 수강한 기업의 명단과 교육주제, 진행형식까지 설명했다.

박 대리처럼 상사가 원하는 것이 무엇인지 고민하지 않고 기계적으로 뚝딱 만든 결과를 들고 오면, 그 순간 '저 친구는 일을 다룰 줄 몰라.', '눈치가 없군.', '일을 제대로 모르는구면.' 하고 낙인이 찍히고 만다. 그렇기 때문에 중요한 일은 박 대리에게 맡길 수 없게 된다.

내가 자주 접하던 업무는 머릿속에 훤하게 그려지지만, 상사가 지시하는 업무가 처음 해보는 일이라면 막막하게 마련이다. 그럴 때일수록 일을 시작하기에 앞서 어떻게 해나갈지, 어떤 결과물이 나와야 하는지에 대한 고객중심의 고민이 필요하다. 즉 업무요청자인 상사의 입장에서 일을 바라보고 고민해야 한다.

상사를
VIP 고객으로 모셔라

마케팅이나 영업을 하는 사람들은 항상 고객을 생각한다. 그들은 제품을 선택하는 고객이 무엇을 원하고 있는지, 무엇을 해주어야 좋아하는지에 대해 늘 고민한다. 또한 고객이 미처 생각지 못했던 부분까지 먼저 배려하려고 최선의 노력을 한다. 무슨 일을 하든, 그들은 고객의 시선을 뒤통수에 따갑게 느끼며 '더 나은 방식'을 고민한다.

비록 고객접점에서 일하지 않더라도, 업무를 수행할 때는 고객관점이 똑같이 적용된다. 그런데 여기서는 고객에 대한 고려가 한 가지 더 추가된다. 바로 당신의 '상사'다. 당신은 상사를 고객 중에서도 제1고객으로 모셔야 한다. 지극정성으로.

생각해보면 당연한 말이다. 내가 한 일을 수용할지 말지 결정권한을 가지고 있는 사람은 내가 만들어낸 업무상품을 구매하는 고객, 다름 아닌 상사다. 때문에 우리는 상사가 미처 구체화하지 못한 그의 원츠까지도 정확하게 캐치해내야 한다.

상사는 당신을 괴롭히는 성가신 존재가 아니다. 우리가 조금만 더 신경 쓰고 고민하면 상사가 무엇을 원하는지 얼마든지 알 수 있다. 그런데 왜 노력하지 않는 것일까? 상사가 일 하나라도 더 주면 '도대체 저 인간은 내가 한가한 꼴을 못 봐.'라며 투덜대는 게 직장인들의 평균적인 심리상태다. 이처럼 상사를 대할 때 고객관점이 없으니, 좀 더 좋은 결과물을 내려는 의지가 생기지 않는 것이 당연하다. 그저 혼나지 않을 만큼만, 상사가 겉으로 얘기한 대로만 하게 된다.

물론 상사도 사람인지라 일을 요청할 때 모든 것을 완벽하게 다 꿰고 있지는 않다. 아무리 역량이 출중한 상사라도 구성원이 개입해서 보완해줄 여지는 항상 있다. 아니, 허점투성이인 일에 대해 상사가 그틈을 메워나갈 수 있도록 구체화된 모습으로 실행하는 것이야말로 구성원들의 중요한 역할이다. 어떤 크고 작은 일을 시키든, 상사가 당신에게 기대하는 역할은 바로 이것이다. 그러니 일을 제대로 해서 성과를 내려면, 상사의 관점에서 끊임없이 생각하고 가설을 세워 움직이는 습관부터 들여야 할 것이다.

● Performance WAY ●

상사의 원츠를 제대로 파악하는 퍼포먼스 웨이

기억력을 믿지 말고 메모장을 믿어라. 그러나 기록만이 능사는 아니다

성과를 내는 데는 '내가 상사의 숨겨진 의도를 얼마나 제대로 적용했느냐?'가 관건이다. 상사가 굳이 말하지 않았더라도, 내가 그를 만족시킬 수 있는 것이 무엇인지 곰곰이 생각하고 업무를 추진하자.

상사의 말을 들을 때, 나의 논리로만 생각하고 한 술 더 떠서 '상사도 나처럼 생각할 것'이라고 넘겨짚지 마라. 당신이 생각하는 바를 목차, 스케치 등으로 구체화해서 상사에게 다시 한 번 검증받아라. 상사에게 한 번에 'OK'를 받고 싶으면, 상사의 입장에서 그가 달성해야 하는 성과를 유추해보라. 업무의 고객은 그 누구도 아닌 상사임을 명심하자.

아울러 당신이 상사라면 이런 상황에서 어떤 말을 했을지 상상해보자. 평소 상사가 자주 했던 말, 일할 때 특히 강조하는 점, 하다못해 선호하는 문서 스타일까지 모든 것을 생각해본다. 그 업무에서 도출하려는 결과물이 무엇인지를 자기 기준으로 판단해서는 결코 안 된다. 반드시 상사와 합의한 기준에 의거해, 상사가 듣고 싶어 하는 이야기가 무엇인지를 명확하게 파악해내야 한다.

그래서 메모하고 질문하는 습관이 중요하다. 회의시간에 또는 업무를 요청할 때 상사가 한 말이나 행동에서 드러나는 암시를 놓치지 말고 적어라. 핵심을 찌르는 메모 한 장은 일이 마음처럼 쉽게 진행되지 않을 때 돌파할 수 있는 단초를 제공한다. 적어도 상사가 지시한 내용을 수시로 확인해보면서 최종목적지로 정확하게 안내해주는 나침반 역할을 해줄 것이다.

모르거나 이해가 되지 않는 부분에 대해서는 질문을 통해 확인해야 한다. 내가 상사가 아닌 이상, 누구의 실수로든 항상 잘못된 커뮤니케이션에 따른 문제가 생겨날 수 있다. 정확하지 않은 내용이나 이해되지 않는 부분에 대해서는 수시로 질문하고 확인하는 습관이 중요하다.

메모를 하면서 상사가 정말 원하는 바가 아닌 내가 듣고 싶은 것, 내가 할 수 있는 것만 아전인수 격으로 기록하지는 않았는지 생각해볼 일이다. 메모를 잘하기 위해 무엇보다 선행되어야 할 것은 '잘 듣는 것'이다. 상사는 구성원들이 객관적 사실fact과 주관적 의견opinion을 잘 구분하여 업무를 수행하는 역량을 중요하게 생각한다. 상사의 요청fact을 사실로 받아들이지 않고, 자신이 듣고 싶은 것opinion을 마치 상사가 지시한 양 해석한다면 일이 엉뚱한 곳으로 흘러가는 것은 물론, 상사의 신임까지 잃고 말 것이다. 상사가 요청하는 니즈와 원츠를 '객관적 사실'이자 나의 '성과기준'으로 삼아야 한다. 절대 내 주관적인 판단에 따라 주먹구구식으로 해석해서는 안 된다.

이것이 나의 업무결과를 검토하고 수용할 최종고객으로서 상사를 만족시키는 길이며, 언제 어떤 국면에서든 반드시 성과를 내는 진정한 프로의 모습이다.

당신이 상사에게 먼저 다가가라

상사의 기호를 머릿속에 입력해놓고 있으면 예상치 못했던 곳에서 보너스를 얻게 된다. 상사가 요구하는 것을 담아내고 상사의 업무 스타일에 맞춰 일을 해내기 위해서는, 상사의 행동 패턴을 잘 분석해둬야 한다. 그러기 위해서는 아무래도 상사와 부하라는 딱딱한 관계를 벗어나 역할 중심의 조금 더 친밀한 사이가 되는 것이 유리하다. 개인적인 유대관계가 생기면 상대방에게 관심을 갖게 되고, 무엇을 좋아하는지도 쉽게 알 수 있다. 그러다 보면 편안한 분위기에서 자연스럽게 업무 이야기를 하며 내가 원하는 정보를 상사로부터 얻을 수 있다.

물론 상사는 어쩌면 사장님보다 더 어려운 존재여서 가깝게 지내는 것이 말처럼 쉽지는 않다. 그렇기 때문에 상사라는 위치는 외로운 자리이기도 하다. 그런 상사에게 당신이 조금만 적극성을 발휘한다면, 상사는 어디에서도 들을 수 없는 업무의 팁과 조직생활의 지혜를 기꺼이 당신에게 전수해줄 것이다.

정기적으로 점심식사를 함께하는 것도 좋은 방법이다. 상사가 함께 식사하자는 말을 하기 전에 먼저 제안을 해보자. 특히 상사와 많은 시간을 보내지 못한 신입사원이라면 반드시 해보라. 오늘은 누구와 무엇을 먹어야 하나 고민하던 상사에게 아주 반가운 제안이 아닐 수 없다.

식사 후 또는 업무시작 전 여유시간에 티타임을 갖는 것도 좋다. 상사가 즐겨 마시는 차를 한 잔 들고 찾아가보자. 이런 당신을 귀찮다며 돌려보낼 상사는 없다. 아마도 속으로는 두 팔 벌려 환영할 것이다. 상사와의 대화시간을 최대한 늘려라. 그 속에서 업무에 대한 결정적인 힌트를 얻을 수 있다.

영화에서 보면 주인공이 동료와 파트너를 이루어 멋진 팀플레이를 보여주는 장면이 많지 않은가. 항상 티격태격하면서도 결국에는 환상의 호흡을 맞추는 명콤비! 일을 하면서 누군가의 도움이 필요로 할 때, 상사는 당신의 최고의 파트너가 되어줄 것이다.

시킨 일을 억지로 하지 말고 먼저 찾아서 즐겁게 일하라

지금까지 우리는 어떤 방식으로 일해오고 있을까? 조직마다, 사람마다 정도의 차이는 있겠지만 지금까지 우리는 대부분 상사 중심의 업무관리 방식으로 일해오고 있다. 즉, 업무의 전체 프로세스를 상사가 의사결정하는 방식이다. 그렇기 때문에 많은 구성원들은 스스로 일을 찾아서 하고, 목표를 달성하기 위한 방법이나 전략을 고민하기보다는 상사에게 의존하려는 경향이 크다. 상사가 시키는 대로만 일하는 것이다. 상사가 실행에 대한 의사결정을 일일이 하고, 구성원들은 상사가 지시하는 과제를 수행하기에 급급하다면 성과는 어떨까? '내가 사장도 아닌데.'라는 마음과 '사장인 내가 먼저 해야지.'라는 마음에서 수행되는 일의 결과는 어떻게 다를까?

천양지차라면 과장이라고 하겠지만, 실제로 그만큼 큰 차이가 난다. 시켜서 하는 일이라고 생각하면 일할 때도 상사의 의도를 고려하지 않는다. 상사가 말한 것만 충족시키려 하기 때문이다. 나름대로 상사의 속마음을 고려한다고 해도 결과물의 수준은 기대만큼 탁월하지 않다. 당연히 상사는 결과물이 마음에 들지 않고, 일이 어떻게 되어야 한다는 '잔소리'를 자꾸만 반복하게 된다. 그렇게 되면 그다음은 뻔하다. 상사가 필요이상으로 간섭한다며 당신의 마음속에 불만이 쌓여가고, 일은 계속 제자리걸음일 것이다.

그러나 시켜서 하는 일이라도 '내 일이고, 당연히 내가 해야 하는 일'이라고 생각하면 상사가 말하지 않아도 더 많은 것들을 하게 된다. 굳이 상사의 의중을 파악하려고 하지 않아도 무엇을 해야 할지 스스로 알게 된다. 왜냐하면 일은 상사가 먼저 시켰지만, 그 일에 임하는 당신의 마음속에는 이미 알게 모르게 주인의식이 생겨났기 때문이다.

모든 조직에 효과가 있는 획일화된 성과창출방법은 없다. 하지만 회사를 둘러싸고 있는 외부환경은 고객중심이기 때문에 고객접점의 구성원들이 실행방법에 대한 의사결정을 주도적으로 하기를 요구하고 있다. 또한 내부의 업무환경은 전문화·세분화되고 있어서 구성원들이 하는 일을 상사가 일일이 의사결정해줄 수 없다. 그래서 구성원들이 자신의 역할과 책임을 명확하게 인식하고 자기완결적으로 일하기를 원한다.

상사는 지시통제자 역할에서 성과코치 역할로, 구성원들은 수동적인 업무수행자 입장에서 능동적인 성과책임자로 변화할 수 있도록 역할혁신을 지속적으로 도모해야 한다. 그래서 구성원들이 성과목표와 전략중심으로 자율책임경영을 할 수 있게 일하는 조직문화혁신이 반드시 필요하다.

당신에게 주어진 일이라면 그것을 틀어쥐고 주도적으로 해내자. 내가 성과를 찾고, 어느 누구도 아닌 내가 달성한다는 자세야말로 상사와 최고의 팀워크로 팀 성과를 높이는 길이다.

아무리 맛있는 음식도
유통기한이 있다

일에도 유통기한이 있다.
'시간'은 가장 중요한 원가요소임을 잊지 마라.
일의 신선도를 유지하라.

아무리 맛있는 음식도 유통기한이 지나면 상해버리고 쓰레기가 된
다. 화장품에도 유통기한이 있고, 변질되지 않는 전자제품에도 제품
의 수명기한이 있지 않은가? 유통기한이 지난 제품은 아무리 멀쩡해
도 고객들에게 팔 수 없게 되어 진열대에서 치워진다.

회사에서도 마찬가지다. 우리가 돈을 지불하고 상품을 사듯이, 내
가 제공하는 노동력은 하나의 '상품'이며, 회사는 대가를 지불하고 그
것을 구매한다. 그리고 그 상품 역시 엄연히 '유통기한'이 있다. 업무
의 유통기한을 우리는 흔히 '납기일', '마감일' 또는 '데드라인deadline'
이라 부른다. 말 그대로 선을 넘으면 죽는, 최후의 한계치다. 그런데
우리는 현장에서 이 무시무시한 선을 종종 넘곤 한다. 유통기한이 지
난 음식이나 물건이 구매자의 손에 들어가는 순간, 어떤 클레임이 들

어올지는 쉽게 상상하면서도, 우리는 업무의 '유통기한'을 너무 가볍게 여긴다.

　정해진 납기일을 지키지 못하면 그만큼의 추가비용이 발생하는 건 필연적이다. 가끔 보면 '며칠 넘기더라도 제대로 하면 되지.' 하면서 스스로를 위로하기도 하는데, 그건 아무리 좋게 봐주려고 해도 최악을 피하기 위한 차악次惡의 선택일 뿐이다. 그렇게 해서는 목표를 달성하더라도 그 가치를 제대로 인정받지 못한다. 마감일을 넘겨 타이밍을 놓친 결과물은, 유통기한이 지나서 '상했는지 멀쩡한지' 미심쩍지만 돈이 아까워서 억지로 들이키는 우유와 같다.

업무의 유통기한을 넘겨서 성과를 스스로 폐기처분할 것인가?

　일단 기본적인 것부터 지켜나가자. 마감일이 되어서야 보고서를 마무리하려고 허둥대지 마라. 어찌된 일인지 사람들은 납기일 이전의 그 숱한 날들을 모두 허비하고 꼭 마감이 턱밑까지 와야 비로소 집중하고 생산성을 끌어올리기 시작한다. 주어진 일의 80~90%를 전체 시간의 20% 안에 해치우는 격이다. 심지어 일부러 마감의 긴장을 즐긴다는 핑계 아닌 핑계를 대는 사람들도 있다.

　벼락치기로 일한 티는 반드시 나게 되어 있다. 긴장하면 집중력이 높아지는 게 사람의 생리라 해도, 차분히 검토할 시간도 없이 제출하는 보고서에는 오탈자 하나라도 더 생기게 마련이다. 그렇지 않은가? 당장 눈앞에 납기일이 버티고 있는데, '한가롭게' 일의 품질을 따질 여유가 어디 있는가? 그렇게 해놓고 오류가 없기를 바라는 것은 약간 심하게 말하면 '도박심리'다. 일단 급하게 때워놓고 운 좋게 넘어가기를 바라는 것이니 도박심리가 아니고 뭐란 말인가?

박 팀장은 조 대리로부터 업무보고를 받는 중이다. 자신이 준비해온 자료를 신경질적으로 넘기는 팀장을 보며 조 대리는 어찌할 바를 몰라 표정이 점점 굳어진다.

"조 대리, 내가 자네에게 이 일을 요청한 게 언제인가?"

"네. 2주 전입니다."

"잘 알고 있군. 그리고 언제까지 보고하라고 했지?"

"지난주 목요일 오전까지 하라고 하셨습니다."

"그걸 아는 사람이 이제 갖고 오나?"

"…."

"우두커니 서 있지 말고 말을 해보게. 약속했던 것보다 늦은 이유가 있을 것 아닌가."

"그게…, 지난주 수요일에 초안 수준까지는 완료되어 보고드릴 수 있었습니다. 그런데 제가 검토하다 보니 더 보완할 게 있어서, 조금 더 손을 보면 잘할 수 있을 것 같아 제가 붙잡고 있느라…. 드릴 말씀이 없네요."

"그렇게 보완한 것이 정답이라고 확신할 수 있나? 내가 아니라고 다 뒤집어버리면 어쩔 거야? 응? 보고서 수준을 높이는 것도 당연한 일이지만, 납기일도 반드시 지켜야 하는 걸세. 자네가 한 일이 한 번에 'OK' 되지 않을 수도 있는데, 품질만 높이겠다고 붙잡고 있다가 일을 끝내야 할 때를 놓치면 어떻게 하겠다는 건가? 그래서 고객들이 다 떠나고 나면 어찌할 건가 말일세. 아무리 제대로 한 업무라도 납기를 넘겨버리면 아무짝에도 쓸모없어. 버스 지나간 뒤에 손 흔드는 거라고."

조 대리는 품질을 맞추기 위해서 기한을 넘겼다. 그러나 그것이 납기를 어긴 이유가 될 수는 없다. 업무를 보면서 약속한 기한을 지키는 것은 상사, 즉 나의 제1고객에 대한 약속이다.

게다가 한번 일이 늦어지기 시작하면 뒤에 해야 할 일들과 맞물려 일들이 자꾸만 연달아 늦어지는 악순환이 이어진다. 내 업무성과에 문제가 생기는 것을 넘어 함께 일하는 상사와 동료들에게도 피해를 주는 것이다.

물론 그렇다고 해서 '시간이 중요하니 납기만 맞추면 내용은 좀 허접해도 되느냐?'고 묻는다면, 그것처럼 바보 같은 질문도 없을 것이다. '납기를 준수한다.'는 말에는 '높은 품질'이 당연한 전제조건으로 깔려 있다. '속도speed 혹은or 품질quality'이 아니라 '속도 그리고and 품질'이다. 신속하고 정확해야지, 신속하기만 하거나 정확하기만 해서는 누구도 만족시킬 수 없다.

일의 순서를
거꾸로 계획하라

자꾸만 타이밍을 놓치는 것도 병이라면 병이다. 하지만 불치병은 아니니 안심하자. 원인을 알면 해법은 자연스럽게 나온다. 그러면 병의 원인이 어디에 있는지부터 함께 알아보자.

성과를 확실하게 내는 구성원은 그렇지 못한 구성원과 일하는 방식이 완전히 다르다. 'Z에서 A로 계획한다.'고도 하는데, 말 그대로 결과부터 거꾸로 거슬러 올라오면서 계획을 잡는다. 가장 먼저 '일이 완성되었을 때의 모습'을 명확하게 설정한다. 그리고 업무완성의 시점을 마감기한보다 조금 앞당겨 잡는다. 그런 다음 일이 되어가는 전체적인 흐름을 스케치하여, 완성하고자 하는 성과의 모습에 맞게 프로세스를 역으로 계산한다.

그러나 일이 익숙하지 않고 업무 프로세스나 성과물의 이미지를 명확하게 인지하지 못한 구성원은 어떻게 일하는가? 그들은 일단 일을 받으면 무턱대고 자료조사부터 하고 본다. 마치 무슨 요리를 할지 정하지도 않고 일단 시장에 가서 눈에 띄는 대로 아무 재료나 사는 것과 같다. 그런데 해본 사람은 알겠지만, 자료란 게 뒤지자면 한도 끝도 없이 나오는 법이어서 한번 빠져들면 시간개념은 어디론가 사라지고 온갖 시시콜콜한 것까지 찾게 돼 있다.

더 큰 문제는 성과물의 이미지가 머릿속에 없으니 막상 자료를 쌓아놓고도 무엇이 정말 중요하고 필요한지 판단할 수 없다는 것이다. 그때부터 부랴부랴 다시 자료를 정리하고 버리고 하다 보면, 어느새 확보한 시간을 다 써버리고 초안을 잡기에도 빠듯해진다. 성과를 생각하지 않고 'A에서 Z로' 기계적으로 일하는 사람들이 저지르는 오류다. 결국 품질을 유지하면서 납기를 지키는 핵심은 '최종목적지'를 명확히 그려내는 역량에 있는 셈이다.

회사에서는 모든 시간이 비용으로 환산된다. 업무가 지지부진하게 늘어지면 다른 일에 투여할 수 있었던 시간, 즉 '기회비용'이 추가로 투여되어야 한다. 그렇기 때문에 시간을 단축하거나 예정한 기한에 일을 끝내는 것은 비용을 절약하는 중요 포인트다. 시간 내에 성과를 달성하려면 개인의 사소한 실수 하나도 일어나지 않도록 각별히 신경 써야 한다.

● Performance WAY ●

기한과 품질을 동시에 만족시키는
퍼포먼스 웨이

초치기 하지 마라. 하루, 1시간, 한 템포 먼저 일을 완료하라

일을 요청받으면 무작정 일을 시작하지 말고, 일을 어떻게 진행시켜야 할지부터 전반적인 '입체지도'를 그려라. 그러면 평소에 내가 해왔던 업무내용에 비추어 이번 일을 완수하는 데 시간이 얼마나 걸릴지 예측할 수 있다. 그렇게 해서 먼저 지시받은 일을 언제까지 끝낼 수 있는지 정확한 기한부터 정하고 일을 시작하라.

업무의 전체 일정이 정해졌다면 각 프로세스별로 성과물이 나와야 하는 시점 또한 정해지게 된다. 그러면 각 단계별로 일을 진행하는 데 필요한 시간을 일日 단위로 쪼개어 계산할 수 있고, 하루 동안 무엇을 해야 하며 얼마만큼의 시간을 들여야 하는지도 자연스럽게 정해진다.

이렇게 나온 시간은 변수가 발생하지 않았을 때를 상정한 것이다. 그러나 회사에서 일을 하다 보면 언제 어디서 다른 일이 치고 들어올지 모른다. 그러니 정해진 날짜에 딱 맞추려 하지 말고 1시간 먼저, 반나절 먼저, 하루 먼저 끝낸다는 생각으로 일하자. 일을 끝내놓고 마감 직전까지 계속 검토하다 보면 불필요하게 들어갔거나 놓치고 있던 중요한 보완사항을 발견해 늦지 않게 수정할 기회도 많아진다.

그리고 상사가 마지막으로 검토할 시간을 추가적으로 확보하기 위해 상사가 제시한 마감일자보다 하루 정도 더 일찍 끝내는 것이 좋다. 물론 상사가 손을 대지 않아도 될 만큼 완벽하게 만들어서 마감기한 전에 제출하는 것이 가장 이상적이지만, 일을 하다 보면 상사의 완벽과 내가 생각하는 완벽에는 차이가 있을 수 있기 때문이다. 일을 일찍 끝내다 보면 완성도가 떨어지지 않을까 하는 우려도 있을 것이다. 하지만 일을 정해진 시간보다 일찍 끝내면 상사가 원하는 사항들이 제대로 반영되었는지 한 번 더 확인할 수 있다. 상사가 시간낭비하지 않도록 도와주는 것도 실무자가 해야 하는 매우 중요한 일 중 하나라는 것을 기억하자.

일의 중요도를 고려하여 일의 우선순위를 정하라

하루이틀 만에 끝나는 일이 아니라 1주일, 한 달 또는 그 이상이 걸리는 장기적인 일에는 업무 프로세스에 따라 나와야 하는 단계별 중간성과물들이 있다. 그 성과물들이 모여 최종성과물이 만들어지는 것이다.

일의 유통기한이 정해졌다면, 전체 성과물뿐 아니라 각 프로세스별로 중간 목적지인 성과물이 무엇인지도 파악해두어라. 그래야 어느 단계가 최종성과를 내는 데 가장 중요한지 드러나고, 어떤 일을 먼저 하고 나중에 할 것인지가 정해진다. 일의 질서를 잡아두면 가장 확실히 완수해야 할 일에 선택과 집중을 하기가 한결 쉬워진다.

상사는 지금도 기다리고 있다. 진행과정에 대해 선제적으로 커뮤니케이션하라

일을 구성원에게 맡기고 나면 상사는 잘 진행되고 있는지 궁금해진다. 하지만 사사건건 간섭하는 것처럼 보일까 싶어 납기일까지 애써 모르는 척 기다려주는 경우가 대부분이다. 이때 당신이 작성한 초안을 상사에게 보고한 후 현재까지의 진행경과와 향후 추진방향을 보고한다면 상사는 어떻게 반응할까?

"다 되면 갖고 오지 뭣하러 번거롭게 하냐."고 말로는 타박할지언정, 진심으로 귀찮아할 상사는 없다. 오히려 일이 잘되고 있는지 괜히 걱정하지 않게 미리 보고해준 것에 내심 기특해할 것이다. 당신이 작성한 초안에 대해 자신의 생각과 의견을 상세히 담아주는 것은 물론이다. 상사의 의도가 반영되니 보고서의 품질도 좋아지고, 일을 다 마친 다음에 뒤늦게 지적받고 두 번 일하는 수고도 피할 수 있다.

　이런 과정이 지속되다 보면 장기적으로 상사와의 관계도 더욱 돈독해지고, 평가에도 긍정적인 영향을 미치게 될 것이다. 무엇보다도 자신의 커뮤니케이션 역량이 눈에 띄게 향상되는 것을 느낄 수 있다.

남의 안경을
빌려 쓰지 마라

다른 사람의 의견을 귀담아 들어라. 그러나 전적으로 의존하지는 마라.
상사의 지시를 당신의 언어로 해석해 설명하라.

남의 안경은 빌려 쓰는 게 아니다. 잘 보이기는커녕 어지럽기만 하고 오히려 내 시력만 더 떨어진다. 업무에서도 남의 안경을 통해 일을 바라보지 말고, 자신에게 맞는 안경을 착용하고 자신의 방식으로 해버릇해야 한다.

앞서 고객의 니즈와 원츠를 찾아내려면 그 의중을 깊이 꿰뚫어야 한다고 했는데, 그것과 '남의 안경'을 쓰는 것은 엄연히 다른 문제다. 고객의 원츠는 고객의 입장에서 적극적으로 파악해야 하지만, 그것을 어떻게 성취해나갈지에 대해서는 자신만의 남다른 판단과 전략이 있어야 한다. 그렇지 않고 남의 의견, 남의 생각만 생각 없이 좇는다면 일의 주체로서 '나'의 존재는 사라지고 만다.

'나만의 안경'이 있다는 것은, 대상을 바라보는 나만의 시각이 있고 견해가 있다는 뜻이다. 상사가 거침없이 내뱉은 말을 그대로 받아 적은 것과, 내 언어로 전체 내용을 설명하는 것은 큰 차이가 있다. 상사의 말이 토씨 하나 바뀌지 않고 보고서에 실린다면, 상사가 직접 쓰는 게 낫지 뭣하러 당신에게 보고서 작성을 맡기겠는가?

상사는 당신에게 대서소代書所 업무를 맡긴 게 아니라, 당신의 생각을 요구한 것이다. 설령 상사가 구체적인 지침을 주었다고 해도, 당신은 거기에 크든 작든 자신의 생각을 담아 '화룡점정畵龍點睛' 하는 정성을 보여야 한다.

내 이름이 적힌 안경이 필요하다.
일에 대한 나만의 소신과 논리를 가져라

유치원생처럼 어른이 시키는 대로 움직이는 것이 아니라, 우리 팀과 회사의 성과를 고려하여 나의 소신과 관점으로 재해석해서 업무를 추진해야 성과다운 성과가 난다. 자신이 무엇을 어떻게 해야 할지도 모르는 상태에서 남이 하는 말만 그대로 옮겨놓는다면 로봇과 다를 바가 없다. 그러니 만약 상사가 당신에게 "도대체 생각이 있는 거야, 없는 거야?"라고 질타했다면, 상사의 인격을 욕하기 전에 스스로가 정말 생각을 하고 일을 진행했는지부터 되물을 일이다. 상사나 고객의 니즈와 원츠를 업무의 성과기준으로 삼되, 실행방법은 자신만의 창의적이고 혁신적인 방법으로 결정하고 실행해야 한다.

해외에서 석사과정을 마치고 한국에서 직장생활을 시작한 후배가 한 명 있다. 석사학력을 인정받아 곧바로 대리가 되기는 했지만 아직 사회경험이 부족한 친구였다. 오랜만에 연락이 닿아 함께 저녁식사를 했는데, 하필 그날 회사에서 팀장에게 따끔하게 혼이 난 모양이었다. 후배는 팀장과 업무 스타일이 맞지 않는다며 내내 투덜거렸다.

"선배님, 정말 이해가 안 됩니다. 어제 팀장님이 말씀하신 사항을 반영해서 자료를 만들었는데, 팀장님은 저에게 뭐라고 하시는지 도통 모르겠어요. 계속 '네 생각이 뭐냐?', '이 자료를 만든 목적이 뭐냐?', '이게 왜 도움이 되겠냐?'라고 추궁하시는데, 전 시킨 걸 한 죄밖에 없다고요. 말씀하신 대로 작성했는데 뭐가 문제라는 거죠?"

후배는 자신은 상사가 시켜서 한 것밖에 죄가 없다며, 모든 문제의 원인을 상사에게 돌리려고 했다. 그러나 얘기를 들으면서 몇 마디 물어보니 이내 짚이는 점이 있었다. 팀장이 후배에게 따지듯이 물었던 이유는, 후배의 말대로 '상사가 시킨 것만 한 죄' 때문이었다. 상사가 말한 대로만 문서에 적어놨으니, 팀장 입장에서 얼마나 허탈했겠는가. 무슨 일이든 담당자의 시각과 고민과 노력이 있어야 하고, 그러려면 업무를 추진하는 사람의 생각과 논리에 따라 정리하는 과정이 중요한데, 후배는 그것을 모르고 '시킨 일'만 한 것이다.

기획안 작성이든 어떤 업무든, 가장 중요한 것은 자신의 생각과 관점을 바탕으로 정리하는 것이다. 그래야 실력이 는다. 물론 업무의 가장 큰 방향과 목적은 상사의 직접적 요구사항인 니즈를 반영해야 하지만, 상사의 숨겨진 욕구인 원츠는 업무지시를 받은 사람이 적극적으로 찾아내야 한다. 그 과정에서 어떻게 일을 할지에 대한 자신만의 소신과 논리가 나온다.

　물론 그렇다고 너무 내 주관대로만 일을 밀어붙여서는 곤란하다. 일을 할 때는 항상 그것을 활용할 사람, 나에게 업무를 요청한 사람의 의도를 염두에 두어야 한다. 나의 논리가 고객이 원하는 관점과 대치되어 일이 엉뚱한 방향으로 진행되어서는 안 된다. 이를 위해서는 앞에서도 말했듯이 상사와의 커뮤니케이션이 필수다. 상사가 요청한 일을 하기 전에 반드시 자신이 이해한 그림을 그리고, 상사와 의논하여 전체적인 틀을 구체화해라. 여기에 새로운 가치를 제공할 수 있는 아이디어를 더한다면 좀 더 창의적으로 성과를 낼 수 있다.

● Performance WAY ●

주어진 일을 내 것으로 만드는 퍼포먼스 웨이

일의 전체를 보며 성과의 핵심요소를 먼저 그려라

　내 눈에 맞는 안경을 만들려면 먼저 내가 달성해야 할 성과의 전체big picture를 파악하고 일의 조감도를 그려야 한다. 이 일을 왜 하는지, 일의 배경과 목적을 알고 있어야 내 눈에 맞는 안경을 만들 수 있다. 결과를 먼저 보고 실행에 옮기는 것에 익숙하지 않기 때문에 성과물을 머릿속에 그려보는 것이 쉬운 일은 아닐 것이다. 일을 하기 전에 그 일을 통해서 내가 무엇을 만들려고 하는지, 어떤 결과가 나왔으면 하는지를 먼저 생각해본다. 이것이 점점 구체화되면 일을 통해 얻고자 하는 결과물의 세부구성요소와 상태들이 입체적으로 그려진다. 이는 마치 건물을 짓기 전에 완성될 건물이 어떠한 모습인지를 그려 놓은 '조감도'와 유사하다. 조감도를 보면 집을 짓고 난 후의 완성된 상태를 한눈에 볼 수 있다. 목재주택인지, 벽돌집인지, 아파트인지 미리 알 수 있는 것이다. 이렇게 자신이 무엇을 만들어낼 것인지 미리 알고 일을 시작하면 중요한 일을 파악하기도 쉽다.

이를 아주 잘 나타내주는 고사성어가 흉유성죽胸有成竹이 아닐까 싶다. 대나무 그림을 그리기 전에 이미 마음속에 완성된 대나무 그림을 품고 있어야 한다는 뜻으로, 일을 하기 전에는 이미 일을 통해 달성하고자 하는 완성된 상태가 머릿속에 있어야 한다는 의미로 이해할 수 있다.

공식적인 회의나 미팅에서 상사가 업무목적을 설명해주면 일의 결과를 미리 알 수 있어 좋겠지만, 일언반구 없이 무턱대고 일을 시키는 일이 다반사다. 그렇다고 명색이 담당자가 멍하니 있을 수는 없다. 그럴 때는 회사에서 이 일을 추진하는 배경과 목적을 능동적으로 파악해야 한다. 전략적 사고의 한 축, 즉 '회사의 전체목표를 볼 때 이 일을 어떻게 처리할 것인가?'라는 기준으로 파고들면 답이 나온다.

사실 우리가 하는 일 중에 전혀 새롭고 예측하지 못할 만한 업무는

일하는 방식

없다. 새로운 것처럼 보여도 잘 관찰하면 업무가 공식화되기 전에 상사의 지나가는 말이나 저녁 술자리에서라도 전주곡이 흘러나오게 마련이다. 전주곡에는 세부적인 내용까지는 아니더라도 일의 큰 틀에 대한 대략적인 방향이 담겨져 있다. 그것만으로도 상사의 의지와 의도를 파악하는 것은 가능하다.

정확한 정보를 파악했다면 그것을 바탕으로 나만의 논리로 정리하여 업무의 전체흐름을 파악해보자. 그런 다음 각 부분에서는 어떤 일을 해야 하고 필요한 정보들이 무엇인지 다시 나누어보자. 그렇게 업무전반을 이해했다면, 당신의 언어로 설명하는 것은 물론 한층 적극적으로 업무 프로세스를 장악할 수 있다.

성과란 '기회'와 '준비'가 만났을 때 더 크게 성취되는 법이다.

내 언어와 소신으로 무장하되 고객의 입장에서 말하라

평상시 일을 할 때 자신의 의견을 갖고 일하는 습관을 길러야 내 언어로 일을 풀어갈 수 있다. '도대체 왜 저 일을 할까?', '나라면 어떻게 할까?', '다른 방법은 없을까?' 등의 문제의식을 가지고 끊임없이 자신에게 질문을 하며 일을 바라보라. 그렇게 반복하여 스스로 숙고하다 보면, 같은 질문이라도 일의 성격에 따라 대답(대안)이 달라진다는 것을 알게 될 것이다. 그 과정에서 창의적으로 일을 해결하는 역량 또한 자연스럽게 길러지는 것은 물론이다.

이런 과정이 말처럼 쉽지는 않다. 처음에는 다른 할 일도 많은데 시간도 많이 잡아먹어 귀찮게 여겨질 것이다. 내 소신이 없어도 지금 당장은 일을 해나가는 데 큰 무리가 없지 않은가?

그러나 당신은 느끼지 못하더라도, 상사는 당신이 조금씩 발전하고 있음을 감지한다. 비단 상사가 알아주지 않더라도 당신의 미래를 위해서는 분명 피가 되고 살이 되는 학습과정이다. 그 누구도 평생 당신 입에 밥을 떠먹여주지는 않는다. 내 언어로 일을 풀어나가는 훈련이 되어 있지 않으면 직위와 직책이 올라가도 당신은 다른 사람에게 계속 의지해야 한다. 그런 당신의 모습을 보면서 주위에서는 어떻게 생각할까?

같은 책을 읽어도 첫 번째 읽었을 때와 두 번째 읽었을 때, 세 번째 읽었을 때의 감흥과 깨달음은 모두 다르다. 나도 《대망》이나 《삼국지》를 학창시절에 읽었을 때와 30대 직장인이었을 때, 40대 CEO로서 읽을 때 그 느낌과 교훈이 전혀 다르다는 것을 경험한 바 있다. 마찬가지로 우리가 업무를 처음 받았을 때와 몇 번을 고민하고 나서 다시 보았을 때, 그리고 일을 해나가면서 보았을 때의 시각은 처음과 많이 달라져 있음을 경험해보았을 것이다. 끊임없이 고민하는 사람은 아침, 점심, 저녁때의 안경이 다 다르다. 그중에서 가장 적합한 안경을 고르면 된다.

보고서의 쉼표에 담긴 의미까지도 설명할 수 있어야 한다

인터넷의 발달 덕분에 우리는 언제 어디서나 원하는 정보를 쉽고 빠르게 찾을 수 있다. 그래서 예전보다 훨씬 쉽고 간편하게 정보를 수집한다. 보고서를 쓸 때도 우리는 다른 사람이 정리해둔 정보를 요긴하게 활용한다.

　그런데 간혹 그 내용을 충분히 소화시키지 못한 채 보고서를 올리는 경우가 있다. 정보가 너무 흔하고 구하기 쉽다 보니 나만의 지혜로 각색하는 노력을 게을리한 것이다. 어디선가 자료를 찾아서 인용하기는 했는데, 정작 무슨 말인지 설명하지 못하는 구성원들이 있지 않은가. 이렇게 되면 상사의 사소한 질문에도 당황해 소신껏 대답하지 못하고, 보고서의 품질도 의심받게 된다. 나는 실제로 어느 면접에서 자기 이력서에 버젓이 쓴 사자성어의 뜻도 설명하지 못하는 지원자를 본 적이 있다. 당신이 면접위원이라면 그런 지원자를 신뢰하겠는가?

　당신이 만든 보고서는 당신이 완벽히 장악하고 있어야 한다. 내가 만든 보고서를 내가 이해할 수 없는데, 그 누가 이해할 수 있을까? 내가 납득이 되지 않는 보고서는 그 누구도 납득시킬 수 없다는 것을 기억하자. 내용이 어려우니 나는 완벽하게 이해하지 못해도 상사는 이해할 수 있을 것이라는 생각은 버려야 한다. 누가, 어디서, 어떤 질문을 하든 답변할 만반의 준비가 되어 있어야 비로소 내 것이 되는 것이다.

　보고서뿐만 아니다. 내가 온전히 이해하고 알고 있는 일의 결과만 보고해야 한다. 당신이 맡은 일에 대해서만큼은 스스로 주인답게 생각하라. 보고서의 쉼표 하나까지 설명할 수 있는 논리를 갖춰라.

과녁을 정조준해야
할 일이 정해진다

무엇을 해야 할지 모르는 공황상태에 빠지지 마라.
일의 첫 삽을 뜰 때 '라스트 신last scene'부터 그려라.

　내비게이션에 '멋지고 아름다운 곳'이라고 입력하면 어떤 결과가 나올까? 최첨단 내비게이션이라면 신통을 부려서 어딘지 척척 찾아내 안내해줄까? 공상과학 영화에서나 볼 수 있는 인공지능 내비게이션이 아닌 이상, 당신 마음속에 막연하게 존재하는 '멋지고 아름다운 곳'을 기계가 알 턱이 없다. 당신이 가고자 하는 곳의 지명을 정확하게 찍어야 제대로 안내를 시작하고, 그래야 목적지까지 최단시간에 무사히 도착할 수 있다. 그 목적지가 어디인지 구체적으로 이름표를 달아줘야 한다. 일도 마찬가지다. 우리의 업무가 목적지를 분명히 알고, 그 방향으로 나아가고 있는지 한번 생각해보자.

일하는 방식

오늘 당신이 가야 할 곳은
어디인가?

회사에 출근하면 당신은 가장 먼저 어떤 일을 하는가(제발 '인터넷 기사 확인'이라고는 말하지 마라)? 이메일을 체크하거나 오늘 하루 무엇을 할 것인지 계획표를 작성할 것이다. 그렇다면 계획표는 어떻게 작성하고 있는가?

오늘 할 일들을 생각나는 대로 적는가? 시간대 별로 업무를 구분하여 적는가? 각자의 업무 특성과 개인의 스타일에 따라 다양하게 오늘 하루를 계획할 테니 세부적인 것까지 시시콜콜 지적할 생각은 없다. 다만 한 가지, 정작 가장 중요한 핵심을 빠트리지 않았는지는 짚고 넘어가야겠다.

당신은 매일 아침, 오늘 하루 달성해야 할 '성과의 모습'을 그리고 있는가? 예를 들어 당신이 오늘 할 일을 'A사 신임팀장 교육 프로그램 제안서 작성완료'라고 적는다면, 이건 성과목표가 아니다. 그건 그냥 '오늘 할 일'일 뿐이다. 그렇다면 성과목표는 무엇이 되어야 할까? 우리가 그려야 할 성과목표는 이 제안서를 검토한 고객사가 "다음 달부터 팀장교육을 합시다!"라고 확정하는 모습, 즉 긍정적인 '라스트신last scene'이다.

성과목표는 'A사 신임팀장 교육 프로그램 제안서 작성완료'라는 업무수행을 통해 목적하고자 하는 바를 이룬 상태다. 제안서 작성 완료와 같은 업무들은 '신임팀장 교육 프로그램'이 확정되기 위한 수많은 일들 중 하나로 맡고 있는 업무를 얼마나 많이 수행했는가를 계량화한 것이다. 실적이라고 생각하면 이해가 쉽다. 따라서 어떤 일을 하든 '라스트 신'을 구체적으로 정해놓고 전략적으로 실행해 나가는 것이 중요하다.

물론 멋진 라스트 신만 떠올리면서 즐거워한다면, 성과목표로서 2% 부족하다. 성과목표를 완성하려면 고객사 담당자의 스타일을 분석하고, 제안서에 담을 내용까지 확정지어야 한다. 즉 성과목표 속에 A사 신임팀장 교육 프로그램 제안서가 완료되었을 때의 모습을 명확하게 그리고 있어야 한다. 환경분석 파트는 어떤 내용을 담고 있으며, 역할과 책임 파트는 어떤 내용으로 이루어진다는 상세한 모습을 나타내야 비로소 성과목표에 부합한 업무계획이 된다. 이렇게 명확하고 구체적으로 할 일이 떠오르면 일의 속도와 품질이 얼마나 달라지겠는가!

금융업계에 15년째 몸담고 있는 베테랑 임 부장은 고민이 많았다. 구성원들에게 업무를 맡기면 무엇을 어떻게 해야 할지 몰라서 허둥지둥하고 당최 일을 치고 나가지 못하기 때문이었다. 구성원들에게 수동적으로 일을 지시받아서 할 생각을 버리고 주도적으로 나서서 일을 하라고 여러 번 강조해봤지만, 그때만 반짝할 뿐 1주일이 지나면 속된 말로 '도로아미타불'이었다.

"얼마 전, 카드영업을 하는 입사 1년차 구성원 10명을 아침 8시에 회의실로 불렀습니다. 그날 영업을 어떻게 할 것인지 물어보려고요. 하지만 돌아오는 대답들은 너무나도 실망스러웠습니다. '적극적으로

일하는 방식

사람들에게 홍보하겠습니다.', '저는 사람을 만나고 대화하는 걸 좋아해서 사람들에게 우리 상품을 설명하는 데 어려움이 없습니다.' 이러고 마는 겁니다. 이렇게 해가지고 과연 그날 영업성과를 한 건이라도 올릴 수 있을지 의심스러웠습니다. 누구 하나 그날 완수해야 할 최종 목표를 자신 있게 제시하는 구성원도 없었고, 목표달성을 위해 구체적으로 공략할 대상에 대한 전략을 말하는 구성원도 없었습니다."

임 부장의 하소연처럼, 많은 사람들이 무엇을 해야겠다고는 말하지만 그 일을 왜 하는지, 무엇을 위해 하는지는 명확하게 알고 있지 못하는 것이 현실이다.

'내가 왜 이 일을 해야 하는가?', '무엇을 일의 최종 목적지로 정할 것인가?'에 대한 방향도 없이, 무조건 '시키니까 한다.'는 의지로 일에 덤비면 백전백패밖에 답이 없다. 전쟁으로 치면 직이 누구인지, 적과 어떻게 싸울 것인지 전략도 전술도 없이 아무 무기나 집어 들고 전장으로 돌진하는 셈인데, 이런 전투라면 예정된 패배의 수순을 밟게 될 것이 불 보듯 뻔하다.

임 부장이 애타게 찾은 '제대로 일하는 구성원'은 성과목표와 그것을 달성하기 위한 전략을 구체적으로 수립하는 구성원이었다. 예를 들면 이렇다.

"올 한 해 제가 달성해야 할 신규고객 수는 총 120명이며, 이번 달의 제 목표는 10명을 확보하는 것입니다. 우리 카드의 혜택 및 서비스를 고려할 때 D백화점에서 주로 물건을 구입하는 30~40대 여성 소비자가 타깃으로 적합하다고 생각합니다. 마침 D백화점에 근무하는 친구가 있어서, 백화점 1층 고객센터에서 5시간 동안 판촉활동을 하기로 양해를 구해두었습니다. 고객들이 12시 이후에 집중적으로 방문하므로 오전에는 D백화점 여성 점원을 대상으로 판촉하고, 오후에는 30~40대 여성 고객을 대상으로 카드홍보를 실시할 예정입니다."

이렇게 구체적인 성과목표와 달성전략을 머릿속에 디자인하고 있다면, 설령 그날 성과가 단 1명이더라도 제대로 된 고객을 만들 수 있을 것이다.

성과목표를 구체화하는 과정은 10점짜리 과녁을 조준하는 것과 같다. 금메달리스트든, 예선탈락 선수든, 활을 시위에 메길 때는 오로지 '퍼펙트골드perfect gold'만을 겨냥한다. 파란 라인을 겨누면서 10점을 기대하는 바보가 어디 있겠는가?

'이것저것 하다 보면 목표가 달성되겠지.'라는 '윌 비will be' 사고방식이 아니라, 목표를 달성하기 위해 '이것만큼은 꼭 공략해야 한다.'고 생각하는 '머스트 비must be' 사고방식이 중요하다.

머릿속에 그려진 라스트 신은 우리가 반드시 해치워야 할 '이것'을 선명하게 드러내준다. 그런데 그동안 많은 이들이 핵심을 잊고 그저 열심히 하는 것에만 목을 맸다. 제대로 목표를 달성하여 성과를 내기 위해서는 정조준해야 할 과녁이 무엇인지를 머릿속에서 그려내고 설명할 수 있어야 한다. 과녁도 없이 아무 곳에나 활을 쏘다가, 사람이라도 다치면 큰일 아닌가.

퍼펙트골드를 겨냥하는
퍼포먼스 웨이

일을 요청한 이에게 당신이 그려본 '성과의 모습'을 설명해줘라

목적지를 모르고 길을 나서면 미아迷兒가 되고 만다. 목적지가 선명하게 떠오르지 않는다면, 한 발자국도 움직이지 마라.

나아가 안다고 해서 다 할 수 있는 것은 아니고, 이해한다고 해서 설명할 수 있는 것 또한 아니다. 성과물의 정확한 모습을 그리고, 설명하고, 풀어낼 수 있어야 그것에 근거해서 실행할 수 있다. 즉 무엇을 할 것인지에 대한 실행목표만 잔뜩 적어놓고 움직이지 말고, 궁극적으로 내가 일을 통해서 원하는 목표가 무엇인지, 고객에게 제공할 가치가 무엇인지, 내가 속한 팀의 성과와 어떻게 연계되는지 설정한 다음 실행해라. 그래도 늦지 않다.

예를 들어 당신이 회사 홈페이지를 개발한다고 하자. 가장 먼저 회사 홈페이지가 완료된 상태를 구체적으로 작성해본다. 메뉴의 구성 및 내용, 전체적인 이미지와 사용할 툴들을 가능한 한 구체화시킨다. 필요하다면 문자와 함께 이미지화하는 것도 좋다. 이렇게 이미지화한 것을 상사에게 설명하고, 상사의 의견을 수렴해 나의 고객이 원하는 바를 명확하고 구체적인 그림으로 만든다. 상사와 합의하여 구체화된 목표를 말이나 글로 설명할 수 있다면, 그것은 이미 나의 마음속에 있는 나의 목표인 것이다.

목표를 설정할 때 상사와의 합의가 중요한 이유는 또 있다. 목표가 합의되면 그 목표를 달성하는 데 필요한 역량을 키우기 위해 지원을 받을 수도 있고, 상사의 지속적인 피드백과 안내 속에 최종 목적지까지 안전하게 나아갈 수도 있다. 또한 필요할 경우 다른 팀원이나 타 부서로부터 지원받기도 한결 쉬워진다.

목표가 달성되었을 때의 상태와 구성요소를 명확하게 구조화하라

목표가 달성되었을 때의 모습이 정해지면, 그것이 달성된 상태의 세부내용을 구성요소factor의 형태로 적어보자. 목표가 달성된 모습이 눈에 보이듯 그려졌다는 것은, 그 상태나 구성요소들 또한 명확하게 명시되어 있다는 뜻이다.

목표를 구성하는 요소란 목표가 달성되었을 때의 세부구성내역을 요소별로 구체화해놓은 것을 말한다. 이것은 목표를 달성하기 위해 단순히 해야 할 일들을 나열하는 것을 말하지 않는다. 이를테면 자료를 수집하고 정보를 분석하고 보고서를 만들고 보고하고 재수정하는 일련의 일하는 순서를 말하는 것이 아니라는 뜻이다. 목표가 원가절감액 3,000만 원이라고 한다면 원가절감액 3,000만 원이 달성되었을 때의 모습을 계정과목별, 구성항목별로 구체적으로 나타내야 한다. 노무비 1,000만 원, 수선비 700만 원, 설비약품비 1,000만 원 등과 같이 구체적인 명사를 사용해서 표현하라는 뜻이다.

세부구성요소가 명확하지 않으면 성과목표는 애초에 원했던 모습으로 나타나지 않는다. 나아가 목표를 정해놓았다 하더라도 추진하는 과정에서 여러 가지 환경적인 장애요인과 변수가 발생하게 마련이므로, 그런 상황들까지 예상해서 구성요소와 목표수준에 반영해놓아야 한다.

성과가 머릿속에 떠올랐다면 고정요소와 변동요소를 나누어 실행계획을 수립하라

목표달성상태가 구성요소의 형태로 명확해졌다면 구성요소별로 어떻게 실행해서 완료할 것인지 계획을 수립해야 한다. 목표를 달성하기 위해서는 구성요소 중에 비교적 달성하기 쉬운 구성요소인 '고정요소'도 있을 것이고 역량을 집중해야 할 '변동요소'도 있을 것이다. 우선적으로 역량을 집중하고 고민해야 할 것은 변동요소겠지만 고정요소에 대한 실행계획도 소홀히 해서는 안 된다. 변동요소별 실행전략뿐만 아니라 고성요소에 대한 일상적인 업무행위를 어떻게 할 것인가도 구체적인 액션플랜으로 정리해야 한다.

앞서 예시로 든 '홈페이지 개설' 프로젝트에 빗대어 설명한다면, 개설을 위한 코딩, 디자인 구성 및 사용할 이미지 구매, 관리자 권한설정, 신규 서버에 포팅 및 테스트, VOC 및 홈페이지 관리자 교육 시행, 최종점검, 홈페이지 오픈 등의 순서를 잡고, 이에 맞추어 실행계획을 수립해야 한다.

성공은 2,000번의 실패를
요구한다

조직은 실패하는 사람은 품어도, 도전하지 않는 사람은 살려두지 않는다.
실패를 두려워하지 마라.
실패를 경험해봐야 성공의 단맛을 제대로 알 수 있다.

같은 일을 2,000번이나 실패한 사람이 있을까? 3번만 실패해도 안 되는 일이라고 여기는 사람들에게는 꿈같은 일일 것이다. 에디슨이 2,000번이 넘는 실패 후 전구를 발명하자 한 기자가 2,000번이나 실패했는데, 기분이 어떠냐고 물었다. 그때 에디슨은 실패가 아니라 2,000번의 과정을 통해 성공을 배웠다고 말해 지금까지도 귀감이 되고 있다.

일을 해서 새로운 가치를 만들어내려면 남들이 안 한 것, 적어도 내가 그동안 안 해본 것에 도전해서 성공해야 한다. 무릇 도전을 즐기는 사람만이 탁월한 성과를 낼 수 있다. 도전하는 과정에서는 실패가 동반될 수밖에 없다. 이 실패를 성공을 위한 과정으로 여길 것인가, 실패로 여겨 포기할 것인가는 개인의 역량에 달려 있다.

도전적인 사람의 가장 큰 특징은 무엇일까? 목표를 정하고 그 목표를 성공시킬 때까지 수많은 실패에도 굴하지 않는다는 것이다. 산악인들은 죽을 고비를 넘기고 위험이 따른다는 것을 알면서도 항상 새로운 산에 도전한다. 남들이 보면 저 위험한 일을 왜 하나 싶지만, 그들은 아랑곳하지 않고 이전보다 더 높고 험악하기로 유명한 산들을 찾아다닌다. 그 어떤 두려움도 도전하고픈 마음을 이겨낼 수 없는 것이다. 그들의 도전에 대한 욕구는 도대체 끝이라곤 없어 보인다.

가장 어리석은 사람은
실패할까 봐 시도조차 하지 않는 사람

직장인들에게 '도전'과 '실패'는 과연 어떤 의미일까? 그다지 새로울 것 없는 우리의 일상도, 따지고 보면 1분 1초가 모두 '도전'이라 일컬어 마땅한 순간들의 연속이다. 매년, 매달 목표를 세우고, 도전하고, 달성하고, 다시 더 높은 목표 세우기를 반복한다. 하다못해 어제보다 좀 더 편하게 일할 방법을 찾는 것조차 효율성을 높이는 작은 도전이다.

일상에서 도전정신을 제대로 느끼지 못하는 이유는 대부분의 사람들이 도전 자체를 지나치게 크게 보고, 도전에 따르는 실패가 두려워서 자신의 가치를 현재 수준에 제한하기 때문이다. 실제로 많은 사람들이 자신 안에 잠자고 있는 무한한 잠재역량을 과소평가하는 경향이 있다. 심리학자들의 보고에 의하면, 조직에서 사람들이 발휘하는 역량은 자의든 타의든 30% 정도라고 한다. 나머지 70%는 잠자고 있다는 것이다. 이 70%의 잠재역량이 만개할 때 당신의 성과가 얼마나 놀랍게 달라질지 생각한다면, 실패가 두렵다고 해서 지레 도전을 포기할 수는 없을 것이다.

평소 접해보지 않았던 업무, 내가 하기에는 조금 어렵지만 곧 하게 될 업무, 프로젝트 매니저project manager로서의 역할, 고객사 방문, 거래를 성사시키기 위한 경쟁 프레젠테이션 등, 실로 무수히 많은 일상적인 일에서 우리는 도전과 실패를 맞닥뜨리게 된다. 그때마다 실패를 두려워하며 주춤할 것인가? 아니, 안 된다. 많은 사람들이 실패를 겪음으로써 느끼는 좌절감 자체가 두렵다고 말한다. 또한 조직에서도 실패를 하나의 과정으로 인정해주는 경우가 드물기에 한번 실패하고 나면 지레 겁을 먹고 돌아서버린다.

실패는 물론 두렵다. 신입이든 팀장이든 CEO든, 실패 앞에서는 누구나 주저앉는다. 다만 툭툭 털고 일어나는 사람과 아예 드러눕는 사람의 차이가 있을 뿐이다. 일어나는 사람은 '성공은 수많은 실패 중 하나'이며, '실패는 성공하기 위한 수백 가지 방법'이라는 사실을 안다. '실패는 성공의 어머니'라는 흔한 말처럼 실패 없이는 성공도 없다. 한 번에 잘하는 사람도 있겠지만, 다음번에 실패할 가능성이 높다. 실패를 통해 성공하게 된 사람은 어떻게 하면 안 된다는 것까지 알고 있지만, 한 번에 성공한 사람은 잘못된 선택을 하더라도 그것이 잘못된 길인지를 알지 못하기 때문이다.

아, 그렇다고 오해는 하지 마라. 실패가 중요하다고 해서 실패를 밥 먹듯이 하라는 말은 아니다. 당연히 실패를 하지 말아야겠지만, 이왕 실패를 했다면 전전긍긍하지 말고 성공을 위한 학습교재로 삼으라는 것이다.

누구나 자주 해오던 일은 금방 쉽게 끝낼 수 있지만 처음 해보는 일은 시간도 오래 걸리고 힘들다. 가끔은 한 번에 끝내기 어려운 일도 있다. 하지만 그 일도 처음이 어렵지, 자꾸 해보면 익숙해져서 쉬워진다. 빠른 길이라는 것이 처음부터 생겨난 게 아니다. 돌아서도 가보고 막다른 길로도 가보면서 수없는 반복을 통해 '이 길이 가장 빠르다.'고 인지한 결과물이다.

지속적인 성과를 창출할 수 있는 역량도 마찬가지다. 처음부터 만들어지는 것도 아니며, 가지고 태어나는 것도 아니다. 아무도 다닌 흔적이 없는 산에 누군가가 길을 뚫고 수백 명이 그 뒤를 따르며 길을 만들어낸 것과 유사하다. 무수한 실패 속에서 반복학습을 통해 성공 경험을 체화시키는 것이 곧 나의 역량을 길러내는 길이다.

● Performance WAY ●

제대로 실패하고 제대로 성공하는 퍼포먼스 웨이

실패의 학습 포인트를 1개 이상 반드시 습득하라

실패는 쓸데없는 것이 아니다. 실패는 학습 포인트로 매우 중요하다. 사람은 누구나 성공도 하고, 실패도 한다. 죽는 날까지 성공만 하는 사람은 세상에 없다. 관건은 성공이나 실패 자체보다는, 그다음에 이어지는 행동이 무엇이냐다. 이번에 성공했다고 해서 다음번에도 계속 성공하리라는 보장이 없으며, 한번 실패했다고 해서 주구장창 실패하리라는 법도 없다. 성공과 실패 후에 누가 제대로 교훈을 짚어내고 다음번 일에 잘 적용하느냐가 중요하다. 흙 속에 진주가 숨어 있듯이, 실패 속에서 다음에 실패하지 않을 방법을 깨달아야 한다.

실패했다면 가만히 돌이켜보며 왜 실패했는지 이유를 분석하고 무엇이 잘못되었는지 원인을 알아보아라. 실패했던 이유들을 모아 리스트로 만들어라. 그래야 다음번 성과창출을 위해 역량을 향상시키는 과정에서 시사점과 개선사항을 얻을 수 있다. 실패했다고 좌절하거나 괴로워하는 것으로 끝나서는 발전이 없다.

실패원인을 파헤치면 해결책도 자연스럽게 나온다. 일의 과정 중에서 내가 빠트린 부분은 무엇이고, 어느 부분을 잘못했는지 핀셋으로 콕 집어내듯이 드러난다. 나의 태도나 마음자세 어디에 문제가 있었는지도 알아낼 수 있다. '내가 혹시 실패를 두려워했던 것은 아닐까?', '도전에 대한 의욕이 없었던 건 아닐까?', '장소나 시간 등 외부환경을 핑계 삼았던 건 아닐까?' 등등. 이와 같은 리스트를 만들어놓으면 그 속에 내가 놓치고 있었던 것들이 보이고, 다음번에 성공할 수 있는 힌트도 보인다.

배울 점이 있는 실패라도 즐기지는 마라

실패는 소중하다. 그러나 즐길 대상은 아니다. 실패했다고 기죽지 말라는 것이지, 실패 없는 성공이 불안하다는 의미가 아니다. 실패 없이 성공하면 당연히 최상이다. 중요한 것은 실패 그 자체가 아니라 성공경험이다. 확률적으로 실패가 흔하다고는 하나, 실패를 익숙하게 받아들여서는 곤란하다. '실패도 좋은 경험이니까.' 하고 쉽게 받아들이지 말고, 한 번 실패할 때마다 이를 악물고 원통해해야 한다. 그래야 발전이 있다.

흔히 사람들은 '이겨본 놈이 이기고 성공해본 놈이 성공한다.'고 말한다. 그런데 자조적인 말로 치부하기에는 이 말의 무게감이 정말 크다. 성공을 경험하지 못한 조직, 계속 실패만 해온 조직은 성공으로 가는 길을 좀처럼 찾지 못한다. 한번 실패가 대수롭지 않게 여겨지면, 지속적인 실패로 이어지고, 자신감을 잃게 되며, 개인과 조직에 패배주의가 확산될 수 있다.

실패를 반복해봐야 해답은 나오지 않는다. 같은 실패는 한 번이면 족하다. 그 한 번의 실패 속에서 제대로 배우고, '이제는 성공할 수 있다.'는 확신을 가지는 게 중요하다.

사후 깨달음보다는 사전 예방조치가 돈이 덜 든다

실패의 원인을 분석해보면 사전에 미리 제대로 대비하지 않아서인 경우가 많다. 원하는 목표를 달성하지 못한 사람들을 분석해보면 대부분 목표를 수립할 때 환경과 역량을 반영하지 않거나 목표를 달성했을 때의 결과물의 모습이 명확하지 않은 경우가 대부분이다. 그만큼 어떤 일을 하기 전에 플래닝planning 하는 습관이 없다는 방증이다. 실패 후에 교훈을 얻는 것도 좋지만, 더 좋은 것은 실패 자체가 없도록 하는 것이다.

실패한 다음 원인을 분석할 때 가장 얄미운 유형은 "내가 이럴 줄 알았지." 하며 뒤늦게 아는 척하며 훈수 두는 사람이다. 결과를 놓고 분석할 때는 누구나 할 말이 많다. 하지만 오만 가지 말도 소용없다. 이미 결과는 '실패'가 아닌가? 실패한 뒤에 훈수 두는 사람이 아니라, 실패하기 전에 미리 예방할 줄 아는 사람이 되어야 한다.

실패하지 않기 위해서는 사전에 성공을 위한 선택과 집중을 잘해야 한다. 일의 성공에 영향을 미칠 수 있는 긍정적인 요인과 부정적인 요인을 나열해보고 대책을 구체적으로 마련하자.

나중에 실패하고 후회하지 않는 습관 중 하나로, 미래를 약간 비관적으로 보는 방법이 있다. 우리는 일을 할 때 너무 낙관하는 경향이 있다. 열심히 하면 좋은 결과가 있을 것이라고 막연히 기대하는데, 어디 현실이 그렇게 우리 꿈처럼 되던가? 실패를 막는 최선의 방안은 내가 원하는 일의 성과물을 미리 그리고, 기대하는 바에 영향을 미칠 요인을 구체적으로 파악해 각각의 대응방안을 세우는 것뿐이다.

권한위임은 리더가 아니라
나의 문제다

권한을 주지 않는다고 상사를 탓하지 마라.
준비되지 않은 채 권한을 맡는 것처럼 두려운 것은 없다.

당신은 상사가 업무수행에 대해 권한을 주지 않는다고 투덜거려본 적이 있는가?

"평소에는 알아서 하라면서, 알아서 하면 이러쿵저러쿵 간섭하고. 도대체 팀장님은 나더러 뭘 어쩌라는 건지…." 하거나 "만날 말로는 대리, 과장들이 알아서 해줘야 팀장이 일을 맡길 수 있다면서, 실제로는 팀장이 일일이 간섭하려고 하니, 이거 원…." 하는 불평 말이다.

신입사원 때는 무슨 일을 해야 할지 모르니 시키는 대로만 한다. 그러다가 시간이 지나고 혼자서 처리할 수 있는 일들이 늘어나면, 누군가를 데리고 주도적으로 일을 진행시켜 나가기도 한다. 그 후에 일이 좀 손에 익는다 싶어지면 슬슬 욕심이 생긴다. 혼자 힘으로도 멋지게 해낼 수 있을 것 같아 상사가 통 크게 권한위임해주기를 은근히 기대한다. 물론 그 속내에는 상사의 잔소리를 듣기 싫다는 마음도 포함돼 있을 것이다. 하지만 일에 대한 주도권은 쉽사리 넘어오지 않는다. 여전히 상사가 자신을 '말단' 취급하는 것 같고, 일일이 지시받고 간섭 아닌 간섭을 받는다는 불만만 쌓여간다.

또한 요즘은 업무 관련 지식, 정보, 경험들을 굳이 직속 상사가 아니더라도 다른 회사나 직장 경험이 많은 사람들에게 인터넷이나 SNS를 통해 충분히 조언을 얻을 수 있다. 예전과 달리 상사의 지식이나 경험에 대한 의존도가 상대적으로 낮아진 것이다. 자신의 일에 대한 실행방법을 선택할 때 상사의 간섭을 피하고 자율성을 보장받고 싶은 마음이 점점 커진다. 스스로 처음부터 끝까지 모든 것을 주관하고 완성시킴으로써 성취감을 얻고, 그러한 과정을 통해 자기존재감을 확인하며 행복감을 느끼고 싶은데 상사가 지속적으로 과정을 통제하는 바람에 쉽지 않다. 도대체 상사는 언제쯤 나에게 권한위임을 해줄까?

스스로 준비되기 전에는
권한위임 꿈도 꾸지 마라

권한이란 성과를 내기 위한 실행방법에 대한 선택권한을 의미한다. 권한위임을 받았다고 해서 마음대로 한다는 뜻이 아니라 사전에 상사와 실행방법에 대한 코칭을 받고 나서 실행행위에 대한 자율성을 가진다는 의미가 권한위임의 본질이다.

일하는 방식

팀원들이 권한위임을 원하는 것은 어찌 보면 당연하고 긍정적인 일이다. 좀 더 좋은 성과를 내기 위해서는 누군가의 일을 대신 해주는 것이 아니라 '내 일'을 하고 있다고 느껴야 한다. 프로젝트 매니저처럼 일에 대해 전적으로 책임을 지고 진행할 때와 그렇지 않을 때, 어쩔 수 없이 성과에 차이가 나게 마련이다. 어떤 일은 그렇다. 처음에는 떠맡는다는 기분에 귀찮기만 했는데, 막상 해보면서 욕심이 나는 경우가 있지 않은가. 그러면 사람들은 '이 일을 꼭 내 것으로 만들어야겠다.'는 마음을 먹게 된다.

그래서 용기를 내어 상사에게 "제게 맡겨주십시오.", "소신껏 해보겠습니다.", "이번만큼은 제가 확실하게 해보겠습니다."라고 당당하게 말한다. 그런데 상사가 시큰둥하며 권한을 주지 않으면 열에 아홉은 뒤에서 상사를 욕한다. '완전 좁쌀영감'이라며 험담을 퍼뜨리기도 하고 '모든 일을 자신이 틀어쥐고 있어야 직성이 풀리는 사람'이라며 상사를 원망한다.

그러나 권한위임에 대한 상사의 생각은 다르다.

'어떻게 팀원을 믿고 그 큰일을 맡길 수 있느냐. 1~2년은 더 훈련받아야 그 일을 처리할 수 있는 역량이 생긴다.', '아직은 그 일을 완수해낼 만한 역량이 없다.', '아직 젊어서 자신감만 앞섰지, 실제 역량이 탁월한 것은 아니다.' 등등. 내가 만나본 상사들은 열이면 열, 모두 이렇게 말한다. 팀원의 역량부족 때문이냐, 아니면 상사가 권력을 쥐고 있으려는 욕심 때문이냐의 문제인데, 이것은 마치 '닭이 먼저냐, 달

걀이 먼저냐?'의 문제와도 비슷해 보인다.

대다수의 팀원들은 상사가 권한을 주지 않기 때문에 업무를 추진할 때 자율적이지 못하고 창의성도 발휘되지 않는다고 투덜댄다. 자신이 권한을 위임받지 못하는 모든 원인이 상사에게만 있다고 결론짓는 것이다.

과연 팀원들이 생각하는 것처럼 자신들에게는 문제가 없는 것일까? 오로지 의심 많은 상사들의 문제일까? 그렇지 않다. 팀원들이 생각하는 것 이상으로 그들의 문제는 훨씬 더 심각하다. 그들의 가장 큰 문제는 감나무 밑에서 그저 입만 벌리고 누워 있다는 것이다.

감이 익으면 언젠가는 떨어지겠지만, 그때까지 무작정 기다릴 시간이 없다. 우리가 일하는 곳은 어쩔 수 없는 경쟁의 장이며, 시간은 우리의 가장 중요한 무기이기 때문이다. 상사가 언젠가는 알아서 권한을 위임해주겠지 하는 것은 안일한 생각이다. 팀원 한 명 한 명에게 다 신경 써주기에는 한계가 있다. 우는 아이에게 젖 준다고, 상사의 눈에 먼저 띄는 사람에게 신경을 더 써주게 마련이다. 그러므로 팀원이 먼저 소신 있게 권한위임을 요청하는 것은 일단 바람직한 자세다.

그런데도 상사가 권한을 주지 않고 심지어 다른 사람을 선택한다면, 다른 이유가 있는지 찾아봐야 한다. 결론부터 말하면, 팀원의 자신 있는 태도가 듬직하기는 해도 무언가 불안하기 때문에 상사가 선뜻 일을 믿고 맡길 수 없는 것이다. 소극적인 자세로는 권한위임이 되지 않지만, 그렇다고 내가 하는 일에 대해 주도권을 주장한다고 해서 그것만으로 권한을 얻을 수 있는 것도 아니다. 그 일을 해내기에 적절한 역량을 가지고 있느냐에 따라 권한위임 여부가 결정된다. 상사가 권한위임을 하지 않는 이유를 상사의 권력욕에서 찾지 말고, 자신의 역량부족에서 찾아야 한다. 적극적으로 먼저 요청하되, 해당 업무를 제대로 해낼 수 있는 역량을 확실히 몸에 익힌 다음에 해라.

● Performance WAY ●

스스로 일의 주도권을 잡아가는 퍼포먼스 웨이

목적지에 대해 상사와 동상이몽하지 마라

당신은 상사가 원하는 성과목표에 대해 제대로 이해하고 있다고 확신하는가? 상사가 자신이 가지고 있는 권한을 구성원에게 위임하기를 주저하는 이유 중 하나는, 성과목표를 구성원이 제대로 이해하고 있는지 의문이 들기 때문이다. 상사와 같은 목적지를 바라봐야 상사가 무엇을 원하는지, 그리고 당신이 어떠한 방향으로 나가야 하는지 일치시킬 수 있다. 그러기 위해서는 무엇보다도 상사가 어떠한 성과목표를 원하는지 정확하게 파악해야 한다. 상사가 무엇을 원하는지 그리고 구성원인 당신은 어떠한 일을 해야 하는지 간파해야 한다.

목적지에 대해 확실하게 합의할 때는 '말'보다 '글'이 좋다. 일의 방향에 대해 상사와 회의를 했다면, 당신의 의견을 글로 적어보자. 의견을 적은 다음 상사를 찾아가 다시 한 번 당신이 이해한 내용을 확인해보자. 글로 적으면 그냥 말로 할 때 애매모호하게 넘어갔던 대목이 구체적으로 드러나고, 앞뒤 문맥을 살펴보며 당신이 놓치고 있는 부분이 무엇인지 보완할 수 있다. 그러면서 당신은 상사의 의도를 맞춰 갈 수 있다.

상사는 이런 당신의 모습을 보면서 일을 체계적으로 꼼꼼하게 잘하고 있다는 인상을 받고, 일을 맡겨도 되겠다는 믿음을 갖는다. 그러면서 권한위임도 자연스럽게 이루어진다.

상사의 니즈와 원츠를 기다리지 말고 리드하라

상사가 권한을 위임하게 하는 결정권은 당신 자신에게서 나온다는 사실을 명심하자. 가만히 앉아서 감이 입속으로 떨어지기를 기다리듯 권한위임을 기다렸다가는 일에 대한 열정이 없는 사람으로 낙인찍힌다. 자기 몫은 자기가 찾아나서는 적극성과 부지런함이 필요하다. '이것은 네 몫이다.' 하고 알아서 챙겨줄 사람은 아무도 없다.

그런데 적극성을 발휘하는 데도 타이밍이 있다. 이미 목표가 정해진 다음에는 주도적으로 일을 수행하기가 어렵다. 일이 본궤도에 오르기 전에, 수시로 상사에게 새로운 이슈에 대해 제안을 하고 이에 대한 권한위임을 요청하라. 즉 주어진 성과목표만 바라볼 것이 아니라, 아직 표면화되지는 않았지만 상사의 관점에서 새로이 부각될 목표를 미리 찾아서 먼저 제안해보자. 그러면 상사는 자신이 고민하고 있는 내용을 당신의 제안을 통해 좀 더 구체화하고 우선순위를 정하고 역할과 책임을 나누게 된다.

일하는 방식

권한위임의 핵심은 상사가 원하는 목표를 달성하는 전략과 방법이다

상사가 원하는 업무목표에 대해 공감대를 형성했다면 목표를 달성하기 위한 실행전략과 방법을 구체적으로 세워서 상사와 협의하라. 상사는 성과목표를 달성할 때 본인이 중간에 지시하지 않아도 팀원들이 잘해낼 수 있을 것인가에 대해 고민이 많다. 팀원들의 실행전략이 믿음직하지 않으면 쉽사리 일을 맡기지 못한다. 따라서 당신에게는 성과목표를 달성할 수 있다는 확신을 줄 만한 전략이 있어야 한다. 아무것도 없이 빈손과 맨입으로 상사를 설득하겠다는 것은 사기꾼이나 마찬가지다. 그런 요란한 빈 수레에 덥석 올라탈 만큼 모자란 상사도 없다. 무조건 "알아서 하겠습니다. 믿고 맡겨주십시오."라고 하는데, 도대체 상사가 무엇을 믿고 맡긴다는 말인가?

상사가 믿고 맡기지 못하는 이유는, 사전에 달성방법에 대한 합의가 되지 않아서 그렇다. 어떻게 목표를 달성할 것인지 전략과 방법을 협의해야 한다. 그럼에도 불구하고 상사가 권한을 위임해주지 않고 통제하려고 한다면 그것은 상사가 현장을 잘 몰라서다. 협의를 하지 않았다면 그것은 전적으로 나의 문제다. 상사를 궁금하게 하고 불안하게 만들었기 때문에 권함위임이 이뤄지지 않는 것이다.

일이 잘못되면 결국 상사가 책임져야 할 텐데, 이 세상 어느 상사가 구체적인 계획도 없는 팀원에게 실행방법에 대한 의사결정을 맡기겠는가? 당신은 리더십 운운할지 모르지만, 당신이 팀장이라면 그 생각이 달라질 것이다. 상사가 원하는 업무목표에 대한 명확한 이해와 구체적이고 세부적인 실행전략과 방법만이 권한위임을 가능하게 한다.

권한위임이 가능하도록 먼저 여건을 만들어라

회사에서 인정받는 것은 의외로 쉽다. 준비된 사람이라면 언제든 러브콜을 받게 돼 있다. 어떤 것들을 준비해야 할지 고민할 필요도 없다. 자신이 잘할 수 있는 것, 자신 있는 것, 흥미가 있는 것에 대해 끊임없이 관심을 가지고 자기계발하라. 비단 업무가 아니어도 좋다. 미술도 좋고, 음악도 상관없다. 테니스나 축구라도 관계없다. 단, 그 분야에서만큼은 회사에서 최고가 되어야 한다. 사내 최고 전문가를 썩혀둘 조직은 세상에 하나도 없다. '이것만큼은 내가 최고'라는 마음으로 스스로에게 권한위임하라. 그리고 자신의 역량을 마음껏 쌓아라. 그러면 곧 조직이 당신에게 권한위임을 해올 것이다.

숨어 있는 그림자가
일을 망친다

실력을 과신할수록 리스크에 둔감해진다.
눈에 보이는 것은 빙산의 일각일 뿐이다.
자만하지 말고, 수면 아래 보이지 않는 빙산의 크기까지 계산하라.

윤 과장은 영업과 사업관리부서에서 근무하다가 새로이 기획부서에 배치받았다. 윤 과장은 그동안 갈고닦은 두하우do-how를 발휘하여 역량을 보여줄 수 있는 절호의 기회를 잡았다고 의욕에 넘쳤다. '멋지게 계획하고 척척 실행해나가서 내 실력을 한 번에 보여주리라.'라는 생각으로 윤 과장은 1주일 만에 각 사업부의 전략계획을 수립하고, 팀원별 실행계획까지 세워서 팀장과 사업부장에게 보고했다.

그 후 한 달 동안 야근에 주말근무까지 불사하며 동분서주했지만, 어찌된 일인지 목표 근처에도 갈 수 없었다. 업무는 점점 많아지는데 목표는 점점 멀어져 의욕은 갈수록 떨어졌다. 영업부서는 판매가 원활하지 않다고, 생산부서는 제품생산이 자꾸 차질을 빚는다며 어려움을 토로했다. 그렇게 또 몇 달이 지났지만 예상했던 매출은 오르지 않았고, 출시된 신제품은 경쟁사에 밀리는 게 눈에 보였다. 이쯤 되니 팀장은 도대체 무슨 판단으로 전략을 수립한 것이냐며 윤 과장에게 질책을 퍼부었다.

일의 숨은 암초까지 입체적으로
보고, 듣고, 고민하라

물 위에 드러나 있는 빙산은 전체의 10%밖에 되지 않으며, 나머지 거대한 90%는 수면 아래 숨어 있다. 일도 마찬가지다. 빙산의 일각만 보고 방심했다가는 배가 침몰하듯이, 단순히 지금 눈에 보이는 부분을 전체라고 속단해 섣불리 일을 추진하다가는 큰코다치기 십상이다.

업무 프로세스의 요소요소에도 빙산과 같은 예상치 못한 장애요인이 항상 도사리고 있다. 어쩌면 우리가 일을 세부적인 프로세스로 나누는 이유가 곳곳에 숨은 장애물들을 간파하기 위해서인지도 모른다. 때문에 일을 할 때는 너무 낙관적으로만 생각하지 말고 예상되는 장애요인까지 입체적으로 생각함으로써 과제의 그림자까지 챙기는 것이 중요하다. 그러나 대부분의 계획은 장애요인을 가늠하기는커녕, 한 치의 흐트러짐도 없이 예상한 대로 잘 진행될 것이라는 장밋빛 꿈만 담고 있을 뿐이다.

숨은 암초까지 고려해서 목표를 세우지 않으면 암초를 만날 때마다 배가 흔들린다. 운이 좋지 않을 경우 작은 암초로 인해 배가 좌초될

일하는 방식

수도 있다. 숨은 암초 즉, 목표에 영향을 미치는 환경을 고려할 수 있다는 것은 목표와 연관된 정보들에 대한 분석이 제대로 이루어졌다는 얘기다. 여기에 목표를 달성할 수 있는 나의 역량이 뒷받침되어야 한다. 따라서 목표는 환경과 역량을 고려해서 설정하는 것이기에 숨어 있는 그림자가 일을 망치더라도 탓할 수 없다. 목표에 대한 결과는 오직 내 책임이다.

윤 과장은 회사 내의 업무절차나 규정에 따라 계획을 수립하고 업무를 진행했다. 일견 문제될 것이 없어 보이지만, 사실 규정'만'을 따랐다는 게 가장 큰 패착이었다. 윤 과장은 자신의 능력만 믿고, 일의 숨은 리스크를 입체적으로 파악하는 작업은 게을리했다.

숨어 있는 일의 그림자를 찾으려면 해당 사업부의 선행부서와 후행 부시 간의 일처리가 어떻게 되는지, 목표달성을 위해서는 어떤 장애요인을 극복해야 하는지, 누구의 도움을 받아 일을 처리해야 하는지를 종합적으로 파악해야 한다.

흔히들 괜히 능력 없는 사람으로 보일까 봐 일처리에 장애가 될 수 있는 요소를 언급하지 않고 혼자 해결하려고 하거나 숨기려고 한다. 그러나 전략을 세우려면 다양한 구성원들의 목소리에 더욱 귀 기울이고 반영할 줄 알아야 한다. 내부고객의 목소리를 경청함으로써, '내가 할 수 있는 일'이 아니라 '고객이 원하는 바'를 기준으로 전략을 수립해야 한다. 이러한 제품이 생산부서에서 어떻게 생산될 수 있는지, 생산에 차질은 없는지, 그것을 판매할 부서에서는 어떤 일들이 있는지를 파악하여 계획에 반영해야 한다.

이렇게 성과목표달성에 영향을 미칠 요소들을 사전에 파악하려면 과거의 목표 대비 성과 관련 자료가 있어야 하고, 항목별, 제품별로 구체적인 분석이 되어야 한다. 우리는 예언가가 아니기 때문에 가만히 앉아서 앞으로 어떤 일이 발생할지 딱 보고 예측할 수 없다. 객관적인 데이터가 있어야 분석하고 예측할 수 있다. 어떤 장애요인 때문에 목표를 달성하지 못했고, 또 어떤 요소가 목표달성을 견인했는지 알아내야 이번에 무엇이 영향을 끼칠지 예상할 수 있지 않겠는가.

하지만 대부분의 사람들이 과거 성과창출과정을 대충 분석하고 넘기기 때문에 매번 수치만 조금 바뀐 똑같은 수치목표계획을 세우거나, 해당 부서에 대한 이해도 없이 처음부터 달성 불가능한 계획을 세우는 일이 반복되는 것이다.

빈틈없이 리스크를 간파하는 퍼포먼스 웨이

일의 목표를 바라보는 4차원의 시각을 가져라

업무의 그림자까지 챙기려면 어떻게 해야 할까? 늘 긴장하고 막연하게 문제가 생길지 모른다고 불안해하며 업무를 챙기면 가능할까? 그렇지는 않다. 제대로 그림자를 챙기는 방법은 따로 있다.

첫 번째 방법은 자신의 일을 입체적으로 들여다보는 것이다. 자신이 맡고 있는 프로젝트나 과제의 목적, 추진배경뿐 아니라 일의 목적지 및 현재상황, 일의 시공간, 사람들과의 관계 등을 상상할 수 있는 4차원의 사람이 되어야 한다. 물론 단기간에 이렇게 일을 4차원적으로 파악하는 역량이 생기기는 힘들지만, 지속적인 반복훈련을 통해서 체질화할 수 있다. 상사에게 "자네 생각은 어때?"라는 질문을 받았을 때를 대비해 일에 대한 자신의 생각을 다각도로 정리해보는 것도 좋은 훈련방법이다.

그러려면 일에 부정적인 영향을 미칠 요인과 긍정적인 영향을 미칠 요인을 그때그때 파악해야 한다. 그리고 일을 수행하는 주체인 내가 가지고 있는 역량의 강점과 약점도 객관적으로 인지하고 있어야 한다. 내가 가진 역량은 일을 성공시킬 '핵심성공요인'의 근거가 될 것이고, 반대로 자신 없는 부분은 '장애요인'의 근거로써 외부에 지원을 요청해야 할 것이다. 마케팅에서 4P(Product, Price, Place, Promotion) 전략을 세울 때 내부와 외부의 기회와 위협요인을 파악하듯, 객관적인 '일'과 주관적인 '나'를 동시에 판단하는 것이다.

다만 이때 주의할 것이 있다. 기회와 위협요인을 따질 때 '해야 할 일'이 아닌 '일의 목표달성'에 중점을 두어야 한다는 점이다. '신제품 개발'에 영향을 미칠 요인과 신제품을 '1년 내에 4가지 이상 개발'하고자 할 때 미치는 영향요인은 전혀 다를 수 있다는 것을 기억하자.

현장에서 성과를 기획하라

나의 과제가 외부의 다른 장소에서 처리되는 일이라면, 단순히 상상만으로 그 일의 진행상황과 성과물을 그려보기에 한계가 있다. 이럴 때는 본격적으로 일에 착수하기 전에 반드시 현장에 가서 직접 눈으로 확인해야 한다.

사건이 발생하면 수사관들이 가장 먼저 가는 곳이 사건현장이다. 미국의 한 유명 수사 드라마를 보면 수사관들이 사건이 발생한 현장을 찾아 꼼꼼히 살피며 증거를 수집한다. 남아 있는 흔적들을 토대로 사건이 발생한 시간을 추정하고, 사건을 재구성하여 실마리를 찾아나간다. 범인이 누구이고, 사건이 어떻게 발생했으며, 범죄의 도구는 무엇인지 모든 답은 그 현장에 있다.

마찬가지로 비즈니스에서도 현장을 직접 내 눈으로 확인해봄으로써 그곳에서 진행되는 일의 프로세스를 좀 더 명확하게 파악하고 몸으로 이해할 수 있다. 현장에서 직접 상황을 설명하고 그려보는 것이야말로 일의 목적지를 명확히 하고, 일의 완성도를 높이는 지름길이다.

그런데 특히 사무실에서 업무를 보는 사람들은 현장에 가는 걸 매우 귀찮아한다. 비가 와서, 서류업무가 바빠서, 누가 갑자기 찾아와서 등 '현장에 갈 수 없는' 핑계는 매일같이 생긴다. 그러다가 어느 날 갑자기 인력이나 비용, 기술 등에 문제가 생겼다고 분주해진다. 하지만 천재지변이 아닌 한, 현장에서 갑자기 문제가 생기는 일은 없다. 매번 전화로만 현장상황을 파악하면서 점검을 게을리했다가 '어느 날 갑자기' 뒤통수를 맞는 것이다.

성과가 창출될 현장을 중심으로 실행에 필요한 사항들을 꾸준히 파

일하는 방식

악하고, 지원을 요청할 사항은 사전에 준비하는 것이 일의 성패를 결정짓는다. 사무실에서 쓰는 언어와 고객이 쓰는 언어가 서로 다를 수도 있고, 고객의 니즈와 원츠가 당초 예상했던 내용과 전혀 다를 수도 있다. 의사결정 정보를 가능하면 현장에서 수집하면서 경험과 직관이 아니라 고객을 통한 객관적인 정보를 판단의 근거로 삼는 것이 필요하다. 책상머리에 앉아서는 결코 내가 원하는 성과를 창출할 수 없다. 성과창출에 숨어 있는 그림자를 찾는 것은 현장에 숨어 있는 보물을 찾는 것과도 같다.

사전에 업무 프로세스 전체를 머릿속에 통째로 각인시켜라

업무를 추진하다 보면 처음 기획하고 계획했던 내용과 전혀 다른 결과가 나오는 경우가 허다하다. 그 이유는 새로운 시노를 시행하면서 각 요소의 미세한 영향을 충분히 고려하지 못했기 때문이다. 일의 앞뒤 상황과 회사의 현황을 고려하고 영향을 줄 수 있는 부서의 입장을 감안하여 계획되고 실행되어야 하는데, 이런 부분까지 고려되지 못한 것이다. 결국 일을 거의 다 해놓고 뒤늦게 수정하거나 처음부터 다시 하는 비효율이 발생하게 된다.

이런 낭비를 방지하기 위해서는 내가 하고 있는 일이 조직에 어떻게 기여하고 어떤 프로세스로 파급되는지 사전에 이해하고 있어야 한다.

전체적인 큰 그림을 그려놓고 회사에서 당신이 속한 조직이 차지하고 있는 위상과, 조직 내에서의 당신의 역할이 무엇인지 파악해보자. 그리고 당신의 업무가 조직과 회사에 기여하는 바와 당신의 업무 앞뒤 프로세스에 대해 공부하자. 이를테면 업무의 숲을 먼저 보고 내가 해야 할 일의 나무를 보라는 얘기다. 물론 당장 하지 않는다고 해서 업무에 지장이 있는 건 아니다. 하지만 그렇기 때문에 더욱 미뤄두면 안 된다. 시작 단계에서 숲을 조망하지 않았는데, 바쁘게 일하다 말고 중간에 전체 프로세스를 그려볼 마음이 생기겠는가? 그러니 차일피일 미뤄두지 말고 처음 단계에서 차분히 전체 그림을 그려보자.

목표조감도의 고정요소와 변동요소를 찾아내라

목표를 달성하는 과정에서는 수많은 일을 수행해내야 한다. 한 가지 일만 제대로 끝낸다고 해서 목표가 달성되는 것이 아니다. 일을 시작하기 전에 목표를 달성했을 때의 모습을 대략 구성요소 중심으로 스케치해놓은 것을 '목표조감도'라고 한다. 목표조감도를 구성하고 있는 요소들을 쭉 나열해보면 아주 중요한 요소부터 간단히 끝내면 되는 요소까지 다양하다. 구성요소들을 명확하게 파악하고 있으면 그만큼 목표달성 가능성이 높아지며 전략을 제대로 수립할 수 있다.

나열된 구성요소를 보면 일상적이거나 통상적인 노력으로 달성할 수 있는 요소들이 있다. 이를 '고정요소'라고 한다. 이미 업무 프로세스가 정립되어 있어 해오던 방식대로 수행하면 별 문제가 없는 일이기 때문에 실행방법이나 절차를 매뉴얼로 만들어 수행하면 시간을 절약할 수 있고 많은 자원을 투입하지 않아도 된다. 하지만 고정요소로 분류되었다고 해서 마음 놓기는 이르다. 지난번에는 고정요소로 분류했던 요소들이 고객이나 경쟁자, 그리고 시장의 환경적인 변화나 기타 요인들로 인해 달성하기 까다로운 요소가 될 수도 있기 때문이다.

고정요소와는 달리 새롭고 혁신적인 방법으로 실행해야만 달성할 수 있는 요소들이 있는데 이를 '변동요소'라고 한다. 말 그대로 목표 달성에 변동 가능한 영향을 미칠 수 있기 때문에 고정요소와는 달리 매뉴얼화할 수 없으며 자원과 역량이 많이 투입되는 핵심적인 요소다. 따라서 변동요소는 지금까지 해왔던 일상적·통상적인 방법이나 절차가 아니라, 현장을 기반으로 창의적인 아이디어와 공략방법 등을 고민하고 혁신적으로 수행해야 한다. 변동요소는 달성하기 까다로운 요소이기 때문에 변동요소만 잘 해결할 수 있다면 목표달성 가능성이 높아진다.

이렇게 목표를 구성하고 있는 요소들을 제대로 파악하고 있으면 난이도에 따라 내가 가진 자원들을 효율적으로 사용할 수 있고, 필요에 따라서는 타인의 도움을 받는 등 어떠한 전략을 세울지 청사진이 펼쳐진다. 목표 하나만 바라보고 무작정 달려들지 말고 행동으로 옮기기 전에 목표조감도를 구성하고 있는 요소들을 먼저 생각하라.

산이 아니라 돌멩이에
걸려 넘어진다

먼 산만 바라보다가 눈앞의 돌멩이에 걸리지 마라.
디테일의 힘을 놓치면 망한다.
오탈자, 맞춤법 등의 사소한 실수가 결과 전체를 망친다.

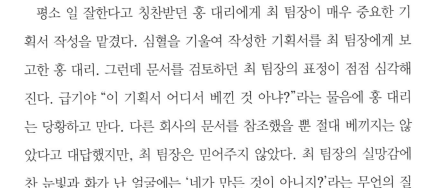

평소 일 잘한다고 칭찬받던 홍 대리에게 최 팀장이 매우 중요한 기획서 작성을 맡겼다. 심혈을 기울여 작성한 기획서를 최 팀장에게 보고한 홍 대리. 그런데 문서를 검토하던 최 팀장의 표정이 점점 심각해진다. 급기야 "이 기획서 어디서 베낀 것 아냐?"라는 물음에 홍 대리는 당황하고 만다. 다른 회사의 문서를 참조했을 뿐 절대 베끼지는 않았다고 대답했지만, 최 팀장은 믿어주지 않았다. 최 팀장의 실망감에 찬 눈빛과 화가 난 얼굴에는 '네가 만든 것이 아니지?'라는 무언의 질책이 고스란히 담겨 있었다.

'팀장님이 어떻게 눈치 챘지?' 홍 대리는 궁금하기만 했다. 자리에 돌아와서 서둘러 기획서를 읽어보는데, 아뿔싸! 문서 중간에 난데없이 참고한 회사의 이름이 툭 튀어나오는 것이었다. 다른 회사 이름이 그

일하는 방식

대로 남아 있는 이런 문서를 기획서라고 제출한 자신이 부끄러워서 쥐구멍에라도 숨고 싶은 심정이었다.

실수라고 변명하지 마라.
실수도 실력이다

홍 대리가 사소한 실수로 깨진 신뢰감을 회복하는 데는 한 달이라는 시간이 걸렸다. 비단 홍 대리만의 문제가 아니다. 이런 일들은 우리 주변에서 아주 흔히 일어난다. 일을 잘한다는 것은 빠른 시간 내에 완성하는 것만을 말하는 것이 아니다. 당연히 업무품질도 완벽해야 한다는 단서가 붙는다. 사소한 것 하나까지도 놓치지 않는 습관은 업무를 처음 배울 때부터 제대로 다져야 한다. 디테일한 기본기가 탄탄하게 갖춰져 있지 않으면 회사생활 하는 내내 두고두고 고생한다. 마치 물이 줄줄 새는 파이프처럼 말이다.

실수도 실력이다. 야속하게 들려도 어쩔 수 없다. 홍 대리의 경우처럼 작은 실수가 당신의 신뢰도 전체에 금을 내고 깨버릴 수 있다. 그 사소하되 잦은 실수가 곧 당신의 한계이고 능력이라고 믿게 되는 것이다. 작은 것이라고 대수롭지 않게 생각하고 넘어가게 되면 작은 실수가 고착되어 습관이 되고 나중에는 치명타가 된다.

작은 실수라고 웃어넘기는 사람은 발전이 없다

자꾸만 사소한 부분을 놓치는 이유는 무엇일까? 왜 알면서도 잘 고치지 못하고 습관처럼 반복하는 것일까? 업무 중 실수에 대한 통계자료를 보면, 응답자의 64% 이상이 맞춤법을 실수한 경험이 있다고 대답했다. 주로 기획안이나 보고서 작성, 이메일을 보낼 때 가장 많은 실수를 하는 것으로 나타났다.

그 이유가 문제다. '맞춤법에 대해 별로 신경 쓰지 않아서', '인터넷에서 쓰던 평소 버릇이 그대로 나와서'라는 것이다. 맞춤법 실수 정도는 대수롭지 않게 여기는 태도가 엿보인다. 그래서 계속 반복해서 실수한다. "맞춤법 같은 사소한 데까지 신경 쓰면서 언제 보고서 쓰냐.", "오탈자 조금 있어도 컨셉만 좋으면 되지 않느냐."고 볼멘소리를 할수도 있다. 그렇게 말하는 마음은 이해한다. 하지만 그렇게 '좋은 게 좋은 것'이라며 어물쩍 넘어가서는 반성도 없고, 발전도 없다.

사적으로 친한 사이라면 맞춤법 실수는 전혀 문제가 되지 않는다. 그러나 상사에게 보고하는 기획안이나 문서는 내 얼굴이자 자존심이다. 외부고객과 주고받는 이메일은 내 얼굴을 넘어 회사의 얼굴이다. 10~15초면 면접자의 당락이 결정된다는 어느 인사팀장의 말처럼, 첫인상과 첫 이미지는 매우 중요하다. 문서를 받아보았을 때, 이메일을 받았을 때 첫눈에 오자부터 눈에 띈다면 상대방에 대한 이미지는 내용을 보기도 전에 결정되어버린다.

반복되는 실수는 치욕스럽게 생각해야 한다. 잘못된 것을 반복한다는 것은 분명 문제가 있다. 빠른 시간 내에 바로 잡아야 한다.

성공한 사람과 실패한 사람의 차이는 어디에 있을까? '작은 일도 무시하지 않고 최선을 다해야 한다. 작은 일에도 최선을 다하면 정성스럽게 된다. 정성스럽게 되면 겉에 배어 나오고, 겉에 배어 나오면 겉으로 드러나고, 겉으로 드러나면 이내 밝아지고, 밝아지면 남을 감동시키고, 남을 감동시키면 이내 변하게 되고, 변하면 생육된다. 그러니 오직 세상에서 지극히 정성을 다하는 사람만이 나와 세상을 변하게 할수 있는 것이다.' 사서의 하나인 《중용》 23장에 나오는 말이다. 사소하고 작은 일을 무시해도 별일이 없었던 사람은 계속해서 사소한 것을 놓치게 된다. 그러나 언젠가는 사소한 일이 눈덩이처럼 불어 큰일로 변할 수 있음을 인식하고 작은 일도 주의 깊게 제대로 해내는 습관을 길러야 한다.

신입사원 시절 그들의 실력 차이는 '도토리 키 재기'였을 것이다. 하지만 같은 업무를 하고 똑같이 배워 실력이 대등해졌을 경우, 경쟁력의 차이는 디테일에서 나온다. 세부적인 것을 얼마나 중요하게 여기고 신경 쓰는지에 따라 경쟁력이 달라진다. 그래서 누구는 차장, 부장될 때 만년 대리, 과장에 머무르기도 한다.

휴렛패커드의 공동창업자인 데이비드 패커드David Packard는 "작은 일이 큰일을 이루게 하고, 디테일이 완벽을 가능하게 한다."라고 말했다. 성과를 내기 위해서는 수천 가지 작은 일들을 제대로 하는 것이 중요하다. 업무를 수행하다 보면 중점과제, 전략과제라는 이름이 붙은 업무는 굉장히 신경 쓰면서, 일상과제는 매너리즘에 빠져 해오던 대로 대충 넘기는 경우가 허다하다.

조직에서 전략과제의 비율은 크게 잡아봐야 10% 내외다. 나머지 90%는 계속 반복되거나 사소한 일들이기에 상사들도 으레 '알아서 잘 하겠지.'라고 생각하는 일상과제들이다. 이런 일이 펑크 나면 전략과제를 아무리 잘 처리해봐야 무슨 의미가 있겠는가? 마치 밤새 연습한 곡 하나만 잘 연주하고, 연습하지 않은 아주 쉬운 곡에서 헤매는 것과 같다.

● Performance WAY ●

디테일로 인정받는
퍼포먼스 웨이

나만의 살생부를 만들어라. 반복해서 자신의 실수를 없애나가라

실수는 누구나 한 번씩 할 수 있다. 그러나 실수라고 치부하고 방치해두어서는 결코 안 된다. 사소한 것들에 신경 쓰고 보완하는 만큼 인정받는 성과를 낼 수 있다.

이메일이나 메신저를 사용하다 상대방을 잘못 클릭해서 메일이나 메시지를 엉뚱한 사람에게 보내는 경우가 있다. 많은 직장인들이 그런 경험을 해봤다고 한다. 누군가를 험담하는 이야기를 쓴 것인데 잘못해서 바로 그 대상에게 보냈다면 뼛속 깊이 후회할 것이다. '한 번만 더 확인해볼 걸.' 하고 말이다. 돌이킬 수 없는 상황을 만들기 전에, 이런 사소한 것일수록 더욱 집착해야 한다.

실수해서 망신당한 사례를 데이터로 축적해서 체크리스트로 만들어라. 이것은 당신만의 '살생부death note'다. 일을 할 때 해당사항들을 하나씩 체크해보며 끝까지 챙겨라. 디테일하게 일하는 습관이야말로 우리의 업무를 '성과'로 화학변화시켜주는 마지막 단계임을 잊지 말자.

나만의 깐깐한 심사위원을 곁에 둬라

꼼꼼하고 깐깐한 나만의 심사위원을 선정해라. 체크리스트에 더해 더욱 완벽을 기하기 위해서는 내 잘못을 정확하게 지적해줄 수 있는 나만의 심사위원을 만들어야 한다.

시니컬해서 평소에는 마음에 들지 않지만 업무에 대해서는 꼼꼼하고 예리한 선배가 있다면, 그 사람을 심사위원으로 위촉하자. 일을 혼자 일방적으로 처리하고 상사에게 결과만 보여주다가는 다시 원점으로 돌아가는 수가 있다. 당신이 하고 있는 일이 제대로 된 방향으로 나아가고 있는지 중간에 확인해가며 진행해야 하는데, 이런 과정이 빠지면 매우 위험하다. 그렇다고 매번 상사에게 들고 가서 물어보고 확인하기도 번거롭다면, 나만의 심사위원을 출동시키자. 그는 선배로서 책임감을 가지고 당신을 도와줄 것이다. 사람은 누구나 인정받고 싶어 한다. 선배도 후배의 업무에 자신의 지적이 도움이 된다는 걸 알면 한편으론 검토해주는 걸 즐길 것이다. 몇 번이나 들여다본 문서는 아무리 다시 봐도 오류가 보이지 않는다. 가장 흔하게 오타가 그렇다. 실무작업을 한 사람은 문서를 내용 위주로만 보기 때문에 오타가 눈에 잘 들어오지 않는다. 그럴 때는 그 일에 관여하지 않았던 사람을 심사위원으로 선정하여 검토를 부탁해보자. 그는 해당업무를 잘 모르기 때문에 문서를 보더라도 글자 위주로 보게 된다. 그가 당신이 미처 발견하지 못했던 오타들을 발견해줄 것이다.

1년 목표는
하루가 결정한다

42.195km 마라톤도 5km로 쪼개어 달린다.
아무리 엄청난 목표도 쪼개고 또 쪼개면 만만해진다.

마라톤에 출전하는 선수의 최종목표는 일정 시간 내에 42.195km를 달리는 것이다. 그러나 매일 42.195km를 완주할 수는 없다. 전 마라톤선수 이봉주 선수도 20년간 완주한 기록은 41회다. 대신 그는 매일 30km를 달리며 훈련했다. 이때 완주거리를 5km씩 쪼개어 실전보다 더 실전처럼 연습한다. 5km를 무조건 빠르게 뛰거나 일관된 방법으로 뛰는 것도 아니다. 마라톤 코스를 시간대별로 나누어서 처음 5km는 워밍업, 그다음 5km는 속도진입, 그다음 5km는 속도유지 등 단계별 훈련방법이 따로 있다. 이렇게 전체 완주거리를 잘게 자르고, 그 거리마다 차별화된 최상의 방식으로 훈련하면서 최고의 기록을 유지하도록 한다. 그렇게 지속적으로 반복함으로써 최종의 성과목표를 달성할 수 있는 것이다.

일본 경영컨설턴트이자 베스트셀러 작가인 간다 마사노리는 "성공하는 사람들은 미래로부터 역산해서 현재의 행동을 결정한다."고 했다. 42.195km를 5km로 쪼개어 달리는 것처럼, 최종목표를 위해 목표를 잘게 자르면 3개월 뒤, 한 달 뒤, 그리고 오늘 어떤 일을 완료해야 하는지 눈에 보인다. 이렇게 하루하루 달성한 작은 목표들이 모여 1년 뒤, 3년 뒤의 목표가 되는 것이다. 오늘 내가 어떻게 살았는지가 1년 후를 결정한다.

일에도 규격이 있다. 일의 덩어리를 실행하기 적합하게 잘라라

일할 때도 마라톤 훈련과 마찬가지로 알맞게 쪼개는 것이 필요하다. 개인이 맡은 일들은 하루치, 1주일치, 한 달치도 있지만 1년 단위의 것도 적지 않으며, 간혹 3~5년에 걸쳐 중장기적으로 완결지어야 하는 것들도 있다. 특히 근무경험이 많거나 직위나 직책이 올라갈수록 단기적인 일보다는 중장기적인 과제들이 주어지게 된다.

대개 이런 일들은 한 번에 처리하기에는 범위가 너무 넓기 때문에 일의 스피드와 강약을 어디에 두어야 할지 몰라 헤매기 십상이다. 때로는 이미 끝냈어야 할 일들을 제대로 처리하지 못한 상태에서 예상치 못한 일들이 갑자기 눈덩이처럼 불어나서 감당할 수 없을 정도로 뒤죽박죽 뒤엉켜버리기도 한다.

그러나 아무리 어려운 일이라도 사람이 하는 일에는 분명 해결책이 있다. 일의 덩치가 크다고 해서 겁먹을 필요는 전혀 없다. 오히려 그런 업무일수록 요령만 알면 일처리 과정에서 작고 단순한 일보다 훨씬 더 많은 것을 배울 수 있다. 큰 사과를 한 입에 먹어치우기는 어려워도 잘게 쪼개놓으면 먹기도 편하고 소화도 잘되지 않던가.

가장 좋은 방법은 최종성과목표를 성취하기 위해 각 단계별로 달성해야 할 중간목표를 나누어 재설정하는 것이다. 이를 일컬어 '캐스케이딩cascading'이라 한다. 흔히 일을 할 때 커다란 최종목표만 정해놓는데, 그러면 일의 덩치에 기가 질려 목표를 향해 움직일 의욕도 생기지 않는다. 열심히 노력한다 해도 얼마만큼 목표에 다가섰는지 감이 잡히지 않으니 중도에 멈추거나 엉뚱한 옆길로 새는 경우도 허다하다. 그래서 목표를 잘게 쪼개라는 것이다. 최종목표를 위해 먼저 달성해야 할 세부단계별 목표를 3~5단계로 수치화해놓으면 현재상태도 파악할 수 있고, 목표에 근접해간다는 느낌도 가질 수 있다. 잘게 쪼개진 목표는 일을 실행하는 사람에게 작으나마 하나씩 달성해나가면서 동기부여를 해주는 효과가 있다.

2002년 월드컵 국가대표의 예를 들어보자. 우리 대표팀의 최종목표는 16강 진출과 같은 유의미한 성과를 거두는 것이었다. 히딩크 감독이 우리나라 월드컵 대표팀을 맡은 것은 2001년 1월. 그러니까 본선이 채 2년도 남지 않은 시점이었다. 그는 먼저 우리 선수들의 장단점을 파악하고 단계별로 프로그램을 준비했다. 컨페더레이션스컵과 유럽 전지훈련, 북중미 골드컵 등 국제대회에서 잇따라 큰 점수 차로 패하면서 '오대영(5:0)'이라는 불미스러운 별명을 얻었음에도, 그는 중간과정으로 설정한 체력훈련을 게을리하지 않았다. 또한 팀의 큰 문제점 중 하나였던 커뮤니케이션을 원활하게 하기 위해 숙소배정과 식사, 유니폼 등 세세한 부분까지 신경을 썼다. 더 큰 목표를 위해 과정을 쪼개고 하나하나 준비한 것이다. 그 결과 16강이라는 최종목표를 가뿐히 뛰어넘어 감히 상상조차 못했던 '4강 신화'를 이루어낼 수 있었다.

● Performance WAY ●

일을 효과적으로 캐스케이딩하는 퍼포먼스 웨이

나만의 '칼'로 나누는 훈련을 반복하라

일을 나눌 때는 나만의 '기준'에 딱 맞는 '칼'이 있어야 한다. '2P&2C' 기준에 맞춰 일을 나눠보자. '2P&2C'는 사람People, 프로세스Process, 내용Contents, 고객Customer이다. 일을 나눌 때는 그 일을 진행하는 사람의 역할에 맞게 잘라야 한다. 또 일이 진행되는 프로세스도 따져봐야 한다. 아무 생각 없이 일을 쪼갰다가 흐름이 흐트러져서 뒤죽박죽이 되어버리거나 두 번 일하게 된다면 이 얼마나 무의미한 낭비인가? 물론 일의 내용과 고객에 따라서도 일을 쪼개는 범위가 달라져야 할 것이다. 이러한 기준들을 항상 염두에 두고 일을 나누는 눈을 기르자.

최종목표를 정확하게 설정했다고 해서 다 해결되는 것이 아니라는 사실을 명심하자. 목표를 세운 후에는 목표달성에 영향을 주는 선행과제를 찾아내고, 과제를 제대로 실행할 수 있는 세부계획을 정확하고 치밀하게 세워야 한다.

업무처리절차가 아닌 목표조감도를 쪼개라

연간목표를 분기, 월간, 주간 단위로 쪼개다 보면 흔히 하게 되는 실수가 하나 있다. 목표조감도의 세부구성요소를 나누어야 하는데 업무처리절차를 나누는 것이다. 목표를 세우면 그 일을 반드시 달성하고자 하는 욕망도 함께 생긴다. 따라서 의지, 성실, 근면함 등 목표를 달성하기 위한 기본적인 조건들이나 업무처리절차에 더 큰 관심이 생기게 되면서 이루고자 하는 목표보다는 어떻게 진행하겠다와 같은 처리절차나 순서에 집중한다.

예를 들어 3개월 안에 신규회원을 300명 모아야 한다면 최종목표를 달성하기 위해 적어도 이번 달까지는 20대의 A지역에 거주하는 100명의 신규회원을 확보해야 한다. 그러나 목표가 아닌 업무처리절차에 관심을 둔 사람들은 목표를 나눌 생각보다는 신규회원 모집을 위해 내 업무시간 중 얼마나 할당할 것인지, 전단지는 얼마나 인쇄할 것인지, 온라인 홍보는 어떻게 할 것인지를 먼저 생각한다. 이러한 업무처리절차는 일을 하는 사람이라면 당연히 진행해야 하는 것이고, 먼저 목표를 세우고 전략을 구체화시킨 후에 해야 할 일이다.

일을 나누는 것은 표면적으로 드러나는 '할 일'을 나누는 게 아니라 성과목표를 구체적인 '실행목표'로 쪼개는 것이라는 사실을 명심하라. 이번 달, 이번 주에 내가 달성해야 할 목표수준이 나온 다음에 이에 맞는 실행계획을 정하는 것이다. 자신이 맡은 일의 목표, 즉 일이 완성되었을 때의 성과물이 어떤 모습일지 정확히 알지 못하면 불가능한 작업이다.

전체목표를 알고 나면 세부적으로 추진해야 할 일의 분량과 기한이 정해진다. 이때 다른 일과의 연계성과 내가 다른 업무에 할애하는 시간들을 잘 계산하여 쪼개야 실수가 없다.

최종적인 목표에 맞추어 월간, 주간 단위 목표로 세부적으로 쪼개서, 눈에 보이고 실행 가능한 단위로 작게 만들자. 처음부터 일을 나누기는 어려우니, 우선 분기 단위를 월 단위로, 그것을 다시 주 단위, 일 단위로 순차적으로 목표를 세분화하는 훈련을 해나가자. 일 단위로 목표를 쪼갰다면 시간을 배분하는 것도 가능하다. 최종적으로 나온 계획은 늘 메모하고 기록해두어야 실행력으로 이어진다는 사실도 잊지 말자.

혼자 하지 말고
품앗이를 하라

업무가 막혀 진행이 안 될 때는 주위를 둘러보라.
내게 없는 역량을 가진 조력자들이 바로 곁에 있다.
그들에게 손을 내밀어라. 그들과 함께 뚫어라.
그리고 그들에게도 조력자가 되어라.

'백지장도 맞들면 낫다.'라는 옛말이 괜히 있는 말이 아니다. 일을 하다 보면 막히는 부분이 생긴다. 쉽게 풀리지 않는 문제는 대부분 깊이 고민하지 않아서 생긴다. 문제 자체를 깊이 파고들면 해결방법이 떠오르는 경우가 많다. 하지만 혼자서는 도저히 해결하기 어려운 일도 엄연히 있다. 그럴 때면 어떻게 할 것인가?

'이건 내 일이야. 죽이 되든 밥이 되든 당연히 내가 해결해야 해.' 이런 마음으로 혼자 끙끙대고만 있을 것인가? 시간만 보낸다고 문제가 해결되지는 않는다. 혼자 일을 끌어안고 있는 건 전혀 '당연한' 자세가 아니다. 오히려 필요 이상으로 고민하느라 납기일도 못 맞추고, 일의 품질도 떨어진다. 당신은 문제를 해결할 방법을 최대한 빨리 찾아야 한다. 혼자서 해결할 수 없다면, 다른 사람의 도움을 받아야 한다.

그게 당연한 거다.

우리 주변에는 말들이 많다. "못 하겠습니다.", "바쁩니다.", "늦어지고 있습니다.", "다 해서 보여드리겠습니다." 등 혼자서 모든 것을 다 하려다가 성과도 달성하지 못하고 핀잔은 핀잔대로 듣는 경우가 얼마나 많은가. 혼자 모든 업무를 완수해보려는 의지는 가상하지만, 오히려 그로 인해 빨리 진행되어야 할 업무가 막히고 성과가 제대로 나오지 못한다면 바로잡아야 한다. 업무가 막힐 때는 융통성 있게 자신의 업무를 상사나 동료들에게 요청할 수 있는 방법을 고민해서 '도와달라.'고 말해야 한다.

도와달라는 말을 부끄러워해서는 우물 밖으로 나갈 수 없다

우리 전통에 '품앗이'라는 것이 있다. 품앗이는 한국의 공동노동 관행 중 가장 오래된 것으로, 힘든 일을 서로 거들어주면서 품을 지고 갚는 것을 말한다. 조상들은 88번 땀 흘려야 한다는 힘든 농사일을, 이웃과의 품앗이로 이겨냈다.

당신도 상사, 동료들과 적극적으로 품앗이하라. 당신이 누군가 일손이 필요할 때 도와줬다면, 언젠가 당신이 다른 사람의 도움을 필요로 할 때 쉽게 일손을 요청할 수 있다.

사람마다 가장 잘하는 업무분야의 주특기가 다 다르다. 누구는 문서 디자인을 잘하고, 누구는 전체의 논리구조를 잘 잡아서 들어가야 할 내용과 빼버릴 내용이 무엇인지 잘 파악한다. 또 창의성은 젬병이지만 문제점은 기가 막히게 잘 집어내는 사람이 있다. 이런 주특기를 활용하여 당신의 일을 적극적으로 돕게 만들어라.

다만 기억해야 할 사항이 있다. 주변에서 당신의 일을 도와준다고 하더라도 전체 일의 주체이자 실행자는 당신이라는 점을 잊어서는 안 된다. 그것은 곧 당신이 일의 모든 것을 꿰뚫고 있어야 한다는 뜻이다. 도와달라는 말은 결코 창피한 말이 아니지만, 도와달라고 해놓고 아예 다른 사람 뒤로 숨어버리는 '무책임함'은 정말 창피한 일이다.

도와주는 사람은 당신에게 조력자이며 조언자일 뿐이다. 일의 결과와 핵심과제, 반드시 충족해야 할 조건 등은 당신이 결정해야 한다. 일이 완성되어야 할 기준은 상사가 결정하지만, 결정된 사항을 창의적으로 실행하는 책임자는 당신이다. 품앗이 방법을 선택한 것도 당신이며, 전체 일의 완성도를 책임지는 것도 당신이다. 그러니 품앗이를 한다고 해서 '책임'까지 나눠 가지려고 하지 마라. 나중에 일이 잘못되었다고 도와준 사람을 탓하지 마라. 그랬다간 성과도 잃고, 사람도 잃는다.

현명하게 남의 힘을 빌리는
퍼포먼스 웨이

도움받을 일을 쪼개고 적재적소에 요청하라

업무협조를 요청할 때도 요령이 있다. 일을 부탁받은 사람이 이해하지도 못할 정도로 이것저것 뒤섞어서 요청한다든가, 일을 너무 광범위하게 요청하는 것은 자신의 일을 남에게 떠맡기겠다는 것과 다름없다. 당연한 말을 왜 하나 싶겠지만, 뭘 부탁할지도 모른 채 무작정 일감을 잔뜩 싸들고 상사에게 달려오는 구성원들도 의외로 많다.

일을 요청할 때는 먼저 일의 흐름을 정확하게 파악하고 일을 잘게 나눠라. 팀과 개인의 연간 성과목표를 월간 성과목표로 쪼개고, 월간 성과목표를 달성하기 위해 전략을 수립한다. 그런 다음 도저히 해결할 수 없는 문제를 작은 업무로 나눠서 구별해놓자. 해결할 수 없는 일은 '머리'를 빌려야 하는 것과 '손'을 빌려야 하는 것으로 다시 한 번 나눌 수 있다.

기왕에 요청하는 것, 외부에 더 유능한 인력이 있다면 그들에게도 손을 내밀자. 앞으로 기업의 인력운영 방향은 단순 정형화된 업무뿐 아니라, 회사의 핵심역량까지 아웃소싱하는 경향이 점차 증가할 것으로 보인다. '경영계의 철학자'라 불리는 찰스 핸디Charles Handy는 저서 《코끼리와 벼룩》에서 미래의 기업 사옥은 골프장의 클럽하우스처럼 될 것이라고 예견했다. 즉 소수의 정규직원과 관련 전문인력, 파트타이며, 비정규직 등을 아우르는 네트워크의 중심축이 될 것이라는 의미다. 또한 미래 사회가 맞이하게 될 창조적 개인들은 임금보다는 제공한 아이디어의 가치만큼 수수료를 받는 프리랜서를 더욱 선호하게 될 것이라고 했다. 흐름이 이렇다면, 모든 문제를 내부에서만 해결하려고 고집할 이유가 없다.

일을 쪼개고 또 쪼개라. 그리고 다양한 사내외 전문가를 적극적으로 활용해라. 보편타당한 일반적 지식보다는 '창의적 지혜'를 가진 전문가를 찾아라. 당신의 구세주가 될 것이다.

성과품앗이 워크숍을 선제 활용하라

나는 오래전부터 전사적인 차원이나 본부 차원에서 매월 한 번씩 '성과품앗이 워크숍'이 필요하다고 기업과 공공조직에 전파해왔다. 이제는 그 취지를 공감하고 실행하는 조직이 꽤 늘어나고 있다. 이름에서 알 수 있듯이 워크숍의 목적 자체가 팀 내 혹은 팀 간의 품앗이에 있다. 먼저 팀의 연간 성과목표와 상위조직에서 요청한 과제를 고려하여 팀의 월간 성과목표를 구체화하고 이를 달성하기 위해서 팀장과 팀원이 서로 품앗이해야 할 역할과 책임을 명확하게 분담한다. 각자 책임져야 할 성과목표를 달성하는 데 서로에게 도움을 줄 수 있거나 요청할 사안들을 공헌과제로 요청하고 도움으로써 역할과 책임을 다하자는 취지다.

성과품앗이 워크숍의 핵심은 회사 차원의 성과를 창출하기 위하여 월 단위로 팀별로 공헌해야 할 역할과 책임을 명확하게 설정하고 팀장과 팀원들이 서로 품앗이해야 할 과제들이 무엇인지 일을 하기 전에 요청하는 것이다. 일을 하기 위해 개인들에게 주어진 시간은 하루 8시간, 1주일에 40시간으로 한정되어 있다. 그런데 주어지는 일들은 시간 내에 할 수 없을 정도로 많은 일이 수시로 떨어진다. 이렇게 하다 보면 구성원들은 일에 치여 번아웃burn out 상태가 되기 쉽다. 그래서 한 달을 시작하기 전에 먼저 팀과 팀원의 한정된 시간 내에 실행할 수 있는 역할과 책임을 사전에 구체화한다. 그리고 이와 관련된 다른 팀들이나 상사나 구성원들이 서로 도와야 할 일들을 사전에 요청하고 일정에 반영해서 예측가능한 시간관리와 성과관리를 하자는 것이 바로 성과품앗이 워크숍의 취지다.

이 독특한 워크숍은 팀이나 개인의 성과목표 달성을 위해 지원이 필요할 때 상하좌우 조직이 달려들어 돕는 탁월한 성과 중심의 공헌 시스템이라 할 수 있다.

우리가 잘 알고 있는 GE의 워크아웃work out 미팅이나 SK그룹의 캔 미팅은 '문제해결'에 초점을 두고 있는 반면, 성과품앗이 워크숍은 '문제예방'에 초점을 둔 역할과 책임role & responsibility 분담시스템이라고 할 수 있다.

이처럼 팀 내에서 수행하기 힘들거나 개인 차원에서 실행하기 어려운 과제는 잘게 쪼개 타 팀이나 팀 내 다른 동료에게 도움을 요청할 공헌과제로 분류하라. 도움이 필요한 부서 또는 개인끼리 한 달에 한 번, 워크숍이나 미팅을 열어 그 달에 필요한 도움을 요청하자.

거창하게 워크숍을 여는 것이 여의치 않다면 아예 화끈하게 한번 '깨지고' 나서 도움을 요청하는 것도 하나의 방법이다. 공식적인 회의에서 자신의 고민을 일부러 거론하여 지적을 당하는 것이다. "완성되지 않은 초안이지만 한번 보시고 의견을 주시면 감사하겠습니다."라며 현재 상황을 설명해보라. 상사의 잔소리가 두려울지 몰라도, 최소한 일을 올바로 쪼개고 나서 고민을 털어놓는다면 '일 못한다.'는 질타는 듣지 않을 것이다. 당신의 난제를 어떻게 풀어나갈지 함께 고민할 여건이 조성됨은 물론이다.

업무에 몰입하다 보면 그 업무에만 매몰되어 시야가 좁아지는 경우가 허다하다. 이럴 때 당신의 일과 전혀 관련 없는 사람이 의외의 질문이나 단초를 제공하여 문제를 해결하는 경우가 많다. 그러니 진행 과정에서 막히거나 실마리가 잡히지 않는다면 당신의 옆 사람, 친구, 가족에게라도 도움을 요청해보자. 내가 미처 찾지 못했던 번뜩이는 아이디어를 제공받을 수 있을 것이다.

쪼갠 업무는 미리 요청하라

몸에 '피'와 '숨'이 자연스럽게 흘러야 건강하듯이, 조직 내에서도 일을 제대로 실행하기 위한 다양한 커뮤니케이션이 원활하게 흘러야 한다.

커뮤니케이션을 잘하려면 관계를 잘 맺고 내용을 효과적으로 전달해야 한다. 관계란, 상대방과 나의 다름을 인정하고 존중하는 것이다. 서로의 역할 차이, 가치관 차이, 세계관 차이 등 다름을 인정하고 마치 외국인을 대하는 것처럼 서로의 모양새와 가치관과 세계관을 존중해야 한다는 의미다. 또한 내용을 효과적으로 전달하기 위해서는 전달하고자 하는 내용을 명확하게 해야 한다. 과제보다는 목표 중심으로, 문자보다는 숫자 중심으로, 의견보다는 사실 중심으로 커뮤니케이션해야 명확하다.

애초에 내 목표에 맞게 일을 쪼개서 힘에 부치는 부분을 확인했다면, 재빨리 판단해야 한다. '내 힘으로 감당할 수 있는가, 없는가?' 답이 'No'라면, 망설일 틈 없이 명확한 커뮤니케이션으로 상사나 동료들에게 도움을 청하자.

문제가 터지고 난 다음에야 '도와주세요!'를 외칠 것이 아니라, 사전에 파악하고 예측함으로써 미리 다른 팀이나 상사, 동료들에게 도움을 요청해야 한다. 업무 초반에 협조를 구하는 것이 '요청'이지, 일이 터지고 난 다음에 도와달라고 하는 것은 '뒤통수치는' 행위일 뿐이다.

남의 도움을 받으려면 나 역시 평소에 다른 사람의 일에 적극적으로 협조해야 한다. 회사에서 일할 때 독불장군이 되어서는 아무것도 못한다. 평소 커뮤니케이션에 공을 들이고 능력껏 동료들을 도와왔다면, 아무리 어렵고 까다로운 일이 주어져도 두렵거나 외롭지는 않을 것이다.

준비한 자만이
승리한다

준비된 선수는 벤치에서도 워밍업을 쉬지 않는다.
준비된 자에게만 기회가 온다.
작은 시련에 주저앉아 큰 기회를 놓치지 마라.

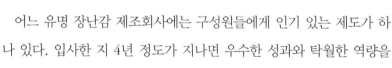

어느 유명 장난감 제조회사에는 구성원들에게 인기 있는 제도가 하나 있다. 입사한 지 4년 정도가 지나면 우수한 성과와 탁월한 역량을 보여준 구성원들을 소수로 선발하여, 해외 마케팅을 대비해 3~6개월 간 합숙하며 영어와 마케팅을 집중적으로 공부하는 제도다.

마케팅팀에 입사한 최 사원은 영어합숙 과정에 들어가고픈 바람이 너무나도 컸다. 영어를 썩 잘하지는 못하지만 글로벌 기업들과의 협상이나 글로벌 마케팅에서 좀 더 나은 성과를 올리고 싶어서였다. 그는 언제 이루어질지 모르는 자신의 소박한 꿈을 위해 혼자서 준비를 시작했다. 영어합숙 과정 입소를 목표로 좋아하던 술도 줄이고, 업무가 끝나면 1~2시간이라도 집 근처 독서실에서 공부했다. 그렇게 1년 가량 꾸준히 했더니, 중간에도 못 미쳤던 영어실력이 어느 순간 훌쩍 뛰어, 토익 900점에 OPic IM으로 올라서기에 이르렀다.

실력에 자신감이 생기자 자연스럽게 일을 대하는 태도도 적극적으로 바뀌었다. 상사가 시키지 않아도 스스로 일을 찾아서 하기 시작했다. 그를 보는 주변의 평가와 신임이 달라진 것은 두말할 필요도 없다. 결국 입사 4년이 지나고 대리가 되자마자, 그토록 원했던 5개월간의 영어 집중교육 과정 입소는 물론이요, 핵심인재에게만 지원하는 해외 MBA 과정 2년 참가의 기회까지 얻게 되었다.

미리 준비하지 않으면
기회는 없다

기회는 누구에나 평등하게 다가온다. 그러나 그것을 자기 것으로 만드는 사람은 많지 않다. 다가온 기회를 잡는 사람도 있지만, 놓치는 사람이 훨씬 많다.

기회를 놓친 사람은 자기 것을 빼앗긴 양 상대적 박탈감마저 느낀다. 하지만 기회는 준비된 자에게만 유효하다. 찾아온 기회를 놓친 사람은 준비가 덜 된 사람이다. 기회를 붙잡는 선택이 늦어졌다는 것은, 결국 판단하는 역량이 모자랐다는 의미밖에 안 된다.

'하늘은 스스로 돕는 자를 돕는다.'고 했다. 회사도 마찬가지다. 나의 목표, 나의 비전을 이루기 위해 묵묵히, 꾸준히 자기 몫을 해내고 끊임없이 노력하며 역량을 쌓아온 사람들에게는 반드시 그에 상응하는 답례가 주어진다.

롱 티보 국제 바이올린 콩쿠르에서 동양인으로는 처음으로 1위에 오른 여성이 있다. 스무 살의 신현수 바이올리니스트가 그 주인공이다. 그녀는 해외유학은커녕 어려운 환경 때문에 바이올린을 포기할 뻔한 적도 있다고 한다. 하지만 언젠가 세계적인 음악가로 성장하겠다는 포부를 가지고, 새벽 6시에 전주에서 기차를 타고 서울에 와서 레슨을 받고 다시 밤차를 타고 전주로 내려가기를 수년 동안 반복했다. 결국 그녀의 끈질긴 인내심과 목표를 이루고자 하는 노력은 세계적인 콩쿠르 1위 입상이라는 커다란 결실로 다가왔다. 이렇게 훌륭한 그녀 곁에는, 재목을 한눈에 알아보고 10년 동안 레슨비를 일절 안 받고 제자를 키워낸 훌륭한 스승이 있었다고 한다. '하늘은 스스로 돕는 자를 돕는다.'는 말이 딱 들어맞는 상황 아닌가.

육상 릴레이 경주에서, 대기주자가 가만히 서서 달려오는 주자의 바통을 받아서는 경쟁선수들을 앞지를 수 없다. 설령 지금은 다른 트랙의 선수들에게 좀 뒤지고 있다 하더라도 실력을 발휘할 때를 대비해서 늘 몸을 풀어두고 바통 터치 구간의 맨 앞쪽에 나와서 준비해야만 회사에서도 인생에서도 승리할 수 있는 것이다.

성과창출을 위해 미리 준비하고 작은 일에서부터 조직에서 인정받지 못하면, 정작 올해 목표를 달성할 절호의 기회가 와서 회사에 지원을 요청해도 제대로 된 도움을 받기 어렵다. 이처럼 하늘이 준 기회를 잡으려는 사람들은 다음의 몇 가지 사항을 귀담아 들어야 할 것이다.

찾아온 기회를 제때 포착하는
퍼포먼스 웨이

당장 힘들다고 미래의 기회까지 차버리지 마라

중요하다고 생각했던 일이 마음대로 풀리지 않아 고생한 적이 있는 가? 경험이 있다면 그 낙담이 얼마나 클지 이해할 것이다. 그러나 지금부터는 좌절할 필요가 전혀 없다. 당신의 역량을 보일 기회는 당신이 스스로 만들면 된다.

피터 드러커는 '미래는 예측하는 것이 아니라 창조하는 것이다.'라고 했다. 아무리 어렵고 힘든 직무를 수행한다 하더라도, 그리고 아무리 환경이 열악하더라도 쉽게 포기하거나 섣불리 뛰쳐나가지 마라.

회사는 스스로를 열심히 도우려고 마음먹은 사람들에게는 무한한 기회를 주는 반면, 말만 번지르르하고 '먼저 지원해주면 일하겠다.'는 식의 나태한 사람들에게는 냉정하기 그지없다는 걸 알아야 한다. 일부 사람들은 누구에게만 지원이 몰린다고 공평치 못하다고 하는데, 상대적 공정성의 의미를 잘 생각해보아야 할 것이다.

회사생활을 하다 보면 본의 아니게 원치 않은 분야에서 오랫동안 일하게 될 수도 있고, 또 선의의 피해자가 되어 외국 현장으로 발령 나는 경우도 드물지 않게 생긴다. 한때 잘나가는 부서의 팀장을 맡았던 사람들이 어떤 이유 때문에 일시적으로 한직으로 밀려나는 경우도 있다. 이럴 때 찰나의 아쉬움과 분노의 감정을 이기지 못하고 극단의 선택을 하게 되면 다시는 재기의 기회를 잡지 못하게 된다. 자기만 손해라는 말이다. 반면 그럴 때일수록 묵묵히 자신의 기량을 갈고닦으며 나중에 금의환향하는 모습을 상상하며 열심히 생활한 사람은, 궁극적으로 더 좋은 기회를 얻어 더욱 큰 역할을 맡게 된다.

일의 의미를 되새겨 한결같음을 유지하라

회사는 돈을 벌기 위한 곳만이 아니다. 생계를 유지하기 위해 일하는 측면도 분명 있지만, '일을 통한 자기완성'이라는 훨씬 더 가치 있고 큰 보상이 없으면 일을 계속할 수 없다. 눈에 보이지 않는 그 커다란 혜택을 가져가느냐 마느냐는 온전히 당신의 몫이다. 일에 대한 가치관을 어떻게 가지느냐에 따라 일이 즐겁고 신바람 나는 몰입의 대상이 될 수도 있고, 야단맞지 않는 수준에서 되도록 힘을 덜 들이고 싶은 대상이 될 수도 있다.

일을 '자기완성이나 자기계발의 과정'이라고 생각하는 사람들은 일 자체를 성스럽고 진지하게 대한다. 그래서 타인의 지시나 간섭과 상관없이 자기 스스로 더욱 엄격한 기준을 적용하게 된다. 누가 지켜보고 있으면 열심히 일하는 척하고, 아니면 설렁설렁 넘어가는 것은 치기 어린 소인배의 행동이다. 주어진 일을 자신의 사업으로 받아들이면 사장이 자리에 있든 없든, 선배가 나를 지켜보든 말든 전혀 문제가 되지 않는다. 회사와 사장은 내가 열심히 일하도록 무대를 마련해주는 역할만을 할 뿐이다.

'신독愼獨'이라는 말을 되새겨보자. '신독'의 뜻 그대로, 옛 군자는

'남이 보지 않는 곳에서도 어그러짐 없이 스스로에게 최선을 다하고 늘 한결같은 모습을 견지하는 것'을 가장 바람직한 인재상으로 표현했다. 누가 보든 보지 않든, 한결같이 일하는 습관을 가져라. 다른 누구를 위해 일하는 것이 아니라 결국 나를 위해 일하는 것이다. 그것이 곧 주체적인 삶의 기본이다. 눈치 보지 않고 소신껏 내 일에 몰입하다 보면 만사가 형통할 것이다.

달력의 세로줄에도 창조적인 한 주가 숨어 있다

다가올 기회를 잡기 위해서는 미리 준비해야 한다고 말했다. 목표를 정했으면 실천계획을 세워 하루라도 빨리 시작하라. 그래야 내가 원하는 성과목표를 달성할 수 있다.

1월 1일이 되면 사람들은 해 뜨는 것을 보며 앞날에 대해 다짐을 하고 한 해의 계획을 세운다. 또 월요일이 되면 그 주에 할 일들을 정리하고 무엇을 어떻게 할지 계획을 세운다.

하지만 계획은 일을 시작하기 전에 세우는 것이다. 내일부터 무엇인가를 하기로 했다면 적어도 오늘까지는 계획을 세워놓고 내일이 밝았을 때 바로 실행해나가야 한다. 내일이 되어서야 계획을 세우겠다고 하면 이미 한발 늦은 것이다. 이번 주 계획을 월요일에 세운다는 건 문제가 있다.

늦지 않게 미리 계획을 세우고 싶다면 달력의 '세로줄'을 주목하자. 주5일제 근무가 시작되고서부터 목요일 회식이 잦아졌다고 한다. 금요일 저녁부터 주말이 시작되기 때문이다. 주말이라고 하여 토, 일요

일하는 방식

일을 노는 데 다 보내고 나면 아무런 준비도 없이 새로운 한 주를 맞이하게 된다. 그러나 주말을 나 자신을 위한 자기계발 시간으로 본다면, 한 달에 4번 있는 주말들이 모여 당신만의 또 다른 창조적인 한 주가 만들어진다. 달력의 세로줄 속에도 1주일이라는 시간이 숨어 있는 것이다.

직장인들에게는 몇 가지 증후군이 있는데, 그중에 '월요병'이라는 것이 있다. 일요일 저녁부터 소화도 잘 안 되고 괜히 가슴이 답답해오면서 한숨이 길어지고 밤에 잠도 안 온다. 시험공부도 안 하고서 '내일 시험을 망치면 어쩌나.' 하고 걱정하는 것과 똑같다.

내일이 오는 것이 싫어서 잠도 안 자며 발버둥 쳐도, 내일은 오게 되어 있다. 월요병 같은 것에 빠져 새로운 한 주에 대한 아무런 대비도 없이 하루를 보낼 것이 아니라, 월요일이 되기 전에 미리 다음 주 계획을 세우고 정리해보는 것이 다른 사람보다 하루, 이틀 앞서나갈 수 있는 방법이다.

예의 있게
소신을 밝혀라

의견이 있으면 당사자 앞에서 정정당당하게 말하라.
절대로 비겁하게 뒤에서 호박씨 까지 마라.

당신은 직장생활에 얼마나 만족하고 있는가?

자신이 다니는 회사에 100% 만족하는 사람은 없다. 자신의 일, 함께 지내는 동료나 상사, 회사의 시스템 등에 대해서도 마찬가지다. 어느 정도의 불만족스러운 사항들은 항상 있게 마련이다. 하지만 그런 불만사항에 대해 어떻게 표현하느냐에 따라 투덜거림인지 아닌지가 달라진다.

속으로 끙끙 앓으며 불만을 더 크게 키우지 마라. 하고 싶은 말이 있다면, 해야 할 말이 있다면 정정당당하게 말해라. 멍석을 깔아주면 그때를 놓치지 말고 더욱 자신 있게 말하라. 반대를 위한 반대가 아니라면, 당신의 말은 설득력을 가질 것이다. 물론 회사나 상사의 해명에 대해 당신이 어느 정도 수긍할 수 있는 부분이 있다면 대승적으로 받

일하는 방식

아들이는 아량도 필요하다.

만약 말할 기회가 주어졌는데도 주위 눈치를 보느라 때를 놓쳤다면, 어쩔 수 없다. 더 이상 불평하지 마라. 특히 자신이 책임질 수 없는 말이라면 아예 입 밖에 꺼내지도 마라. 모든 사람의 불평을 다 들어주다 보면 한도 끝도 없다.

의견이 있으면 술자리에서 말하지 말고 회의시간에 말하라

C유통회사는 신규사업을 추진할 계획이었다. 사업규모와 물류량이 전년 대비 40% 증가함에 따라 택배사업을 병행하는 방안을 검토하기로 한 것이다. 그에 따라 사장, 임원, 각 팀의 팀장들이 한자리에 모여 새로운 사업을 검토하면서 향후 조직체계와 업무분장에 대해 논의했다.

"새로운 사업을 시작함에 따라 초기에는 많은 인력과 비용이 필요할 것으로 예상됩니다. 비용은 재무회계 팀에서 이미 알아서 준비하고 있습니다. 그럼 각 팀별로 어떤 일을 맡을지 말씀해주세요."

그러나 아무도 선뜻 말하지 않고 다들 눈치만 보느라 회의장에는 적막이 흘렀다. 2시간이 지나도 팀장들이 의견을 개진하지 않자 급기야 사장과 임원들은 실무진들의 소극적인 태도에 화를 내기 시작했다. 난항을 거듭한 끝에 결국은 기획팀이 임의로 조직체계를 재구성하고 업무분장을 완료하기로 하고 회의를 마쳤다.

그런데 문제는 그다음부터였다. 팀장들이 다들 자기 팀에 돌아가서 팀원들에게 이런저런 뒷말들을 한 것이다. 안 그래도 현재 하고 있는 업무가 벅찬데 신규사업 건으로 해야 할 일이 잔뜩 늘어났다고 인상을 찌푸리고 푸념을 늘어놓느라 여념이 없었다. 나아가 신규사업이 성공할 가능성도 별로 없다는 투로 불신하면서, 회사가 엉뚱한 데 돈 쓸 궁리만 한다며 부정적인 분위기를 조성했다.

회의시간에는 눈치만 살피느라 묵묵부답이던 팀장들이 팀에서 온갖 불만을 터뜨리면서 구성원들의 사기를 저하시킨다는 소문이 임원들의 귀에까지 들어가게 되었다. 그로부터 몇 달 뒤, C사는 신규사업을 추진하면서 파격적인 승진인사를 단행해 젊고 역량 있는 인재를 팀장으로 발령했다. 소문의 중심에 있던 기존 팀장들은 한직으로 떠밀려가거나, 명예퇴직을 하는 지경에 이르렀다.

회사에서는 오늘도 많은 회의가 진행되지만, 정작 회의석상에서 자신의 의견을 제대로 피력하는 사람은 귀하디귀하다. 회사들마다 선진 경영문화를 받아들여 회의문화를 개선하고 제안제도를 도입하는 등 다양한 시도를 하고 있지만, 정작 제대로 실천해 효과를 거두지는 못하는 실정이다. 회사의 문화를 만들어가는 데 가장 중요한 요소는 제도나 시스템이 아니라 사람이다. 업무성과를 달성하고 나아가 회사문화를 바꾸고 싶다면, 할 말은 제때 제대로 할 줄 아는 소신이 있어야 한다.

소신 있는 말로 인정받는
퍼포먼스 웨이

공식적인 자리에서 예의를 갖춰서 거침없이 말하라

사람들은 흔히 공식적인 자리에서는 말을 아낀다. 그러다가 회의가 끝난 뒷자리나 사석에서는 어떻게 그런 많은 생각을 할 수 있을까 싶을 정도로 쉬지 않고 열변을 토한다. 마치 공식적인 자리에서 말을 아껴야 하는 자신만의 이유라도 있었던 것 같다. 자신의 의견이 질타받을까 두려워서, 또는 발언을 해도 반영되지 않으니까, 아니면 상사가 오늘은 기분이 좋지 않은 것 같아서 등 이유는 셀 수 없이 많다.

자신의 컨디션이나 상황에 휘둘려 회의에 소극적으로 임하는 것도 좋지 않지만, 더 나쁜 것은 회의시간에는 아무 말 없이 있다가 회의가 끝나자마자 이러쿵저러쿵 토를 다는 것이다. 할 말이 있다면 공식적인 자리에서 예의를 갖춰서 말하라. 이런 자리를 통해 자신의 역량을 상사나 주위에 알리고 동시에 자신의 내적 성장을 이룰 수 있는 일거양득의 묘수를 적극적으로 찾아라.

공식적인 자리에서 의견을 말하고 토론하는 과정을 거치다 보면 자신도 모르게 사물을 바라보는 눈이나 성과창출을 위한 아이디어가 한 단계 성숙해지는 느낌을 받게 될 것이다. 비슷한 생각을 가진 사람들끼리 술자리에서 수군거려봐야 당신의 역량에는 손톱만큼도 득이 되지 않는다.

머리가 터지도록 치열하게 논의하라

내 의견이 받아들여지지 않는다고 쉽사리 포기하지 말자. 끝까지 주장을 펼치고 노력해야 나중에 후회가 없다. 사람은 후회가 생기면 결정된 사안에 대해서도 쉽게 동조하지 못하고 생각이 복잡해지게 마련이다. 그러니 밀어붙이고 싶을 때는 좀 과하다 싶을 정도로 해보는 것도 좋다.

반대의견에 대해 스스로 납득할 수 있고 받아들일 수 있을 때까지 치열하게 논의해보라. 정정당당하게 앞에서 모든 의견을 자신 있게 말하라. 그리고 후회 없이 내 의견을 피력했다면, 비록 결론이 내 생각과 다르더라도 적극적으로 받아들여야 한다.

결정되었으면 적극 지원하라

의사결정이 완료된 뒤에도 잡음이 생기는 것은 아주 흔한 일이다. 대놓고 불평하는 사람들도 간혹 있지만, 그보다는 적극적으로 협조하지 않고 비비적대는 경우가 더욱 많다. 이렇게 해서는 조직이 원하는 성과를 달성할 리 만무하다.

자신의 의견을 소신 있게 개진하라. 그리고 치열하게 토의해서 결론을 도출해내라. 그다음에는 결정된 사항에 대해 적극 지원하고 협조하라. 당신의 의견이 받아들여지지 않았다고 부정적인 태도로 일관하는 것은 옳지 않다. 조직에서는 내가 싫어도 해야 할 일이 종종 생긴다. 그때마다 불만에 찬 얼굴로 뒷짐만 지고 있을 것인가? 비협조적으로 일관해 성과의 걸림돌로 인식될 것인가?

그러지 않기 위해서는 일단 결정된 의견을 수긍하고, 일이 진행되면 누구보다도 적극적으로 지원해야 한다. 나의 업무인 경우는 말할 것도 없고, 내가 담당이 아니더라도 마찬가지다. 내가 항상 옳은 것은 아니라고 생각하고, 의견개진과 토론, 결정의 과정 자체를 귀중한 학습의 기회로 삼아라.

나의 존재가치는
성과로 증명된다

1년의 경험으로 10년을 살아가는 직장인이 되지 마라.
신입사원을 10번 반복해서 살지 말고,
어제보다 나은 자신이 되도록 살아라.

시간이 지나면 나이는 먹지만, 노력하지 않으면 실력은 사라진다. 시간이 흐르고 세상은 바뀌는데 별다른 변화가 없다면 그것은 곧 '도태'를 뜻한다.

한 경제연구소의 조사에 의하면, 한국을 대표하는 고성장, 고수익 기업들일수록 불황기에 공격적으로 투자하는 것으로 나타났다. R&D 와 마케팅에 더욱 활발히 투자함으로써 미래의 수익원천을 발굴하고 경쟁기업들과 격차를 벌리겠다는 취지에서다.

이러한 전략은 기업뿐 아니라 개인에게도 해당한다. 출판계에서 자기계발 분야는 손꼽히는 효자상품이다. 직장인 10명 중 6명은 바쁜 시간을 쪼개어 평균 하루 2시간씩 자기계발에 투자한다는 설문조사 결과도 같은 맥락에서 해석할 수 있다. 그들은 경력개발에 필요한 전문지식 쌓기, 외국어 회화, 어학자격증 취득, 경영지식 강화 등을 목표로 오늘도 '열공'하고 있다.

학교는 공부체력을 키울 뿐
사회에서의 공부가 진정한 '성과공부'다

외부기관에서 '경영 컨설턴트 양성과정' 공개강의를 한 적이 있는데, 참가자 중에 지금도 기억나는 사람이 한 명 있다. 서울에 있는 K대학교 의과대학 이비인후과 교수인 그는 수업시간 내내 한마디라도 놓칠세라 내 얼굴에 시선을 고정시킨 채, 눈도 깜빡이지 않을 정도로 열중했다.

교육이 끝난 후 잠시 대화를 하면서 그가 대학원을 여러 곳 다녔다는 사실을 알았다. 하루아침에 일자리가 사라질지 모르는 위태위태한 직장도 아니고, 버젓이 대학병원 의사에다 교수라는 안정된 직업이 있는데도 왜 그토록 공부 못해 안달난 사람처럼 열중하느냐고 물어봤다.

"의사라는 직업이 사회적으로 존경은 받지만 3D 업종이라 불릴 정도로 스트레스가 많습니다. 그래서 퇴근 후에는 의사들끼리 모여서 자주 술을 마시러 갑니다. 그런데 제가 본래 주량도 세지 못한 터라, 그 자리에 있는 것도 가시방석이고 술을 마시는 시간도 아까웠습니다. 하지만 일찍 집에 가서 쉬고 싶다고 둘러대는 것도 하루이틀이지, 더 이상은 안 통하더군요. 마땅한 핑계거리를 찾던 중에 대학원에 진학하게 된 것입니다.

그렇게 해서 공부를 시작하게 되었는데, 시간이 지날수록 의사도 꾸준히 공부해야 한다는 필요성을 깨달았습니다. 대다수 사람들은 대학교 과정이 끝나면 공부할 필요가 없다고 생각하는데, 대단히 잘못된 생각이라고 봅니다. 대학교에서 의사공부를 오래 한 저도 진료를 좀 더 잘하려면 배워야 할 것들이 얼마나 많은지 모릅니다. 심리치료학, 사회복지학부터 시작해서 의학기술, 약학, 병원경영, 인사관리, 대인관계 등 끝이 없어요. 웬만한 교육과목과 이수학점을 다 채웠지만, 교육도 유행이 있어서 계속해서 업그레이드해줘야 합니다. 제가 많이 공부한 만큼 환자분들과 이야기할 때 공감대를 형성하기도 쉽고 저에 대한 신뢰감을 쌓는 것도 쉬워지거든요. 신기하게도 이것저것 공부해볼수록 점점 더 호기심이 생깁니다. 제 나이가 적지는 않지만 다양한 공부를 통해 저 스스로를 충전하는 것이 제 유일한 취미활동입니다."

이 의사처럼 낮에는 일하고, 퇴근 후에 공부하는 주경야독晝耕夜讀형 직장인들이 늘어나고 있다. 그들을 일컫는 '샐러던트saladent'라는 신조어는 어느새 일상어가 되었다. 직장인들이 '샐러던트족'이 되면서까지 '열공'에 빠지는 이유는 무엇일까?

표면적인 이유는 '더 나은 직장으로 이직하기 위해', '승진을 위해', '무엇이라도 하지 않으면 뒤처진다는 생각 때문에', '자신의 능력이 부족하다고 생각하기 때문에' 등이다. 모두 자신의 가치를 높이고 경쟁력을 높이기 위한 노력의 일환이다.

샐러던트들이 자기계발을 많이 하지만 안타깝게도 그저 학교공부 수준의 능력을 키우는 정도로 끝나는 경우가 많다. 능력은 직무를 수행하기 위해서 갖춰야 할 지식이나 스킬, 직무경험 등의 자격요건으로서 학력 수준, 자격증, 해당 직무경력, 교육훈련경력 등이 이에 해당한다.

능력이 역량의 전제가 되기는 하지만, 직장인들은 성과를 내는 자기계발을 통해 역량을 길러야 한다. 역량이란 성과를 창출하는 실행력으로 업무목표를 명확하게 세운다거나 전략과 실행계획을 스스로 수립하여 자기주도적으로 추진해나가는 행동력을 의미한다. 능력 향상에만 초점을 맞추면 1년차 직장인인 채로 10년을 살아가는 것과 다를 바가 없다. 당연히 능력이 부족하다면 능력부터 갖춰야 한다. 능력이 어느 정도 갖춰졌다면 개인이 업무를 수행하면서 높은 성과를 올리기 위해 안정적으로 발휘되는 행동특성인 역량을 갖춰야 어제와 다른 내가 될 수 있다.

역량개발을 잘하기 위해서는 무엇보다도 고객과 시장에 대한 주기적인 데이터수집과 정보분석이 핵심이다. 여기서 고객이란 자신의 일과 관련된 수요자를 의미하는데 구성원의 경우 상사가 자신의 제1고객임은 두말할 필요도 없다. 또한 업무 프로세스와 관련된 타부서는 말할 것도 없고 외부의 최종수요자나 협력업체도 나의 고객이다. 이와 같이 성과를 창출하기 위해서는 고객의 니즈와 원츠를 주기적으로 조사하여 업무목표를 세워야 한다. 그리고 최우선적으로 공략해야 할 대상을 구체화하고 대상별 실행계획을 세우고 일정에 따라 자기완결적으로 일해야 한다. 이렇게 성과를 창출하기 위한 업무 프로세스를 체질화하고 습관처럼 실천하는 사람을 역량 있는 사람이라고 한다.

앞서 소개한 의사의 말대로, 급변하는 세상에 발맞춰 자신의 역량도 지속적으로 업그레이드해줘야 한다. 나에게 필요한 역량은 조직, 미래의 환경, 미래의 목적, 시장환경에 따라 수시로 변한다. 실제로 회사생활을 하다 보면 새로운 업무에 대한 지식과 프로세스가 절실해지는 순간이 온다. 그중에서도 특히 40~50대는 자신의 과거경험이나 예전 지식에만 의존하다가 이슈와 해결방안을 찾는 데 어려움을 겪는 경우가 많다.

개인이 갖고 있는 지식경쟁력이 반으로 감소되는 반감기는 보통 3년, 특히 IT 산업은 경쟁력 반감기가 1.5년밖에 안 된다고 한다. 경쟁력이 반감되는 시간은 갈수록 더욱 짧아질 것이고 나와 경쟁자 간의 격차는 더욱 벌어질 것이다. 뒤처지지 않으려면, 아니 앞서 나가려면 미래를 내다보고 자신의 경쟁력 있는 역량에 욕심내야 한다.

공부하는 직장인의
퍼포먼스 웨이

실력의 대차대조표를 만들어라

현재 당신에게 부족한 부분이 어디인지 찾아보라. 샐러던트가 유행이라고 아무 공부나 시작할 수는 없다. '다들 공부한다고 난리인데 나도 무언가를 해야겠다.'는 마음가짐으로 시작해서는 작심삼일밖에 되지 않는다.

작심삼일을 방지하기 위해 실력에 대한 대차대조표를 만들어보자. '자산'에는 '나의 비전'을 적고, '자본'에는 비전을 이루기 위해 내가 알고 있는 것들, 경험한 것들을 적는다. '부채'에는 자본과 비교하여 비전을 달성하는 데 부족한 부분을 적어 넣는다. 이렇게 대차대조표로 정리하면 한눈에 나의 부족한 점과 채워진 부분을 알 수 있다.

[표 1] 실력의 대차대조표

차변		대변	
자산 **나의 비전**	**'20년 안에 인사팀장 되기'** 〈조건〉 • 인사기획 5년 • 인사운영 및 교육 5년 • 사업부서(영업) 2년	부채 **해야 할 것**	• 사업부서 경험 2년 • 사내강사 활동 • HR 컨설팅(3회, 전사 단위)
		자본 **경험, 지식, 스킬**	• 인사운영(5년) • 인사기획(2년) • HR 컨설팅(2회, 전사 단위)

특히 상사가 평소에 지적한 것은 반드시 반영하라. 내 업무에 필요한 역량을 계발하는 것도 중요하지만, 상사가 지적한 것은 그만큼 중요하며 우선순위 목록의 상위에 두어야 한다. 같은 내용을 반복해서 지적받았다면 그것이 바로 내가 보완하고 계발해야 할 부분이다. 한 번 더 지적받기 전에 보완해서 다시는 같은 것으로 지적받지 말아야 한다.

대차대조표는 1년 단위로 체크하여 역량발휘에 도움이 되는 것은 강화시키고, 도움이 되지 않는 것은 과감하게 폐기하자. 성과창출에 필요한 반복적이고 지속적인 지식, 자신의 행동특성이 무엇인지 파악하여 지속적으로 강화시켜야 한다. 반대로 부족한 부분이 있다면 계획을 수립하여 습득하고 익혀야 할 것이다. 이 결과를 매달 '정산'하여 스스로 현재 수준을 파악하고 정리해두자.

1년에 두 번 전지훈련을 떠나라

1년 중 공식경기가 없는 몇 개월은 운동선수들에게 매우 중요한 기간이다. 전지훈련에서 열심히 몸을 만들어 다음 시즌을 준비해야 하기 때문이다. 이 시간을 어떻게 보냈느냐에 따라 1년 동안의 성과를 가늠할 수 있다. 직장인들은 연말과 연초를 어떻게 보내느냐에 따라 한 해의 목표를 달성할 수 있는지 없는지가 판가름 난다.

운동선수들처럼 당신도 전지훈련을 떠나라. 상반기 동안 부족했던 역량을 메모해서 여름휴가를 전지훈련으로 대신해보자. 회사의 통제를 벗어나 누구의 간섭도 받지 않고 시간에 쫓길 필요 없이 자신을 업그레이드할 수 있는 시간이다. 하루에 책을 한 권씩 읽는다면, 적어도 3권은 읽을 수 있다. 하반기 동안 부족했던 역량은 겨울 전지훈련으로 보충하라. 여름휴가만큼 길지는 않아도 자신만의 재충전 시간을 틈틈이 마련해보자.

실천 가능한 자기계발 계획을 일일 단위로 수치화하라

한 달 단위로 느긋하게 살지 말고 일일 단위로 긴장감 있게 살아라. 자기계발을 하라면 사람들은 동호회나 학원부터 찾아서 덜컥 등록부터 해버린다. 하지만 직장을 다니다 보면 정해진 시간을 맞추기 힘들 때가 많다. 그래서 학원을 다녀도 처음 며칠, 몇 주는 잘 가다가 점점 흐지부지되기 일쑤다. 무작정 돈 들일 생각부터 하지 말고 나 혼자서 할 수 있는 작은 계획을 세워 실천하자.

예를 들어 매월 도서목록을 만들어 책을 읽고 나면 A4용지 3장 이내로 내용을 요약한다든지, 1주일에 업무 관련 자료를 2개씩 스크랩하거나, 매주 새로운 장표를 2장씩 개발하는 등, 자기계발 실천사항을 측정 가능하게 수치화하여 정한다. 그런 다음 1주일 동안 잘 실천했는지를 체크하는 것이다. 별것 아닌 하찮은 계획이라 여길지 모르지만, 한번 실천해보라. 생각만큼 쉽지가 않다. 목표를 위한 계획을 세우고, 구체적인 행동지표로 세분화하여 작은 것부터 차근차근 실력을 쌓아가자.

구체적인 목표를 세우고 전략적 과정을 관리하라

입사하면서 구체적인 목표를 가지고 있는 사람과 그렇지 못한 사람은 10년 후에 어떤 차이가 날까? 구체적인 목표를 글로 쓴 사람의 성공확률이 그렇지 않은 사람에 비해 월등하게 높다는 것은 이미 상식이 되었다. 마찬가지로 입사할 때부터 구체적인 목표를 가지고 자신의 경력을 관리하는 사람은 그렇지 않은 사람들보다 성공확률이 월등할 것이다. 구체적인 목표가 있으면 명확한 과정을 계획할 수 있고, 중간에 목표에서 벗어나더라도 본래 궤도로 돌아오기 한결 쉽다.

굳이 '전략적으로 관리'하라고 말하는 이유는, 목표달성에 결정적인 영향을 미치는 요인들을 잘 찾아내어 관리해야 함을 강조하기 위해서다. '해야 할 일'을 관리하지 말고, '목표를 달성하기 위해 해야 할 일'을 관리하겠다고 마음먹어야 전략적 과정관리가 가능해진다.

목표달성 과정을 관리하는 방법으로 가끔 이력서 써보기를 권한다. 이직을 위한 이력서가 아니라 주기적으로 자신의 변화를 체크하기 위한 이력서다. 1년 전이나 현재나 이력서가 변하지 않고 그대로라면 당신의 역량은 그만큼 감가상각되어 가치가 하락한 것이다. 같은 일을 하는 사람들과 견주어 경쟁력 있는 수준을 유지할 수 있도록 지속적으로 관리하라. 경쟁력 있는 역량을 확보하고 있다면 설사 회사가 망하더라도 당신을 모셔갈 곳은 많을 것이다.

행동하는 방식

일하는 전략을
혁신하라

2부에서는 1부에서 살펴본 '성과목표'의 관점을 실행에 옮기는 '행동원칙'을 소개한다. 수동적 자세를 탈피해 적극적인 행동으로 바꿔나가는 구체적인 실행법을 제시하고 있다. 이왕 일을 하기로 마음먹었다면, 성과목표를 반드시 달성하겠다는 목표지향적 관점으로 행동해야 한다. 이제 그 방법을 알아보자.

ACTION

상사에게는 내가 모르는
한 방이 있다

당신이 '나무'를 보는 동안 상사는 '숲'을 본다.
상사는 내가 무시할 수 있는 사람이 아니다.
상사의 주특기인 '전략'을 배우자.

"팀장이 우리한테 일시키는 걸 보면 잘 모르는 것 같지 않냐? 그러니까 이것저것 쓸데없는 것까지 다 시키잖아. 이걸 왜 해야 하는지 도대체 알 수가 없다니까!"

술자리나 회사 휴게실에서 흔히 이런 불평이 넘쳐난다. 같은 고충을 겪고 있는 동료들끼리 상사 욕하는 것은 직장 스트레스를 해소하는 단골메뉴다. 술잔이 빌수록 어느새 모든 대화의 주제는 '왜 내가 상사를 무시하고 미워할 수밖에 없는지'가 되어버린다.

상사를 흉보는 것은 만국공통의 현상인 듯하다. 미국의 한 노동단체는 스트레스 해소의 장을 만들겠다는 취지로 '인터넷 상사 흉보기 대회'를 개최한 적도 있었다. 본래 남을 흉보고 불평불만을 늘어놓는 것에 끝이란 없다. 또 그것보다 더 스릴 넘치고 속 시원한 것도 사실

행동하는 방식

없다.

상사를 더 이상 보지 않을 요량이라면 어떻게 하든 상관없다. 하지만 매일매일 가족보다 더 오래 마주해야 할 사람이며, 내 업무의 결정권을 쥔 존재라고 생각하면 얘기가 달라진다.

나라님 욕은 해도
상사 욕은 하지 마라

없을 때는 나라님도 욕하니까 상사를 함부로 욕해도 된다는 생각은 꿈에도 하지 마라. 5분 후에 바로 후회할지도 모른다. 상사는 이미 당신이 욕하고 있는 것까지 훤히 다 안다.

모두가 원망하는 상사에게 한 방을 먹이겠다고 다른 구성원들을 대신하여 총대를 메고 상사와 대적하려는 사람들이 있다. 나 하나 희생해서 원활한 조직생활을 만들어보겠다는 심산이다. 다른 동료들을 대표하여 상사를 대놓고 무시하거나, 공개적인 회의석상에서 상사를 곤란하게 만드는 말이나 행동을 하는 것이다. 남들 앞에서 우쭐해지고 싶은 소영웅심은 누구에게나 있다. 때로는 월급만 축내는 실력 없는 상사를 회사에서 내쫓는 데 성공할 수도 있다. 하지만 기쁨과 환희는 잠시뿐이다. 나를 보는 제3의 눈들이 있다. 나는 어느새 상사를 무시하는 사람, 버릇없는 사람, 실력만 믿고 까부는 사람 등 온갖 나쁜 꼬리표가 붙게 된다.

한번 좋지 않은 편견을 가지면 계속 나쁜 쪽으로만 몰아가는 게 사람 마음이다. 상사가 한번 보기 싫어지면 그가 하는 말도 다 고깝게 들리고, 아무리 좋은 말을 해주어도 귀에 들어오지 않는다. 업무에 대한 지시도 하나같이 마음에 들지 않으니, 내가 신나게 할 수 있는 일이 없다. 지금 당장은 당신이 옳고 상사가 틀렸다고 판단하겠지만 시간이 지나면 명백해진다. 상사가 옳았다는 것이. 그러니 상사의 존재를 무시하지 마라.

컴퓨터 기반의 업무도구나 시스템들은 점점 고도화되면서 복잡해지고, 제품, 기술, 고객요구 등 업무내용 또한 전문화되고 세분화되어간다. 업무수행 방법도 과거와는 달리 타부서와 협업하거나 아웃소싱, 글로벌소싱을 하는 등 네트워크화되어 그 일을 맡고 있는 담당자가 아니면 그 누구도 담당자만큼 업무내용을 자세히 알 수가 없다. 그런데 상사가 만능 엔터테이너 마냥 모든 것을 다 알고 있어야 한다고 착각하는 사람들이 많다. 다 알고 있다고 생각한 상사가 뾰족한 대안을 주지 못하거나 잘 모르고 있을 경우 그 순간부터 구성원들은 상사를 무시하기 시작한다. '아니, 상사라는 사람이 이것도 몰라?' 하며 말이다.

그러나 상사가 당신보다 상사인 데는 다 그만한 이유가 있다. 단순히 나이가 많아서도 아니고, 당신보다 회사를 오래 다녔기 때문도 아니다. 그저 시간만 보내며 지금의 위치까지 올 수는 없다. 설사 나보다 나이가 어리다 해도, 우리 팀의 업무경력이 전혀 없다 하더라도 그에게는 상사의 역할에 걸맞은 무언가가 있다는 것을 명심하라. 상사나름의 주특기, 전략이 있기에 지금의 자리에 있는 것이다.

146

숲 속에 있으면
숲이 안 보인다

당신의 능력과 경험과 판단력은 상사의 그것과 비교하기에는 아직 부족하다. 나이 든 상사를 보며 '난 젊고 더 많은 것들을 알고 있다.' 고 자만하지 마라. 당신이 첨단지식과 최신기술을 가지고 있을지언정 그 지식과 기술을 적절한 곳에 제대로 쓰이도록 안배하는 역량, 눈에 보이지 않는 현상 이면의 것을 꿰뚫어보는 통찰력이나 직관력, 의사 결정력은 상사를 따라가기에는 아직 멀었다.

상사와 당신의 관계는 이를테면 숲과 나무의 관계라고 보면 된다. 숲 속에 있으면 숲이 보이지 않고 나무만 보인다. 상사는 숲을 보고 있다. 당신의 능력이나 역량이 아무리 탁월하다 하더라도 당신은 숲 속에 있기 때문에 숲이 안 보인다. 이것은 '능력의 문제가 아니라 위치의 문제'다.

축구나 야구경기를 보라. 관전자인 당신의 눈에는 감독이나 선수들이 정말 무능해 보인다. 상대편의 빈 공간이 버젓이 보이는데 왜 저걸 못 보나 싶을 것이다. 하지만 판 속에 들어가면 판이 제대로 보이지 않는다. 나도 기업을 자문하거나 컨설팅하다 보면 임원과 팀장들이 자신의 회사는 자신들이 제일 잘 안다며 객관적인 관점에서 내가 코칭해주는 내용을 무시하고 대수롭지 않게 여길 때가 많다. 어떤 팀장들은 그렇게 성과 내는 방법을 잘 알면 직접 조직을 맡아서 성과를 증명해보라고 은근히 비꼬기까지 한다. 감독이나 코치가 선수에게 기술적인 코칭을 한다고 해서 직접 그것을 행동으로 옮길 수는 없다. 물론 선수 시절에는 탁월했겠지만 말이다.

각자의 위치에 따라 역할과 책임은 다르다. 감독의 역할은 코칭하는 것이고 코칭받은 내용을 행동으로 옮기는 것은 선수의 역할이다. 직장도 마찬가지다. 상사는 원하는 목표를 제시하며 목표를 달성할 수 있는 원리를 코칭하고 자원을 지원하며 평가하고 피드백하는 것이 주된 역할이다. 하위의 구성원들은 상사가 원하는 목표를 달성하기 위한 전략을 고민하고 실행계획을 세워서 상사에게 코칭받고 주도적으로 실행하는 것이 핵심역할이다. 상사는 당신이 제대로 파악하지 못하는 사각지대를 숲의 관점에서 보고 있다. 상사의 다른 위치와 통찰적 관점을 인정하는 것이 옳다. 여전히 배워야 할 것이 많은 당신이라면, 상사에게 한 수 가르침을 받는 자세로 늘 겸손하게 대해야 한다.

건달, 한의사, 상사에게는 공통점이 있다. '한 방'이 바로 그것이다. 건달에게는 주먹 한 방, 한의사에게는 침 한 방, 상사에게는 성과를 내는 한 방이 있다. 상사는 일을 시킬 때 아무 생각 없이 시키지 않는다. 지내놓고 보면 다 피가 되고 살이 되는 것들이다. 상사는 당신이 하는 업무를 이미 수년 전에 경험했고, 앞으로 당신이 거쳐야 할 업무의 몇 단계를 이미 지나온 사람이다. 그동안 아무리 업무 매뉴얼이 새롭게 개선되었고, 당신이 그 매뉴얼을 손쉽게 다룬다고 해도 상사보다 뛰어난 것은 아니다. 상사는 세세한 레시피가 없어도 처음 보는 음식을 만들 줄 아는 미각과 손맛을 갖춘 단계이기 때문이다. 그는 풍부한 경험을 기반으로 더 넓게 멀리 보는 시야와 일에 대한 통찰력, 직관력과 판단력을 연마해왔다. 이것이 바로 상사의 한 방이다.

당신의 뛰어난 실무능력이나 발 빠른 전문지식에 통찰력과 판단력으로 날개를 달아줄 사람은 다름 아닌 상사다. 그러니 상사를 가볍게 여기지 마라. 동료들이 상사를 험담할 시간에, 내 업무의 탁월한 성과를 위해 상사의 한 방을 끌어낼 수 있는 방법이 무엇인지 생각하라.

이제부터 상사가 가진 한 방을 파악하고 당신의 것으로 만들기 위한 실천방법을 알아보자.

● Performance WAY ●

상사의 무기를 내 것으로 활용하는 퍼포먼스 웨이

상사의 독수리눈을 결정적일 때 빌려라

상사에게는 우리가 가지지 못한 '독수리눈'이 있다. 업무를 하다 도움의 손길이 필요하다면 그 예리한 눈을 활용해보자.

하지만 활용하기에 앞서 지켜야 할 규칙이 있다. 무조건 'SOS'부터 외쳐서는 안 된다. 업무에 대해 내가 할 수 있는 최대한의 고민을 하고 나서, 고민한 흔적을 들고 독수리눈을 찾아가야 한다. 그래야만 상사와 이야기하는 동안 문제해결의 실마리라도 발견할 수 있다. 백지상태에서는 아무리 좋은 이야기를 들어도 그것이 좋은 것인지, 내가 고민하던 부분인지, 필요한 것들인지를 판단할 수 없다. 내 업무에 대해 내가 어느 정도 치열하게 먼저 고민해야지 상사의 한마디가 보약이 될 수 있다.

내 업무의 맥을 가장 잘 짚어낼 수 있는 사람은 내가 아니라 바로 상사다. 독수리눈에는 직관력이 있기 때문이다. 또한 내가 어려움을 겪고 있는 모든 일들을 최근에 경험한 사람으로서, 가장 현실적인 해답을 가지고 있다. 그러므로 가장 중요한 사안들은 직속상사와 상의하는 것이 좋은 성과를 내는 지름길이다.

아무리 무능한 상사라도 대포는 쏠 줄 안다

'이심전심以心傳心', '텔레파시가 통한다.' 등은 말이 없어도 마음에서 마음으로 전해진다는 뜻이다. 사람은 상대방이 자신을 좋아하는지 싫어하는지 말하지 않아도 기운으로 다 느낄 수 있다. 상대방에게 호감이 있음을 마음으로 나타내면 상대방도 당신에 대해 좋은 감정을 느낀다. 반대로 내가 아무리 티를 안 낸다 해도 상사를 무시하고 마음에 불만이 가득하다면 상사도 그것을 다 느끼게 돼 있다.

상사도 사람이기에 자신을 싫어하는 사람에게 잘해주기가 쉽지 않다. "상사니까 그러면 안 되지."라고 말하는 사람도 있겠지만, 당신이라면 좋은 감정이 들겠는가? '미운 놈 떡 하나 더 준다.'는 옛말이 있지만, 진짜 미운 놈에게는 떡 주고 싶은 생각도 들지 않는다.

이렇게 상사에 대한 감정이 좋지 않으면 당신이 힘들 때 'SOS'를 요청해도 도움받지 못할 가능성이 있다. 그러니 아무리 상사가 마음에 들지 않더라도 그 감정을 상사가 느끼게 하면 안 된다. 괜히 긁어 부스럼을 만드는 꼴이다. 상사는 상사로서 존경해라. 당신과 함께 오랫동안 생활할 사람이다. 또한 객관적으로 바라보아라. 상사도 당신이 그리 마음에 들지는 않지만 일을 해야 하기 때문에 업무에 감정을 싣지 않는 것인지도 모른다.

내가 아무리 발버둥 쳐도 권총 쏘는 역량밖에 안 된다면, 상사는 대포를 쏠 수 있는 힘이 있다. 옛말에 '사람은 누구나 남 잘되게 하는 재주는 없어도 못 되게 하는 재주는 있다.'고 했다. 상사가 당신에게 도움이 되지 못할지언정 타격을 입힐 수는 있다는 말이다. 잠자는 사자의 코털은 건드리지 않는 법이다. 당신이 상사를 좋아하지 않는다고 불만을 쏟아봤자 당신 입만 아플 뿐 업무에는 아무런 도움도 되지 않는다. 오히려 독이 되면 모를까.

직장을 떠나지 않을 거라면, 당신이 상사로부터 얻어갈 것이 무엇인지, 상사를 어떻게 당신의 환상적인 파트너로 만들지 고민하는 것이 더욱 현명하지 않겠는가?

상사가 내 마음에 들 필요는 없다. 내가 맞추면 된다

미국의 HR 컨설팅 기업 사라토가Saratoga의 조사에 따르면, 관리자의 89%는 구성원들이 돈 때문에 회사를 떠난다고 생각하는 반면, 구성원의 88%는 돈이 아닌 다른 이유 때문에 이직을 결심한다고 응답했다고 한다. 돈이 아닌 다른 이유라면 과연 무엇일까?

그렇다. 바로 상사와의 불화 때문이다. 그만큼 상사와의 관계가 쉽지 않다는 방증이기도 하다. 결혼해서 같이 사는 배우자도 내 맘에 들지 않을 때가 많은데 하물며 상사는 오죽할까? 직장생활을 하면서 내 맘에 꼭 드는 상사를 모시는 경우는 없다고 봐도 과언이 아니다. 그럼 어떻게 해야 하는가?

상사를 상사로서 인정하고 배울 점을 찾아야 한다. 회사가 바보가 아닌 이상 상사를 팀장으로, 본부장으로 임명한 데는 분명히 내가 모르는 한 방이 있기 때문이다. 회사는 학교와는 달리 학습된 지식으로 승부하는 곳이 아니라 성과를 낼 수 있는 체화된 역량으로 승부하는 곳이다. 상사는 역량이 체화된 살아 있는 교과서다. 책에서 배울 수 없는 것을 가진 사람이기 때문에 배울 점을 찾아야 한다. 배울 점이 없어 보이는 상사에게서 배울 점을 찾아 자신을 성장시키는 것도 개인의 역량 차이다.

상사의 좋은 점은 받아들이고, 부족한 점이 보이면 당신이 상사가 되었을 때 그렇게 하지 않으면 된다. 상사가 당신 생각과 상반되는 지시를 하는 경우도 있을 것이다. 그때는 대안이 될 만한 생각들을 구체적으로 밝히고 충분히 논의해서 의견을 공유하라. 그래도 상사의 뜻대로 결정되었다면, 적극 지원해라. 당신이 생각하지 못한 행간의 의미가 있을 것이다.

뜬금없는 지시나 명령이 의아할 때도 있겠지만, 이유 없는 지시는 없다. 상사가 당신을 집중적으로 몰아세우기 시작했다면 그건 당신의 역량이 부족하기 때문이라고 생각하는 게 맞다. 당신의 실수나 고칠 점을 부드럽게 지적해준다면 좋겠지만, 그렇게 해서는 당신의 반복되는 실수를 막을 수 없다. 회사는 나의 편의를 위해서가 아니라 성과와 가치를 창출하기 위해 만들어졌다. 그러니 때로는 상사나 경영자의 생각이 내 생각과 다르더라도 수긍해야 한다. 물론 상사는 구성원인 당신의 이해와 공감을 끌어내야 하겠지만, 그건 선택사항이지 의무사항은 아니다.

목표에 대해
백일몽 꾸지 마라

처음에 웃는 사람이 될 것인가, 마지막에 웃는 사람이 될 것인가?
장밋빛 미래만을 바라보고 웃지 마라.
그 꿈을 이룰 집요한 마음과 철저한 모니터링이 없으면,
미래는 내 것이 될 수 없다.

1909년 미국의 로버트 피어리Robert Peary가 북극을 정복했다. 그러자 그때까지 미지의 땅으로 남아 있던 남극은 누가 정복할 것인지에 대해 사람들의 궁금증이 높아져갔다. 당시 세계는 2명의 탐험가를 주목했다. 노르웨이의 로널드 아문센Ronald Amundsen과 영국의 팰콘 스콧 경Sir Robert Falcon Scott이 그들이다.

1911년 아문센과 스콧은 남극정복이라는 동일한 목표를 가지고 야심차게 길을 떠났다. 그러나 두 팀은 너무나 상반된 결과를 가져왔다. 스콧은 탐험에 나선 72명 전원이 사망한 반면, 아문센의 탐험대는 대원 1명이 썩은 이 하나를 뽑은 것 말고는 큰 부상 없이 남극을 정복하고 전원 무사귀환한 것이다. 역사에 남겨진 이름 또한 아문센이었다.

같은 시기에 같은 목표를 향해 출발했고, 조건은 영국 정부의 지원

을 등에 업은 스콧 탐험대가 월등히 좋았다. 그런데 성과의 차이는 어디서 난 것일까?

아문센은 에스키모들의 여행법과 남극지역을 여행한 사람들의 경험담을 철저히 분석해서 탐험장비와 루트를 연구했다. 그 결과, 모든 장비와 물품들은 에스키모개가 끄는 썰매로 운반해야 한다는 것을 알았다. 그들은 개썰매를 모는 전문가들과 숙달된 스키어들을 모집했다. 또한 짐을 끌고 온 개들을 식량으로도 요긴하게 활용했다. 루트 곳곳에 중간 베이스캠프를 세우고 물품들을 미리 채워두어 탐험대의 짐을 최소화한 것도 주효했다. 복장이나 장비도 가장 가볍고 튼튼한 것으로 갖추었다. 이렇게 아문센 탐험대는 아주 세세한 부분까지도 사전에 철저히 준비한 다음 목적지를 향해 출발했다.

그러나 스콧은 사전에 전혀 답사를 하지 않았다. 열심히 최선을 다해서 준비하면 반드시 좋은 결과가 있을 것이라고 막연히 낙관했을 뿐이다. 그들은 영국 정부의 지원을 받아 최상의 장비를 준비하는 데만 집중했다. 개썰매가 아닌 모터 엔진으로 끄는 썰매와 망아지들이 짐을 지게 하였는데, 길 떠난 지 닷새 만에 모터 엔진은 다 얼어붙어 못쓰게 되었고 망아지들도 동상에 걸려 죽어버렸다. 그때부터 탐험대원들이 그 많은 짐을 직접 지고 움직여야 했는데, 설상가상으로 중간 베이스캠프에는 충분한 물자가 없어서 대원들은 추위와 굶주림까지 견뎌내야만 했다. 고생을 감내하며 겨우 남극점에 도달했을 때는 이미 아문센의 깃발이 휘날리고 있었다. 돌아오는 길에 스콧은 대원들에게 지질화석 자료를 가지고 가게 했는데, 그것은 이미 지친 대원들을 죽음으로 몰아넣는 원인이 되고 말았다. 결국 베이스캠프에서 150마일 떨어진 지점에서 최후의 생존자 스콧마저 숨을 거두었다.

허술한 낙관론이
일을 망친다

이 두 탐험대의 이야기는 아무리 위대한 목표라 하더라도 철저한 분석과 준비, 진행상황에 대한 모니터링 없이는 실현 가능성이 '제로'라는 것을 잘 말해주고 있다.

당신은 업무를 수행하면서 분명한 목표를 가지고 있는가? 목표가 있다면 달성하기 위해 어떤 노력들을 하고 있는가? 목표가 있다고 해서 저절로 달성되는 것은 결코 아니다. 목표는 있지만 전략과 계획이 없는 사람은 속 빈 강정이나 다름없다. 눈에 보이는 명확한 목표와 목표달성을 위한 전략과 계획을 갖추고, 그것이 달성되는 과정을 미리 점검해보는 사람이 진정 속이 꽉 찬 강정이다. 즉 목표를 이루려면 목표를 이루려는 간절한 마음과 달성하고자 하는 목표에 대한 구체적인 이미지를 갖고서 내가 가고자 하는 방향이 맞는지 끊임없이 점검하며 나아가야 한다.

설령 초반에 의도한 목표에 가까워졌다고 해서 앞으로의 행보를 미리부터 낙관하지는 마라. 앞으로 갈 길이 긍정과 희망으로만 뒤덮여 있을 것이라는 생각은 한낱 백일몽이 될 수도 있으니 절대 금물이다.

목표에 대해 집요하리만큼 철저하게 전략을 세우고 실행과정을 꼼꼼하게 모니터링해야만 겨우 성과를 달성할 수 있다.

우리는 주변에서 원대한 목표를 세우고 호언장담하는 사람을 쉽게 볼 수 있다. 이런 사람일수록 일을 추진하는 과정에서 다양한 장애요인에 부딪히고, 예상치 못한 변수들이 등장할 때마다 어쩔 줄 몰라서 '내가 이것밖에 안 되나?' 하는 자괴감에 빠져 지레 포기해버린다. 요즘에는 특히 예전보다 인내심과 투지가 많이 약해졌다는 것을 느끼곤 한다. 그래서 사직하거나 중도하차가 심심찮게 나오는 것이다.

무엇이든 할 수 있을 것 같은 자신감도 물론 있어야 한다. 그러나 기대하는 목표를 현실적인 성과로 화학변화시키기 위해서는 자신감만 갖고는 어림없다. 목표에 집중하는 집요함이 더욱 긴요하다. 도전적인 목표와 탁월한 성과를 이어주는 가교는 '집요함'이라는 자세와 '모니터링'이라는 도구다.

집요하게 점검하는
퍼포먼스 웨이

성과목표의 진행상황을 한눈에 볼 수 있는 대시보드를 작성하라

'나무만 보지 말고 숲을 보라.'는 말이 있다. 덜렁 떨어져 있는 하나만 보지 말고, 전체와 연결된 하나를 보라는 것이다. 개별자로서의 하나는 그 하나의 의미만 있지만, 전체 속의 하나는 하나로서의 의미와 함께 전체 구성요소로서의 의미도 함께 있다.

목표를 세울 때도 하루, 1주일의 목표만 세워서는 그것이 달성되어 최종적으로 이루고자 하는 모습을 가늠하기 어렵다. 연간목표를 설정했다면 그 목표를 달성하기 위한 매월의 목표가 세워질 것이다. 이때 월별목표를 한 달, 한 달 따로 떼서 볼 것이 아니라 1년 치 목표와 함께 한눈에 볼 수 있어야 한다. 그래야만 지난 달의 목표 대비 성과를 분석하고, 이번 달에 목표를 어떻게 조정해서 달성해나갈지 판단할 수 있다. 이러한 과정이 이루어져야 마지막 12월이 되었을 때 애초에 세웠던 연간성과목표를 제대로 달성했는지 못했는지를 정확하게 파악할 수 있다.

연간성과목표를 한눈에 볼 수 있는 상황계기판으로 '성과대시보드'를 만들어 활용하자. 비행기 계기판에 고도, 풍향 등 비행에 필요한 총체적인 정보가 망라돼 있듯이, 당신만의 성과대시보드에는 연간성과목표와 월간성과목표, 그 둘의 상관관계 등을 표시할 수 있다. 그리고 일상적인 업무상태도 지표화해서 같이 포함하면 작은 것도 놓치지 않고 꼼꼼하게 관리할 수 있다.

성과목표달성 진척상황을 매월 모니터링하라

목표를 세우고 전략과 달성계획도 세웠다면 그다음에 해야 할 일은 무엇일까?

행동하는 방식

세워놓은 목표의 실행력을 높이려면 목표달성의 진척상황을 매월 모니터링해야 한다. 모니터링은 단순히 매월의 목표가 달성되었는지 여부를 체크하는 것이 아니다. 달성되지 않았다면 그 이유는 무엇인지를 분석하고, 다음번에 달성할 수 있도록 전략을 수정하는 과정을 말한다.

목표가 작심삼일이 되는 가장 큰 이유는 연초에 목표를 세우고 나서 진행상황을 관리하지 않았기 때문이다. 반기나 연말에 가서야 뒤늦게 수습하려는 습관에 젖어 있기 때문에 목표달성에 실패하고 마는 것이다.

이러한 우를 범하지 않기 위해서는, 분기나 월간목표를 달성하는 데 장애가 될 만한 요소와 성공요인들을 사전에 명확하게 짚어보아야 한다. 추진하려는 실행과제에 대한 당위성과 효과를 어느 정도 예측 가능하게 만들어놓는 것도 중요하다. 이는 기록경쟁을 하는 운동의 훈련전략과도 같다. 예를 들어 100m 수영이라면 처음 스타트 기록, 50m 지점에서 턴할 때의 기록, 80m에서의 기록 등으로 나누어 측정하며 훈련하는 것도 모니터링 과정이다. 각각의 구간에서 목표기록을 달성하면 전체 100m에서 원하는 기록이 달성되므로, 목표기록이 나오지 않는 구간별로 나누어 집중훈련을 하기도 한다. 또한 자세나 호흡방법 등을 바꿔가며 다양한 시도를 해서 선수에게 맞는 방법을 채택하고 있다.

이와 같이 매월 나의 성과목표를 어느 정도 달성했는가에 대해 성과창출상태를 꾸준하게 체크해야 한다. 그래야만 어느 부분에서 문제가 있었는지를 파악할 수 있다. 달성하지 못한 원인에 대해서는 철저하게 분석하여 다음번 목표설정에 다시 반영하라.

100%의 목표달성을 위해 120%의 전략을 준비하라

업무에서든 일상생활에서든 예기치 못한 돌발변수들이 발생하기도 한다. 이런 문제가 쌓이면 궁극적으로 내가 애초에 세워두었던 목표를 달성하지 못하는 경우도 왕왕 생긴다.

고객사와 미팅시간을 오후 1시로 잡았는데, 하필이면 비가 와서 정류장까지 걸어가는 시간이 오래 걸릴 수도 있고 유난히 그날따라 버스나 전철이 늦게 올 수도 있다. 시간약속을 반드시 지켜야 하는 경우라면, 평소에 50분 정도 걸리는 거리더라도 변수가 생길 수도 있다는 상황을 감안하여 10분 더 일찍 출발하는 것이 바람직하다.

내가 달성하고자 하는 목표수준을 냉정하게 판단해야 한다. 아무런 근거 없이 낙관적으로 생각하는 것은 현실적으로 일어나기 어려운 상상일 수도 있다. 최대한의 조건을 충족시켜야 목표를 달성할 수 있다면 모든 조건이 완벽해야만 한다는 부담감이 생긴다. 이런 경우 사소한 변수가 발생해도 목표를 달성해내지 못할 가능성이 커진다.

그래서 최대한의 조건이 아니라, 최소한의 조건을 갖추더라도 목표를 달성할 수 있도록 즉, 예기치 못했던 돌발변수가 발생해도 좀 더 여유 있게 대응하여 목표를 달성해낼 수 있는 여지를 남기는 것이 필요하다. 그렇기 때문에 목표를 달성하는 데 필요한 100%의 전략보다는 20%의 여유를 두어 120%의 전략을 준비하도록 한다. 물론 그 과정을 통하여 나의 역량도 한 단계 올라가는 것은 당연한 결과다.

항상 최악의 상황을 염두에 두는 한편, 목표를 달성하기 위해 내가 실행해야 될 전략과제나 타깃고객은 가능한 최대한으로 준비하라.

아부할 시간에
일의 본질을 캐물어라

회사는 친목회 자리가 아니다. 적당히 친해져서 적당히 일하려는 생각은 버려라.
출세하기 위해 아부, 아첨하지 마라. 그 시간에 역량을 쌓고 성과를 고민하라.

주위에서 '인간관계가 좋아야 한다.', '인맥이 있어야 승진도 한다.'
같은 말을 많이 하니까, 입사하자마자 일 배울 생각은 않고 회사에서
누가 실세인지를 살피고 '줄'을 잡으려고 애쓰는 사람들이 있다. 이렇
게 상사의 비위나 맞추는 아부의 천재들만큼 꼴불견도 없다. 자신의
역량으로 평가받지 않고 상대방에게 입에 발린 말을 늘어놓으며 기회
를 엿보는 기회주의자들에게는 비도덕적, 비윤리적이라는 꼬리표가
따라다닌다. 상사에게 아부를 잘한다고 해서 제 깜냥에 가능하지 않
은 성과를 창출할 수는 없다. 스스로 역량을 발휘하고 성과를 만들어
낼 수 없다면 어디에도 설 자리가 없다.

'줄'은 찾으려고 애쓰는 것이 아니라, 그 줄이 나를 선택하도록 만들
어야 한다. 내가 일을 잘하면 조직에서 인정받게 되고, 상사들은 '일

행동하는 방식

잘하기로 소문난' 당신과 함께 일하기를 원할 것이다. 상사뿐만 아니라 주변 동료들도 부서이동을 권유하거나 프로젝트를 함께 해보자고 제안하기도 한다. 남들이 사탕발림으로 상사에게 아부할 때 오히려 상사가 나와 함께 일하기를 원하게 만드는 것이 더 현명하다.

성과와 인맥의 선후관계를
혼동하지 마라

혹자는 이렇게 말할지도 모른다.

"세상살이가 다 그런 것이 아니다. 내가 좀 모자라도, 실력이 좀 떨어져도, 나에게는 든든한 동문과 인맥이 있다. 그들에게 조금만 잘해주면 다 나를 도와줄 거다."

회사생활에서 '인맥관리'라는 말만큼 우리를 헷갈리게 하는 것도 없다. 내 역량은 미약한데 남의 도움을 받아 성과를 낸다? 어쩌다 한 번은 가능하겠지만 빠져들면 고칠 약도 없다. 차라리 인맥관리할 시간에 자신을 되돌아보고 자신의 역량을 계발하는 데 집중하라. 세상은 그렇게 호락호락하지 않고, 회사는 실력이 부족한 구성원까지 받아줄만큼 너그럽지 않다.

일에는 관심도 없고, 제대로 성과를 내지도 못하면서, 상사가 하는 재미없는 농담에 크게 웃어주고 맞장구쳐주면 다 해결될까? 커피나 음료수를 챙겨주고 무조건 상사의 업무역량이 최고라고 치켜세우면 상사가 좋아할까?

절대 그렇지 않다. 오히려 '저 친구는 실력은 별로 없으면서 오직 입으로만 먹고산다.'는 낙인이 찍힌다. 상사는 '일'을 제대로 하는 구성원이 인간관계까지 좋으면 그야말로 완벽한 인재라고 기특해하지만, '성과'는 없고 입만 살아 있는 구성원은 어떻게든 떼어놓고 싶어 한다. 입으로 일하는 구성원은 무임승차하여 남들의 성과까지 갉아먹기 때문이다.

아부하고 싶다면 얼마든지 해도 좋다. 그러나 아부로 쌓은 관계는 단기적이고 일시적일 수밖에 없다. 자기가 만들어낸 성과는 없으면서 아부로만 먹고살려는 사람들 중에 회사생활을 오래 하는 경우는 거의 보지 못했다.

상사와의 관계에서 '성과'와 '역량'은 기본이다. 성과가 있고 인간관계도 있는 것이지, 인간관계가 있고 성과가 있는 것이 아니다. 성과와 인간관계 사이의 우선순위를 절대로 혼동하지 말아야 한다. 상사에게 아부하기 전에 자신의 역할과 책임을 정확하게 파악하고 성과를 창출하는 역량을 키워라. '아부'로 먹고사는 사람이 아니라, '일의 본질'을 캐는 사람이라는 브랜드를 달아라.

입이 아닌 일로 성과를 창출하는 퍼포먼스 웨이

일의 배경과 목적을 간파하라

입사면접장에서 면접관이 "오늘 아침 신문을 읽었습니까?"라고 질문했다고 가정해보자. 면접관이 질문을 한 의도는 어떤 신문을 읽었는지가 궁금한 것이 아니라, 지원자의 전공이나 사회 이슈에 대한 관심도, 그리고 자기계발 수준을 파악하기 위해서다. 그러니 같은 질문을 받고 "○○신문을 읽었습니다."라고 짧게 답하는 지원자보다 "오늘 아침에는 면접준비 때문에 신문을 읽지 못했지만, 평소에는 ○○신문을 정독하고 있습니다. 최근 관심을 가지고 있는 부분은 ○○과 관련된 내용인데, 제 생각에는 앞으로 이러저러한 방향으로 전개되지 않을까 생각됩니다. 따라서 이렇게 대처하면 효과적일 것 같습니다."라고 대답하는 지원자를 선택하는 것은 당연한 것 아닐까?

이와 마찬가지로, 회사생활을 할 때도 말만 번지르르하게 할 것이 아니라, 상사가 원하는 진정한 '원츠'를 간파함으로써 점수 딸 생각을 해야 한다. 동료와의 인적 네트워크, 상사와의 표면적인 인간관계에 신경 쓸 시간에 일의 목적이 무엇인지, 이 일을 하는 배경은 무엇인지, 일이 완성되었을 때의 상태가 어떤 모습인지 구체적으로 적어보라. 일의 배경과 목적이 무엇인지 명확히 구체화한 다음, 목차 또는 내용을 정리하여 다시 한 번 상사에게 설명하자. 완벽한 내용이 아니라도 좋다. 스케치 정도여도 괜찮다.

일에 대한 추진배경, 목적, 주요 개선사항, 진행 프로세스, 기대효과, 필요예산 등을 간략하게 적어서 상사와 의논해보라. 상사가 한 말에 대해 정리하고 고민한 흔적을 보인다면, 그걸 싫어할 상사가 있을까? 여기에 입에 발린 아부가 꼭 필요할까? 상사는 아부보다는 일에 대한 열정을 원한다.

스스로에게 성과창출 3단계 질문을 하라

일의 본질을 깨닫기 위해 3단계 질문을 던져보자.

질문에는 순서가 중요하다. 먼저 '왜why'를 묻고, 그다음에 '무엇을 what'과 '어떻게how'를 차례로 물어라.

'왜'는 '당위성'에 대한 고민이다. 상사는 왜 이 일을 하려고 하는가, 이 일의 필요성은 무엇인가, 이 일의 목적은 무엇인가 등에 대해서 고민해봐야 한다.

'무엇을'은 '전략'에 대한 고민이다. 도대체 목적을 달성하기 위해 무엇을 할 것인가, 주어진 시간에 목표를 달성하기 위해 어떤 것을 구체적으로 실행할 것인가를 고민하자.

'어떻게'는 '효율성'과 '창의성'에 대한 고민이다. 주어진 시간을 어떻게 효율적으로 사용할 것인가, 주어진 자원을 어떻게 창의적으로 사용할 것인가를 고민해야 일의 본질이 명확해진다.

행동하는 방식

자기완결형 인재가
되어라

나는 조직에서 어떤 인재가 될 것인지 고민하라.
스스로 생각하고 행동하며,
고객이 원하는 소리를 들을 수 있는 인재가 되어라.

이 시대가 요구하는 인재는 어떤 모습일까?

입사동기인 2명의 사원이 있다. 이 사원은 입사동기들 중에서 입사 성적이 높은 편이다. 유명 대학을 졸업하고, 영어와 중국어 실력이 뛰어남에도 불구하고 혼자서 일을 마무리 짓는 부분이 약하다. 꼭 상사가 검토해주면서 부족한 부분을 지적해줘야만 일이 끝난다. 게다가 상사가 '아' 하고 말하면 혼자 '어' 하고 알아듣는 통에, 이 사원에게 일을 맡기려면 알아들을 때까지 여러 번 설명해줘야 한다.

반면 고 사원은 학교 졸업성적이 입사동료들에 비해 낮고 영어성적도 평균 이하였지만, 팀 내에서 일을 잘한다고 상사와 선배들로부터 인정받는다. 상사가 무슨 일이든 맡기면, 2~3년차 선임들이 완수한 수준의 결과물이 나오고, 요구하지 않았지만 필요할 만한 자료까지 챙겨줘서 상사와 선배들이 서로 일을 맡기려고 한다.

이 사원과 고 사원의 차이는 공부머리와 일머리의 차이다. '일을 하기 위해 필요한 외국어실력이나 직무지식과 같은 능력'에 해당하는 공부머리는 이 사원이 뛰어났다. 하지만 '환경과 역량을 감안해서 자신의 목표를 설정하고 목표달성에 결정적인 과제를 도출하고 실행계획을 구체적으로 세울 줄 아는 역량'인 일머리는 고 사원이 뛰어났다. 단순히 스펙이 좋고 명문대학을 나왔다고 해서 최고의 인재라고 부르지는 않는다. 이 시대가 원하는 인재는 자신이 맡고 있는 일을 스스로 완수하여 상사를 만족시키고 성과를 내는 사람인 것이다.

똑똑한 인재가 성공하는 시대는 지났다

실제로 요즘 기업에서 원하는 핵심인재의 모습은 예전에 요구했던 개념과 많이 다르다. 예전에는 핵심인재라 하면 학력, 경력, 스킬 등 뛰어난 '능력'을 소유한 사람을 가리켰다. 하지만 이제는 능력이 아니라 인성, 창의력, 도전정신 등을 가진 인재들과 함께 회사의 비전을 실현시키기를 원한다. 실제로 중소기업, 중견기업, 대기업 CEO 400여 명에게 어떤 인재를 원하는지 조사한 결과 책임감 있는 사람, 이타적인 사람, 능동적인 사람을 각각 뽑았다. 똑똑한 인재보다는 스스로 생각하고 행동할 수 있는 자기완결형 인재를 원하는 것이다.

예전에는 CEO 또는 임원들이 잘하면 회사는 돌아갔다. 경영환경의 변화가 별로 심하지 않았고 시장의 주도권을 공급자인 기업이 쥐고 있었기에, 상품의 질과 가격경쟁력만 보장되면 만사형통이었다. 경험이 풍부한 임원들이나 고참들의 역할, 그들의 '노하우know-how'가 중요했고, 구성원들은 위에서 정해주는 방향대로 차질 없이 잘 따라가기만 하면 문제될 것이 없었다.

　그러나 이제는 시장환경이 바뀌었다. 시장의 주도권이 고객에게 넘어가고, 고객가치를 창출하지 못하는 기업은 살아남을 수 없게 되었다. 지금 기업에는 단순히 지식을 얼마나 많이 알고 있고 얼마나 많은 능력을 가지고 있는가 하는 '공부머리'보다는, 고객의 니즈와 원츠를 정확히 파악하고 일의 결과물인 성과에 직접적인 영향을 주는 실행력do-how 즉, '일머리'를 갖춘 인재가 그 어느 때보다도 절실해졌다. 스펙이 좋고 명문대학을 나왔다고 해서 최고의 인재라고 부르지는 않는다.

　이 시대가 원하는 최고의 인재는 자기가 맡고 있는 일을 통해 성과를 창출하는 일머리가 있는 자기완결형 인재다. 그렇기에 과거 방식대로 위에서 정해주는 대로, 시키는 대로 일하는 것이 아니라 고객들이 무엇을 원하는지 스스로 파악하는 능동적인 태도를 보여야 한다. 파악된 고객의 니즈와 원츠를 토대로 의사결정권을 가지고 있는 상사나 다른 조직과 소통을 해야 그들이 올바른 의사결정을 하여 상품을 만들어낼 수 있다. '지속적이고 반복적인 이익이나 성과를 창출할 수 있는 인재'가 되려면 능력을 뛰어넘어 역량을 발휘하여 조직 속에서 기여하고자 하는 진정한 가치를 찾아내는 것이 중요하다.

지식력과 실행력을 동시에 이루는
퍼포먼스 웨이

능력과 역량, 두 마리의 토끼를 다 잡아라

회삿밥을 먹는 사람들은 최소한 경력 10년 안에, 일이나 자기관리 측면에서 다른 사람의 도움을 받지 않아도 되는 '자기완결형 인재'가 되어야 한다. '자기완결형'이란, 업무와 관련된 지식이나 스킬 그리고 직무경험과 같은 '능력'을 갖추고, 업무목표와 실행전략 그리고 구체적인 실행계획을 세워서 타부서와의 협업이나 업무조정을 자기주도적으로 실행할 수 있는 '역량'을 발휘할 수 있어서 상사가 일의 진척도나 성과와 관련해서 전혀 걱정하지 않아도 된다는 의미다.

이제 갓 사회생활을 시작한 처지에 자기 입맛에 맞는 일만 골라서 하려고 하고, 딱 정해진 시간에만 일하려는 사람들이 종종 있다. 일을 배울 때까지 회사에서 고생 좀 해보겠다는 마인드가 아예 없는 것이다. 한마디로 입으로는 프로가 되길 원하면서, 프로가 되기 위한 혹독한 대가는 치르고 싶은 마음이 없는 것이다. 이런 사람들은 나중에 경력이 쌓여도 한꺼번에 여러 가지 일이 주어지면 어떻게 처리해야 할지 몰라 낭패에 빠질 공산이 크다.

일을 처음 배울 때는 많은 양을, 그것도 여러 가지를 동시에 접해보는 게 좋다. 경력 초기에는 야근을 하고 밤을 새더라도 억울해하면 안 된다. 스피드가 안 되면 시간을 많이 투입해서라도 본인이 맡은 업무를 끝까지 마무리해보는 경험이 매우 중요하다. 그래야 나중에 질적으로 세련되게 업무를 처리할 수 있으며, 일처리 방법도 훨씬 논리적이고 깔끔해진다.

본인이 맡고 있는 업무를 수행하지 못하여 동료나 상사가 그 일을 대신 해줘야 하는 상황이 발생한다면, 그 사람은 아직 '자기완결형 인재'가 되기에 갈 길이 멀다. 본인이 맡고 있는 업무에서만큼은 확실한 자기성과 경영자가 되어야 한다.

점심시간에 타부서 사람들을 만나라

자기완결형 인재는 팀 플레이어로서도 뛰어나다.

보통 우리 팀 또는 자신의 업무와 협업이 필요한 팀이 아니고서는 다른 팀 사람들과 교류할 일이 별로 없다. 같은 층 옆 사무실에 있어도 잘 모르는 경우가 태반이다. 전사 체육대회나 전체 워크숍 같은 특별한 날을 빼고는 같은 부서 사람들하고만 시간을 보내게 된다.

그러나 시간이 지날수록 자기 혼자 매듭지을 수 있는 일은 점점 줄어든다. 요즘은 업무 자체가 워낙 전문화, 고도화되는 추세여서 점점 전문분야별로 세분화되고 있다. 예전에 한 사람이 하던 일을 지금은 2~3명이 팀으로 한다. 생각해보면 알 것이다. 우리 부서끼리만 해결할 수 있는 일은 예상 외로 적다는 것을.

이제부터 1주일에 한 번 이상은 타부서 사람들과 식사를 해라. 단순히 만나서 밥만 먹으라는 게 아니다. 엄연한 '오찬 미팅'이라고 생각하고 만나야 한다. 그 자리에서 인간적인 교류도 하고, 다른 팀에서 일어나는 일에 대한 정보도 공유하고, 우리 팀 또는 내가 다른 사람들에게 어떻게 비춰지고 있는지도 확인해보자. 이런 시간들이 축적되어 서로 신뢰가 쌓이면, 정말로 당신이 중요하고 어려운 프로젝트를 추진할 때 도움을 요청할 수 있다. 그들은 당신을 진심으로 걱정해주고 도와주는 든든한 지원군이 되어줄 것이다. 또한 다른 조직과의 조화를 통해 나의 역할을 새롭게 인식할 수도 있고, 궁극적으로 조직성과를 위해 더욱 몰입하게 되는 효과도 있다.

조직이 원하는 핵심인재가 되기 위해서는, 당신이 맡고 있는 분야에서 홀로 설 수 있을 때까지 철저하게 역량을 쌓아야 한다. 아울러 주위 동료들과 인간적인 교류를 하고, 어려울 때 서로에게 힘이 되어줄 수 있는 진정한 팀워크를 다져놓아야 한다. 이것이 상사와 동료들을 놓치지 않는 가장 중요한 요소임을 늘 마음속 깊이 새겨두어야 할 것이다.

보이지 않는 90%가 당신의 경쟁력이다

요즘 입사전형에서 지필시험은 빠르게 사라지는 반면, 면접은 날이 갈수록 정교해지고 있다. 최근 기업에서 역량중심의 채용면접을 강화하는 이유는, 비슷비슷한 지원자들 중에서 회사의 핵심가치에 부합하는 '적합한 인재right people'를 선발하기 위해서다.

그렇다면 기업이 선호하는 핵심가치는 무엇일까? 지식이나 스킬도 중요하지만, 최근 들어 더욱 중요하다고 판단하는 것은 태도와 신념, 자신감 등 보이지 않는 무형의 가치다. 사실 지식이나 스킬은 확인이 가능하고 쉽게 개발할 수 있지만, 태도나 자아, 긍정적인 마인드 등 물 아래 감춰진 빙산의 90%는 단기간의 교육으로 개발하기가 쉽지 않다. 부모님도 바꾸지 못하는 천성이 회사에서 몇 시간 교육받는다고 바뀌겠는가? 본인 말고는 누구도 교정해주지 못하는 이 부분을 당신의 핵심경쟁력으로 만들어라.

지식도 중요하고 실행력도 중요하다. 하지만 건전한 가치관을 확립하여 제대로 된 사고와 행동을 하지 못한다면 이 모든 역량은 빛을 잃고 만다.

사람들은 훈수에
강하다는 것을 활용하라

사람들이 아무렇지도 않게 하는 비판에 결정적인 열쇠가 숨겨져 있다.
그것은 나로서는 꿈에도 생각하지 못했던 실마리일 가능성이 크다.

자신을 너무 과신하다가 큰코다치는 경우를 종종 본다. 아무리 자신 있게 그리고 만족스럽게 일을 했다 하더라도, 그것은 오로지 본인만의 생각이다. 그 일이 완벽하다는 환상은 접어두어야 한다.

자신이 한 일에 대해 자존심을 가지고 애착을 보이는 것은 매우 바람직하지만, 도가 지나치면 더 중요한 것을 놓칠 수도 있다. 업무를 수행하면서 지나치게 집착하거나, 고집을 부리는 등 감정을 실을 필요는 없다. 우리가 진정으로 달성해야 하는 것은 성과의 완벽함이다. 정말 완벽해지려면 안과 밖, 어디에서 봐도 문제가 없어야 한다. 그러니 혼자서만 만족하지 말고, 주변 사람들의 객관적인 의견도 반드시 들어보자. 원래 제삼자들은 당사자만큼 일을 잘하지는 못하지만 남이 해놓은 것, 만들어놓은 것에 대한 비평만큼은 귀신같이 한다. 그들을

행동하는 방식

활용하라.

제삼자의 비평을 장기판 훈수꾼의 잔소리처럼 취급해서는 곤란하다. 그들은 당신만큼 전문가는 아니라서 말도 안 되는 얼토당토않은 이야기를 할 수도 있고, 도를 넘어서는 '잘난 척'을 할 수도 있다. 그러나 객관적인 입장에서의 관점은 생산자 시각에만 고정된 당신에게 곧잘 새로운 아이디어를 가져다주기도 한다. 그것을 제대로 활용해야 한다. 당신이 미처 고려하지 못했던 색다른 관점의 색다른 아이디어를 주변 사람들의 의견에서 끄집어내라. 그것들을 보완함으로써, 당신의 성과는 더욱 빛을 발하게 될 것이다.

회의를 해보면 선뜻 자신의 의견을 당당하게 말하는 사람을 찾아보기 어렵다. 그 대신 '지방방송'은 끊이지 않는다. 자기들끼리 소곤거리거나, 안건문서의 오타를 지적하거나, 발표내용이 말도 안 된다는 둥 잔소리 경연대회가 시작된다. 직장생활을 하면 할수록 우리는 자신의 의견을 남들 앞에 거침없이 제시하는 '웅변가'보다는, 어떤 일이든 못마땅해하고 투덜거리고 비판하는 '불평가'로 행동하는 데 익숙해지는 것 같다.

그렇다고 불평가들의 비판이 전부 쓸모없다거나 그들을 경계하라는 뜻은 아니다. '또 저런다.' 하고 불평가의 말을 귓등으로 넘길 게 아니라, 그들의 말을 귀담아 듣고 보완점을 찾아내려는 자세가 필요하다는 것이다. 바위투성이 광산에서 금이나 보석을 발견하듯이, 사람들이 쏟아낸 비판들 중에서 나에게 필요한 영양소만 쏙쏙 골라내라.

괴팍한 스승에게도
반드시 배울 점이 있다

　자신의 성과를 현재 수준에서 좀 더 높이려면 다른 사람들의 의견을 겸허히 받아들일 줄 알아야 한다. 쉽지 않다는 건 안다. 부정적인 피드백을 듣게 되면 '그럼 네가 나 대신 해봐라.' 하며 울컥할 사람이 열에 아홉이다. 그러나 이런 마음가짐으로는 자신이 해놓은 작업을 제대로 개선하기 힘들다.

　상사에게 품의할 보고서를 동료나 다른 선배에게 먼저 보여주고 한 번 검토해달라고 부탁했다고 치자. 행여 보고서의 흠을 잡는다고 해서 그 자체를 기분 나쁘게 들을 필요가 없다. 상대방이 하는 이야기를 깊이 듣고, 즉시 반영해야 한다. 의견을 듣는 동안 자기합리화를 한다든지 못마땅한 표정을 짓는 것은 검토를 부탁한 사람의 자세가 아니다. 특히 다 알고 있다는 듯이 말을 자르는 것은 절대 금물이다.

　듣기 좋게 충고하는 사람도 있고, 적나라하게 들춰내서 심기를 건드리는 사람도 있다. 아무리 좋게 말해도 비판은 거북하고 기분 나쁘다. 하지만 그렇다고 비판에 대해 화를 내거나 변명한다면, 그것은 자신의 성장에 스스로 족쇄를 채우는 행위일 뿐이다. 불평가들에 대해 마음을 닫으면 귀도 닫힌다. 듣는 사람의 기분을 상하게 하면서 지적하는 동료나 선배들이 그리 좋은 선생은 아닐지도 모른다. 그러나 어쨌든 내 성과를 개선시켜줄 능력은 있는 사람이다.

훈수에도 옥석이 있다.
그 등급을 가려라

단, 훈수를 받을 때 유념해야 할 점이 있다. '지나가는 나그네'에게 훈수를 청했다가는 잘못하면 그나마 만들어놓은 성과마저 망친다. 당신의 업무와 인생에 직접적인 연관이 없는 '나그네'들은 당신에 대해 그다지 관심이 없다. 그들이 하는 말 또한 판세를 읽고 조언하는 훈수와는 거리가 먼 경우가 많다. 당신이 무슨 일을 하고 있는지, 어떻게 하고 있는지도 자세히 모르면서 그냥 생각나는 대로 아무 말이나 툭툭 던질 뿐이다. 어쩌면 아예 당신을 곤란에 빠트릴 작정으로 거짓 조언을 하는지도 모를 일이다.

그런 나그네의 말들은 당신에게 갈 길을 보여주기는커녕, 오히려 쓸데없는 고민만 쌓이게 한다. 더군다나 나그네가 하는 말들은 대부분 비관적인 추측에서 시작된다. 부정적인 이야기는 남의 관심을 끌기 좋다. 10개 중에 우연히 1개가 맞더라도 주목받을 수 있기 때문이다.

그런데도 많은 사람들이 중심을 잃고 나그네의 말에 쉽게 흔들리며 섣부른 결단을 내리는데, 전혀 그럴 필요가 없다. 나그네의 부정적인 말을 듣고 쉽게 넘겨짚지 말고, 그 말이 나오게 된 근거를 찾아보라. 타당한 근거가 없다면 그냥 듣고 흘려버려라.

당신 주위에는 이미 훌륭한 훈수꾼들이 있다. 필요한 이야기와 불필요한 이야기를 선별해서 듣는 역량을 키우자.

피드백을 성과로 만드는
퍼포먼스 웨이

아이디어 잡학 뱅크 '주황색 노트'를 돌려라

혼자 아무리 생각해도 계속 벽에 부딪히거나, 마무리하기에 뭔가 2% 부족하다고 여겨지면 아이디어를 적극적으로 찾아 나서자. 내 업무를 제대로 못 마쳐서 답답하고 아쉬운 사람은 결국 나다. 목마른 사람이 우물을 파듯이, 내 업무에 대해 주위 사람들에게 자주 질문하고 문제점을 공유하는 적극성이 필요하다. 식사시간, 브레이크타임, 업무 중 자투리 시간 등 어떤 타이밍도 놓치지 마라.

사람들 눈에 띄는 주황색 노트를 활용해보자. 자신의 업무와 관련해서 객관적인 시각이나 새로운 아이디어가 필요한 주제를 질문형식으로 적어놓고 롤링페이퍼처럼 돌려라. 10개 중에 2개만 건져도 큰 수확이다. 팀 전체에 노트를 돌리는 것이 여의치 않다면 주변 동료나 선후배들 중에서 서로 의견을 교환하는 그룹을 만들어 그들에게만 돌리는 것도 방법이다. 인원은 3~7명 정도가 적당하다. 4명 이하인 경우에는 요청사항이 생길 때 수시로 미팅을 준비하고, 5명 이상인 경우에는 매주 1회 모임시간을 정해놓는 것이 서로 편하다.

'바람이 불면 나무통 장사꾼이 돈을 번다.'는 일본 속담이 있다. 바람이 불면 모래가 휘날려 눈먼 사람이 갑자기 많아지고, 이들이 연주를 해서 먹고살기 위해 앞다퉈 샤미센 악기를 산다. 샤미센은 고양이 가죽으로 만들므로 애꿏은 고양이가 죽어나간다. 그 때문에 쥐떼가 창궐하고, 쥐들이 나무통을 갉아대는 바람에 나무통 장사가 돈을 번다는 얘기다. 마치 '나비효과'처럼, 전혀 엉뚱한 곳에 현상을 설명하는 실마리가 있다는 뜻이다.

왜 갑자기 이 얘기를 하는가? 당신의 일도 전혀 관계가 없을 것 같은 사람들로부터 중요한 영향을 받을 수 있다는 말을 하고 싶어서다. 그러니 어떻게든 안테나를 펼쳐서 사방에서 들어오는 작은 신호 하나까지 감지해야 한다. 업무시간 중에 여의치 않다면 사석에서라도 편하게 의견을 공유할 수 있는 관계를 만들어 훈수를 받아라. 분명히 한층 나아진 작품이 나올 것이다. 당신이 주관적으로 판단하기에는 별것 없다고 생각할지 모르겠지만, 객관적인 입장에서 보면 건질 게 꽤 보인다.

더 많은 훈수를 얻어내려면 인내심이 필요하다

바둑판 주변에 몰려들어 훈수를 두는 구경꾼처럼 당신의 일판에도 훈수꾼들을 불러모으자. 당신이 그들의 말에 관심을 가지고 열심히 듣는 모습을 보이면 그들은 신이 나서 끊임없이 얘기를 쏟아낼 것이다. 논지를 벗어나는 말을 한다면 속으로 보고 싶은 영화제목을 떠올리며 기다리자. 인내심을 갖고 듣다 보면 의외의 수확을 얻을 수 있다.

특히 술자리라도 벌어지면 평상시보다 훨씬 더 적나라한 이야기를 들을 수 있다. 훈수가 지나쳐 비판이나 비아냥거림으로 변질되더라도 꾹 참고 견뎌라. 그 보답으로 반드시 보석을 찾게 될 것이다. 내가 가지고 있던 선입견 때문에 도저히 풀리지 않아 며칠을 고민했던 일도 그들은 아무렇지도 않게 잘못된 점을 지적해준다. 문제해결의 열쇠를 찾을 수만 있다면, '이런 것도 모르냐?'는 그들의 핀잔쯤은 너그럽게 웃어넘기자.

같은 이야기를 업그레이드해서 반복 설명하라

단번에 '굿 아이디어'가 나오지 않을 수도 있다. 그럴 때는 훈수꾼들에게 '훈수를 둬야 할 일'이 뭔지 반복해서 말해주어라. 스스로 반복 설명을 하다 보면 뜻밖의 아이디어가 튀어나올 수 있다.

처음 듣는 얘기는 누구나 낯설다. 아무리 설명을 잘해줘도 훈수꾼이 못 알아들을 수 있다. 그러다가 두세 번 들어서 익숙해지면 당신의 일을 이해하게 되고, 무언가 할 말이 생각날 것이다. 고맙게도 당신의 일에 진심으로 관심 있는 사람이 있다면 자신의 일처럼 계속 고민해줄 것이다. 많은 고민과 생각들은 그만큼 좋은 아이디어를 낳게 한다. 그리고 당신 스스로도 반복해서 설명하다 보면 뜻하지 않게 창의적인 아이디어를 얻을 수 있다.

일을 하면서 평소에 당신과 충돌이 잦은 관련 부서 사람일수록 조언해줄 내용이 많은 법이다. 당신이 지원부서에 속해 있다면 생산이나 영업부서 사람들을 조언자로 정해라. 그들에게 반복해서 말하면서 적극적으로 훈수를 끌어내라.

훈수를 받았다면 탄탄한 논리구조로 재구성하여 당신 것으로 만들

자. 자신의 논리흐름에 비판받은 내용들을 소화해 끼워 맞추는 것이다. 지적받은 내용에 대한 개선방안이 떠올랐다면 한층 더 다듬은 상태로 다시 한 번 조언을 구하라. 그 사이 훈수꾼들의 눈도 한 단계 업그레이드되어 또 다른 시각으로 당신에게 조언해줄 것이다.

한번 일을 시작했으면
끝장을 봐라

일을 하려고 마음먹었으면 대충 끼적대지 마라. 포기하지 말고 끝장내라.
얼버무리며 일에 끌려다녀서는 죽도 밥도 안 된다.
시작이 절반이면 마무리도 절반이다.

1시간이면 충분히 할 일을 2시간, 3시간씩 질질 끄는 사람들이 어디든 꼭 있다. 그런 유형의 사람들은 대부분 과제 하나에 끝까지 집중하지 못한다. 이것을 하다가 저것을 하고, 다시 이것을 하며 일을 그저 집적거리다가 만다. 이것저것 산만하게 늘어놓고는 하나도 깔끔하게 마무리하지 못하는 것이다. 일하랴, 나라 걱정하랴, 동료의 고민상담 해주랴, 신경 쓸 일이 한두 가지가 아니다. 그 결과 일이 제때 끝나지 않고, 항상 막판에 한꺼번에 몰린 일을 처리하느라 허둥댄다.

뉴스를 들으면서 식사를 하고 책도 읽는 것처럼 개인적인 행동은 그래도 된다. 그러나 공동의 목표를 위해 업무를 추진해야 할 담당자가 오지랖이 너무 넓어서 이것저것 무계획적으로 신경을 분산시키다가 일을 제대로 완결 짓지 못한다는 것은 조직생활에서 절대로 용납될 수 없다. 본인은 나름 바쁘게 움직였다고 하지만, 일에 충분한 시간을 투입하지도 않고 얼렁뚱땅 대충 해서 넘기려는 경우나, 평소에는 놀다가 마감일이 되어서야 눈치를 보면서 은근슬쩍 일을 감춰버리는 경우와 결과로 보면 하등 다를 바가 없다.

중단했던 일을 다시 하려면 시동 거는 데 2배의 시간이 든다

왜 이런 부류의 사람들은 정해진 시간 내에 업무품질을 만족시키는 성과를 내지 못하는 걸까? 왜 하는 일들이 모두 엉성할까?

끝장을 보려는 뚝심이 없어서다. 모름지기 일을 제대로 하려면 한번 물면 끝까지 놓지 않는 근성이 있어야 한다. '뚝심'이 바로 그런 것이다. 일을 세월아 네월아 붙들고만 있고 진도는 빼지 못한 채로 고민만 잔뜩 껴안고 있는 사람들이 있다. 이는 대부분 뚝심이 부족해서 그렇다. 식사를 마친 양들을 순식간에 목장 안으로 몰아붙이는 양치기개들처럼, 빠르게 뛰어다니면서 한번 맡은 일은 꽉 틀어쥐고 끝장을 봐야 한다.

몇 년 전, 경주에서 컨설팅 프로젝트를 진행했을 때의 일이다. 2명의 컨설턴트와 함께 매주 2회 이상 방문할 경우 50일 정도가 소요될 프로젝트였다. 그런데 도로 위에서 허비하는 시간도 아깝고, 몸은 몸대로 피곤해질 것 같아 비효율적이라는 생각이 들었다. 그래서 생각한 방안이 경주의 한 콘도에서 숙박하면서 아예 끝장을 내고 서울로 올라가는 것이었다.

우리 3명은 눈 뜨고 있는 시간에는 오로지 프로젝트에만 신경을 집중했다. 그 결과, 회사의 다른 업무를 병행하면서 추진했다면 50일이 걸렸을 프로젝트를 단 1주일 만에 끝내고 올라올 수 있었다. 1주일 뒤, 프로젝트 결과물을 제출했을 때 고객이 보였을 반응을 상상해보라. 단기간에 고객이 기대하는 수준 이상의 성과물을 만들어내자, 고객들은 단순히 만족하는 정도를 넘어 완전히 다른 시선으로 우리의 역량을 바라보았다.

한 가지를 뿌리까지 파고드는 근성을 가져라

일에 절대로 끌려다니지 마라. 일은 내가 제압할 대상이다.

기업에 근무할 때나 경영자문을 하면서, 일에 끌려다니는 구성원들을 많이 보았다. 그들이 일에 끌려다닐 수밖에 없는 이유는 분명했다. 일에 대한 자존심을 잃어버렸거나, 끝장을 보겠다는 강력한 의지가 부족하거나, '안 될 것'이라는 부정적인 생각만 했기 때문이다.

사람이 하는 일 중 해결하지 못할 일은 없다. 어딘가에 반드시 실마리가 있게 마련이다. 그 일을 내가 끝내겠다는 신념과 의지만 있으면 실마리를 찾아내서 모든 것을 한꺼번에 풀 수도 있다.

1990년대는 한창 경력개발에 대한 기업의 관심이 높아지던 시기였다. 그 당시 경력개발은 제너럴리스트generalist 양성 일색이어서, 제너럴리스트와 스페셜리스트specialist를 선택적으로 키우는 경력개발 코스dual ladder system를 채택하는 기업은 거의 없었다. 당연히 그런 자료도 구하기 어려웠다. 경력개발 제도를 아예 새로이 만들어야 할 정도로 업무의 범위가 넓었지만 전문지식도 부족했기 때문에 누구 하나 그 작업을 완성할 수 있으리라 장담하지 못했다. 우리 회사에서도 다른 기업에서 자료를 만들면 벤치마킹해서 쓰는 것이 편하고 효율적이라는 쪽으로 의견이 모아지고 있었다.

그러나 나는 남들이 만들기를 기다릴 만큼 시간적인 여유가 없었다. 회사에서는 스페셜리스트와 제너럴리스트의 길을 분리해서 인재를 양성하는 제도가 당장 필요했다. 그래서 나는 말도 제대로 통하지 않는 일본으로 건너갔다. 동종회사를 직접 방문하고 인사담당자에게 끈질기게 물어보면서 필요한 정보를 조금씩 얻어나갔다. 그리고 일본 전경련에서 이와 비슷한 분야를 전공한 교수에게 강사료를 지불하고 일대일로 수업을 듣고 자문도 받았다. 그렇게 해서 완성한 경력개발 제도는 국내에서 볼 수 없었던 선진화된 인사제도라는 평가를 받았다.

사람들은 나를 '성과관리전문가'라고 부른다. 누구나 그렇듯이 처음부터 나도 성과관리전문가는 아니었다. 1997년에 패기 하나로 인사전문 컨설팅회사를 창업하겠다고 야심차게 시작했지만 사실 무엇을 어떻게 해야 할지 참으로 막막했다. 배운 거라고는 SK그룹에서 인사

업무를 9년 가까이 한 게 전부였다. 당시에는 석사나 박사과정을 마친 것도 아니었다. 그래도 아직 경영컨설팅이라는 분야가 기업들에게 많이 인식되지 않았는데 기업들은 정보통신기술의 발달, 그리고 외환위기와 OECD 가입으로 인해 변화와 혁신이 필요한 시기였다. 특히 인사제도 부분에서 인사평가와 연봉제, 조직 측면에서는 팀제에 대한 수요가 많았다.

나는 '과연 어떤 일을 나의 전문분야로 해야 할 것인가?' 하는 고민에 빠졌다. 그때 우리나라 실전 인사노사 분야의 대가이신 성신여대 박준성 교수님을 만난 것은 내 인생의 전환점이었다. 성신여대 인력대학원에 진학하여 그동안의 인사업무 경험을 바탕으로 체계적인 이론적인 접목시킬 수 있었고 성과관리에 대한 기초를 닦을 수 있었다. 내친김에 경영학과 박사과정에 도전하여 성과관리 분야로 논문을 쓰고 성과관리에 대한 체계를 갖출 수 있었다.

처음에는 기업들의 인사제도 혁신을 도와주는 기능적인 일을 주로 하다가 점차 회사 차원에서, 사업부와 팀 차원에서, 개인 차원에서 어떻게 하면 탁월한 성과를 창출할 수 있는지 방법론을 연구하고 적용하고 일반화하여 책을 펴내고 강의활동을 하기에 이르렀다. 2017년이 되면 그렇게 활동한 세월이 어느새 20년이 된다.

그동안 수없이 많은 유혹이 있었다. 회사를 키워야 한다, 분야를 넓혀야 한다, 기업의 CEO나 임원들과 교류를 자주 해야 한다는 등 주위에서 애정 어린 충고를 많이 해줬다. 그러나 나는 특정업무만을 컨설팅하는 것보다 '성과관리'라는 프로세스를 나의 전문분야로 삼아야겠다고 점차 생각을 굳히고 관련 서적을 펴내고 현장에서 강의와 경영컨설팅 일을 병행해왔다. 지난 세월을 되돌아보면 다시 처음부터 이 일을 시작하라고 하면 아마 못할 것이다. 한 분야에서 한눈팔지 않고 20년 가까이 하다 보니 이제 조금 길이 보이고 정리가 되는 느낌이다. 나는 앞으로도 대한민국의 모든 기업과 구성원들, 그리고 일반국민들이 이 성과관리방식으로 일하고 자신들이 원하는 성과를 창출하고 꿈과 목표를 이루는 그날까지 현장에서 이 일을 계속할 것이다. 굳이 '1만 시간의 법칙'을 말하지 않더라도 한 분야에서 일가를 이루려면 시간과 노력과 지식과 경험들이 축적되지 않으면 안 된다는 것을 뼈저리게 느낀다.

무슨 일이든 한두 번 시도해서 끝낼 생각하지 마라. 1~2년 정도 해가지고 전문가가 될 생각은 아예 버려라. 학위 받고 책 몇 권 읽었다고 전문가라고 거들먹거리지 마라. 고수는 표정과 눈빛, 말투, 음색이 다르다. 학교 선생님과 금융업 종사자, 사업가, 직장인들을 주의 깊게 비교 관찰해보라. 얼굴 표정부터 다르다는 것을 느낄 것이다.

그리고 한 분야에서 일가를 이룬 대가들의 이야기를 들어보라. 그것이 음악이든 게임이든, 운동이든 전문가 영역이든 말이다. 말 한 마디 한 마디가 내공이 다름을 느낄 것이다. 느낄 수 없다면 당신은 아직 수준이 안 되어 있는 것이다. 죽이 되든 밥이 되든 한번 시작한 일은 반드시 끝장을 보겠다는 오기를 가져라. 모든 것을 떠나서 최소한 스스로에게만큼은 자랑스러울 것이다.

한번 시작하면 끝장을 보는
퍼포먼스 웨이

일의 아킬레스건을 구체적으로 파악하자

술술 잘 풀리는 일이 있는가 하면, 풀릴 듯 말 듯 생각처럼 잘 안 되는 일도 있다. 그런 일을 붙잡고 있다가 중도에 흐지부지된 채로 데드라인을 맞게 되는 경우도 생긴다.

발등에 불 떨어지기 전에, 질질 끌게 되는 일의 리스트를 적어보자. 팀장이 지시한 후에 별다르게 체크하지 않아서 사각지대로 밀려난 업무들이 있다. 관심에서 벗어난 순간, 팽개쳐지는 것은 정해진 수순이다. 그런 일들의 리스트를 적어서 관심 밖에 있던 업무들을 다시 챙기다 보면, 왜 그 업무가 찬밥 신세가 되었는지 알 수 있다. 다른 바쁜 일에 치여 정말로 깜빡 잊고 있었다거나, 내 역량이 부족하고 경험이 없어서 일의 진도가 안 나가는 등 여러 가지가 있을 수 있다. 일을 해결하려면 원인에 따라 처방전이 달라져야 한다. 리스트를 적는 것은 늘어지는 일의 매듭을 짓는 첫 단추다.

나만의 성과코치를 찾아 나서자

일이 질질 늘어지는 이유를 발견했다면, 이제 해결방안을 찾아나서야 한다. 내가 맡은 업무를 끝장낼 방법을 찾는 것 역시 나의 몫이다. 넋 놓고 있다고 누군가 일일이 챙겨주지 않는다.

일에 끌려다니지 않는 적극적인 자세로 막힌 업무의 물꼬를 터주는 사람을 찾아 나서라. 훌륭한 조언자는 당신에게 더없이 값진 존재다. 스스로 잘났다고 폼 잡지 말고 성과코치를 찾아 조언을 귀담아 들어야 한다. 내가 진행하는 업무에 대해 나보다 모른다고 하더라도, 내가 신뢰하는 성과코치의 대수롭지 않은 한마디는 내게 결정적인 해결단서를 줄 수 있다.

성과코치를 만날 때는 주의해야 할 점이 하나 있다. 바로 구체적인 '질문'을 해야 한다는 것이다. 빨리 문제를 해결하려는 욕심 때문에 성과코치에게 다짜고짜 해결책을 내놓으라고 다그칠 수 있다. 그러나 성과코치뿐만 아니라 누군가에게 제대로 된 답변을 들으려면 '제안형 커뮤니케이션'을 할 줄 알아야 한다. "저는 이렇게 생각하고 있는데 어떻게 생각하세요? 더 나은 방법이 있을까요?" 등 나의 생각을 먼저 밝히고 상대방의 의견을 구하는 것이 옳다.

성과코치는 내 업무를 모두 파악하고 있는 팀장이 될 수도 있고, 내 일을 먼저 수행해보았던 선배나 동료가 될 수도 있다. 그런데 다짜고짜 하소연만 하거나, 답을 내놓으라고 하면 상대방은 자신의 능력을 시험해보려 하거나 떠보려고 한다고 생각할 수 있다. 때로는 자신이 피땀 흘려 축적한 노하우를 아무런 노력 없이 가져가려고 하는 모습에 괘씸하다고 생각할 수도 있다.

따라서 무작정 찾아가서 모르겠으니 A부터 Z까지 다 가르쳐달라는 식으로 부탁해서는 안 된다. 그들은 신神이 아니다. 코칭을 요청하되, 대안을 가지고 해라. 내가 이렇게 저렇게 해보았는데 여기서 무엇이 잘못되어 막히는지, 아니면 나는 이 부분을 이렇게 바꿔보았으면 하는데 의견이 어떤지 등 구체적인 '질문'을 갖고 코치를 만나야 한다.

열정이 밥 먹여준다

열정은 직장생활에서 기적도 가능케 하는 마법의 도구다. 자신이 맡은 업무에 혼을 담는다면 이루지 못할 일이 없다. 반면 열정 대신 걱정부터 하는 사람은 매사에 될 일도 안 된다.

많은 리더들이나 전문가들이 열정을 강조한다. 과연 열정의 실체가 무엇일까? 열정은 일단 어떤 일을 하든지 스스로 하고 싶어야 생기는 것이다. 누군가 지시한 일을 할 때는 열정이 사그라진다.

일을 끝장내기 위해서는 무엇보다도 하고 싶은 열정, 즉 지칠 줄 모르는 에너지가 뒷받침이 되어야 하는데 열정을 유지하기 위해서는 어떤 일을 하든지 나만의 명분을 구체화하는 것이 필요하다. 무슨 일을 하든지 이 일을 통해서 내가 배울 수 있는 것이 무엇인지 체크해보는 것이 첫 번째다. 그리고 이 일을 통해서 상사나 조직에 기여할 수 있는 것이 무엇인지 구체화해보자. 남들이 나의 기여를 알아주지 않아도 상관없다. 내가 생각할 때 기여했다고 생각하면 그걸로 충분하다.

사람은 원래 '인정'을 먹고 산다. 옛말에 '사람은 자신을 알아주는 사람을 위해서 죽는다.'라는 말도 있지 않은가. 사람들은 누구나 다른 사람에게 인정받고 싶은 심리가 있다. 그렇다고 자신이 한 일을 가지고 얼마나 잘했는지 얼마나 마음에 드는지 사사건건 피드백을 달라고 조를 수는 없다. 물론 일일이 자상하게 피드백을 해주는 상사나 동료들을 만나면 그것보다 더 신바람 나는 일은 없겠지만 말이다. 열정을 유지하는 가장 좋은 방법은 자신만의 명분과 학습 포인트를 바탕으로 일이 끝내는 것이다.

열정은 조직생활에서 당신이 어떤 언덕길을 만나도 지치지 않고 한 발 한 발 앞으로 내딛게 하는 강력한 성과엔진이다.

상사와 이메일 패스워드를 공유하라

나는 배우, 상사는 연기코치다.
연기에 집중하기 위해서는
연기와 관련된 모든 고민을 연기코치가 알고 있어야 한다.

　배우가 촬영에 몰두하다 보면 감정변화가 극심해져서 자신의 연기에 대한 냉정한 판단력을 잃는 경우가 종종 있다. 이를 방지하고자 할리우드에서는 배우 옆에 늘 연기코치가 따라다니면서 대사를 봐주고 동선을 코칭한다. 이와 유사하게 골프선수들에게는 스윙 자세, 골프 매너부터 시작해서 일정까지 전체적으로 관리해주는 코치가 있다.

　내가 배우라면, 상사는 연기코치다. 상사는 나의 연기를 냉정하게 모니터링하고 잘한 점을 칭찬함으로써 나의 역량을 이끌어내는 사람이다. 겉으로 드러난 내 역량이 부족하다 하더라도 연기코치는 내 잠재역량을 120% 끌어내어 나를 톱스타로 만들어줄 수 있다. 그래서 배우들은 자신의 코치를 전적으로 믿고, 연기에 집중할 수 있도록 모든 것을 코치와 공유한다. 연기와 관련된 사항은 모두 연기코치에게 털

192

어놓고 고민을 해결한다.

직장생활을 하는 우리에게도 코치가 필요하다. 혼자서 모든 것을 해결해내기란 어렵다. 적임자는 말할 것도 없이 당신의 '상사'다. 상사에게 당신의 업무나 경력개발과 관련된 모든 사항을 솔직하게 말하고 상의하자. 개인적인 정보까지도 필요하다고 판단되면 기꺼이 공개하자. 다 당신을 위해서다. 그래야 당신의 전체를 관통하는 효과적인 코칭을 받을 수 있다.

상사와 회사생활을 공유하지 않으면 당신만 손해다

그러나 우리는 상사가 우리 자신에 대해 너무 자세히 알게 되는 것을 극도로 경계한다. 누군가가 내 자리에서 컴퓨터를 켜고 문서파일을 찾고 있다고 해보자. 아마 도둑이라도 본 것처럼 '왜 그러냐?'고 날을 세울 것이다. 마치 책상이 자기 집이라도 되는 것처럼 개인의 프라이버시를 침해받았다고 생각할 것이다.

그러나 다시 생각해보자. 한 팀원이 출장이나 휴가로 부재중일 때 그가 작성한 중요한 서류가 어디에 있는지 몰라 업무가 마비되거나 곤란한 상황을 겪는 일이 생긴다면 어떨까? 이런 일이 비일비재하다. 아주 사소한 일 같지만, 어쨌든 누군가가 그 일을 그 사람만큼 꿰고 있었다면 일어나지 않았을 일이다. 다른 팀원이나 상사가 관련 자료를 공유하고 있지 않으면 언제라도 곤란한 상황을 당할 수 있다. 실질적인 업무는 팀원들이 수행하더라도 최종 책임은 팀장이 진다. 그런데 상부에 보고하고 평가받는 주체인 팀장도 모르게 일을 진행한다면, 설령 성과가 좋다 하더라도 불협화음이 일어날 소지가 크다.

업무를 할 때는 자신의 업무진행 상황과 관련 자료를 상사와 반드시 공유해야 한다. 그런 만큼 상사와 더 구체적으로 커뮤니케이션하는 자리도 만들고, 성과에 영향을 미칠 수 있는 자신의 개인적인 이야기를 할 필요도 있다는 것이다.

그렇다면 진행되는 업무의 무엇을 얼마나 상사와 공유해야 하며, 그 적정선은 어디까지일까? 다음은 업무성과를 극대화할 수 있는 제안형 커뮤니케이션의 3단계 프로세스다.

첫 번째, '시작 및 착수단계'다. 팀장의 지시사항을 정확하게 알고 나의 언어로 해석하라. 나의 업무와 관련된 모든 관계자와 성과기준에 대해 상사와 사전에 합의하라. 예를 들어 기획안을 작성한다면, 추진배경과 이슈사항 등에 대해서 충분히 들은 뒤, 자신이 들은 바를 토대로 초안을 작성하여 성과의 기준인 품질과 납기, 투입자원에 대해 합의할 필요가 있다.

두 번째, 사전합의가 끝난 후 '실행단계'다. 사전에 합의한 성과기준을 바탕으로 업무의 진행과정에 대해 중간에 확인하라. 사전에 성과기준에 대해 합의했다 하더라도 실행으로 구체화되는 단계에서 상사의 애초 구상과 달라지는 경우가 가끔 있다. 성과기준의 실행내용을 보고함과 동시에 진행 중인 업무의 방향이 잘못되지는 않았는지 중간 체크를 하는 것이다. 이때 만약 잘못된 점이 있다면 바로잡아 일을 그르치는 것을 방지할 수 있다.

기획안을 작성하는 중이라면, 완성본을 만들기 전에 초안을 갖고 상사와 내용에 대해 구체적으로 의논하자. 흔히들 "다 작성하면 보여드리겠습니다."라고 하는데, 이 말은 곧 마감 때까지 상사더러 불안해하라는 것과 다름없다. 마감에 닥쳐서 수정할 부분이 생기거나, 아예 처음부터 다시 작업해야 한다면 어떻게 하겠는가? 혹시 미심쩍은 부분이 있다면 바로 보고하여 성과의 품질을 유지하라.

세 번째, 최종결과보고 이전의 마지막 '확인보고' 단계다. 이때는 90% 이상의 완성된 일을 가지고 상사와 마지막으로 커뮤니케이션을 한다. 최종결과를 보고하기 이전에 가안으로 다시 한 번 최종검토를 하는 것이다. 가안이 확정되어 보고서를 100% 완성하면 비로소 완료된다.

위의 3단계는 어떻게 보면 당연하다고 생각하겠지만, 익숙하지 않은 사람은 좀처럼 실행하기 어렵다. 상사와 좀 더 긴밀한 커뮤니케이션으로 업무를 투명하게 공유하기 위해, 다음의 방법을 실천해보자.

현명하게 일을 공유하는
퍼포먼스 웨이

지시받는 '보고'가 아닌 먼저 찾아가는 '제안'을 하라

상사가 나를 불러 물어보기 전에, 내가 상사를 찾아가 먼저 진행상황을 설명하고 방향을 제안하라. 내가 보고하기 전에 상사가 먼저 물어보고 챙긴다면 이미 실무자로서 문제가 있는 것이다. 실무자 입장에서야 '때가 되면 알아서 보고할 텐데 상사가 성격이 급해서 먼저 물어본다.' 또는 '팀장님이 출장 가시고 안 계셨다.'라고 변명하겠지만, 상사는 일을 시킨 이후부터 진행상황 보고를 기다리고 있다.

대한민국 상사 중에 보고를 자주 한다고 짜증 낼 사람은 단 한 명도 없다. 그런 만큼 상사에게 먼저 언제까지 보고할 것이라고 알려주고, 혹시 늦어지면 다시 언제까지는 보고하겠다고 미리 이야기하는 것이 중요하다. 상사가 부재중이라면 중요한 의사결정을 해야 할 일이나 과제수행결과는 이메일을 이용하여 미리 알리는 것도 방법이다. 미리 보고하면 상사의 재촉을 받지 않으므로 마음 편하게 업무를 추진할 수 있고, 상사 또한 예상시간을 체크하고 그에 따라 스케줄을 조정할 수 있다.

업무상황은 상사와 투명하게 공유하라

상사가 자꾸만 진척사항에 대해 물어보고 결과를 궁금해한다고 해서 그것을 귀찮게 여겨 부풀린 보고를 해서는 안 된다. 또한 미진한 업무를 속이고 어물쩍 넘어가고자 거짓 보고를 해서도 안 된다.

나의 업무와 관련된 진행상황은 상사와 투명하게 공유해야 한다. 현재 맡고 있는 업무가 몇 개이고, 그 업무는 어떤 것이며, 어떻게 진행하고 있는지 정확하게 보고해야 한다. 상사가 나의 업무근황을 숙지하고 있어야 업무분장도 적절하게 할 수 있다.

요즘은 시스템적으로 '공유문서 폴더' 같은 것이 있으므로 진행되는 업무내용에 대해서는 현재까지의 진행사항, 관련 자료를 올려두고 필요할 때마다 언제든지 상사가 참고할 수 있도록 하는 것도 좋다. 그리고 일일 리포트나 주간 리포트를 작성해 자신의 업무상황에 대해 상사와 대화하도록 하라.

당신의 역량개발에 상사를 적극적으로 참여시켜라

상사는 가장 가까이에서 나를 지켜보고 평가하는 사람이다. 그에게 내 경력개발과 관련된 사항을 적극적으로 상의해보자. 현재 하고 있는 업무도 물론 중요하지만, 미래에 내가 더 큰 일을 할 수 있는 역량을 키우려면 상사와 긴밀하게 필요한 역량개발을 하는 것이 좋다. 이것은 자신에게도 좋지만 상사에게도 좋은 일이다. 상사도 팀원이 빨리 성장하여 지시만 해도 일을 척척 알아서 하고 성과를 창출하길 바라기 때문이다.

어느 설문조사에 따르면, 조직에서 가장 인기 있는 신입사원은 말하지 않아도 자신의 일을 알아서 하고, 눈치가 빨라서 상사가 무엇을 원하는지 알고 행동하는 사람이라고 한다. 자신의 역량을 관리하고 개발하는 것은 자신만의 이익이 아니라는 것을 기억하고 적극적으로 상사와 함께하자.

자신을
뺑튀기하지 마라

착각은 자유라지만, 역량에 대한 착각은 자유가 아니다.
착각도 심하면 자신을 망칠 수 있다는 걸 명심하라.

한국에서 태어나 자란 남자라면 모름지기 군대 얘기를 가지고 허풍 떤 경험이 있을 것이다. 군대에서 축구할 때 혼자 득점왕이 되어서 역전시켰다는 둥, 건달들과 '17대 1'로 싸워서 물리쳤다는 둥 있지도 않은 무용담들을 심심할 때마다 꺼낸다. 이렇게 자꾸 말하다 보면 자신이 실제로 그렇게 했다고 알게 모르게 믿어버리기도 한다.

나는 여러 기업이나 공공기관에 강의나 경영자문을 하면서 많은 사람들을 만난다. 개중에 몇몇은 강의에 나오는 용어를 몇 번 들어본 적이 있다며 팔짱을 끼고 다 아는 것처럼 고개를 끄덕이거나 시니컬한 표정으로 앉아 있다. 또 몇몇은 뭘 물어보면 조금 알면서 다 아는 것처럼 시큰둥한 표정을 짓는다. 그러나 정작 그 지식의 깊이는 발목을 적시지도 못할 정도다.

자신의 역량을 착각하지 마라. 믿고 싶은 것과 객관적 현실은 차이가 있다. 한번 훑어보고 나면 모든 것을 다 안다고 믿는 사람들이 있는데, 크나큰 착각이다. 이들의 착각은 그저 허세 부리는 수준을 넘어 자신이 손만 대면 다 이뤄낼 수 있다고 진심으로 믿어버린다.

다 안다고 떠벌리는 게 왜 무서운지 아는가? 그렇게 아는 척하는 순간부터 절대로 남들이 가르쳐주지 않기 때문이다. 그 순간 성장이 멈춰버리는 것이다. 믿고 싶은 대로 믿지 말고, 사실 그대로를 받아들여야 한다. 특히 자신의 역량에 대해서는 무엇보다 냉정해질 필요가 있다. 자신의 부족함이 마치 다 채워진 것처럼 포장하지 말아야 한다. 잘하는 것은 더욱 키우고, 부족한 것은 어떻게 관리할 것인지 고민하고 실천해야 성장할 수 있다. 허장성세하고 잘난 척할 여유가 우리에겐 없다.

자신감과 뻥튀기는 다르다

자신감은 자신의 강점과 약점을 정확히 파악하고, 자신을 둘러싸고 있는 외부의 위협요인과 기회요인에 어떻게 대응할 것인지 구체적이고 손에 잡히는 전략이 있을 때 비로소 생긴다. 반면 뻥튀기는 현재의 모습에 대한 진단 없이 왕년에 잘나가던 모습만을 떠올리며 자신만만해하는 근거 없는 오만함이다.

피나는 노력 없이 요령 피울 생각만 하다가 제대로 된 임자라도 만나게 되면 크게 혼쭐난다. 우리 주위에는 입사할 때는 화려한 이력서로 면접관들을 현혹했다가, 정작 일을 시작하면 이력서에 있던 그 잘난 사람은 없어지고 초짜 사원만 앉아 있는 경우가 허다하다.

유통회사에서 근무하는 신 팀장은 비슷한 프로젝트 경험이 있다던 홍 대리에게 일을 맡겼다가 호되게 뒤통수를 맞은 적이 있다. 경력사원으로 입사한 홍 대리의 이력서는 재무분석, 통계 패키지 프로그램, 품질관리, 공급망 관련 프로젝트 경험 등 다수의 경력으로 화려하기 그지없었다. 면접을 볼 때도 자신이 직접 해봤던 것처럼 아주 그럴싸하게 대답을 잘했기에 믿지 않을 도리가 없었다.

그러나 실제로 뚜껑을 열고 보니, 프로젝트 매니저 밑에서 어시스턴트로 일하면서 전체 프로세스를 개략적으로만 아는 정도일 뿐, 본인이 프로젝트를 주도한 것이 아니어서 프로젝트 매니저로서 할 수 있는 것이 아무것도 없었다.

내가 기업에 근무할 당시, 건물 하나를 짓기 위해서는 발주처로부터 주문을 받아서 협력회사에 일을 재발주하게 되어 있었다. 우리 구성원들이 하는 일은 협력회사가 건물을 짓기 전까지의 프로세스였다. 그런데 구성원들은 마치 그 건물을 자신이 모두 다 지은 것인 양 착각하는 경우가 허다했다.

'내가 짓도록 했다.'와 '내가 지었다.'는 의미가 다르다. 실질적인 진행공정은 외부의 도움을 받기 때문에 건물을 짓기 위한 역량은 내가 가지고 있는 것이 아니라 엄연히 협력회사에 있다. 그런데도 그 건물을 지나칠 때마다 '내가 다 지었다.'고 큰소리를 치니 애사심으로 봐야 할지, 지나친 호기로 봐야 할지 민망한 적이 많았다.

자신이 마치 멀티플레이어인 것처럼 꾸미는 이력서, 어떻게든 입사만 하면 다 잘할 수 있다는 자신감은 직장인들이 가장 많이 하는 뻥튀기다. 이러한 사람들을 입사시켜놓고 보면, 할 줄 안다고 했던 업무를 전혀 못하거나, 일을 붙잡고 끙끙대고만 있는 경우가 많다.

자신을 뻥튀기하는 것은 성장에 있어 100% 독이다. 500cc 맥주잔을 거품으로 가득 채운 것 같은 사람이 되어서야 어디에 쓰이겠는가? 더군다나 뻥튀기도 자꾸 하다 보면 늘게 돼 있다. 아예 처음부터 있는 그대로 생각하고 말하는 습관을 들이지 않으면 나중에는 고칠 방법이 없다.

'거품'이 아닌 '실력' 있는 직장인이 되려면, 자신의 능력과 역량을 객관적으로 정확히 진단하는 것이 무엇보다도 중요하다. 자신을 과대포장하지 말고, 자신의 능력과 역량에 대해 기준 대비 현재상태를 정확히 짚어내라. 또한 내가 한 것과 남이 도와준 것을 구분하여, 남이 도와준 것에 대해서는 기분 좋게 인정하고, 다음번에는 내 힘으로 할 수 있도록 준비하라.

행동하는 방식

거품 없이 실력으로만 승부하는
퍼포먼스 웨이

1년에 한 번씩 경력사항을 검증하라

나는 얼마나 많은 내공과 역량을 가지고 있을까? 혹시 나도 거품을 걷어내면 양이 반으로 줄어드는 거품 맥주 같은 사람은 아닐까? 자신의 능력과 역량을 1년 주기로 진단해보라. 당신이 꾸준히 성장해왔다면 한 해가 다르게 당신의 역량에도 변화가 생길 것이다.

한 해를 마감하는 12월 31일을 기점으로 매년 당신의 경력사항을 업데이트해보자. 1년 전에 작성한 것을 보며 올 한 해 동안 배우고 익힌 사항들을 추가하다 보면 부족한 점이 무엇인지, 1년 동안 어떠한 성과를 냈는지 알 수 있다. 1년 동안 성장했다면 얼마만큼 성장했는지, 어느 분야에서 무엇을 알게 되었는지 등을 한눈에 볼 수 있다.

이렇게 1년 동안 진행된 사항을 통해 어떤 것을 배웠는지 알았다면 현재 나의 역량을 정확하게 진단할 수 있다. 있지도 않은 실력을 내 것인 양, 하지도 않은 일을 내가 한 것처럼 애써 착각하지 않아도 된다.

다른 사람에게 '나'에 대해 객관적인 평가를 받아보자

당신은 당신에 대해 얼마나 객관적으로 알고 있는가?

자신도 몰랐던 숨겨진 모습을 발견하면, 열에 아홉은 그리 달가워하지 않는다. 자신이 알고 있는, 그리고 자신이 믿고 싶어 하는 모습

일하는 전략을 혁신하라

과 상반된 현실을 인정하고 싶지 않아서다. 이렇게 몇 번만 자신의 본래 모습을 부정하기 시작하면, 이내 진실과는 전혀 다른 자기 모습을 혼자서 상상하게 된다.

그렇기 때문에 한 번쯤은 허심탄회하게 자신에 대해 정확하게 말해줄 '평가단'을 만나 평가를 받아봐야 한다. 당신의 모습을 객관적으로 알고 싶다면, 당신을 가장 잘 알고 있는 주변 동료들과 지인들에게 당신에 대해 객관적으로 물어보아라.

내가 생각하는 나와 상대방이 바라보는 나는 분명 다를 것이다. 그들은 내가 모르고 있었던 것들을 객관적으로 파악하여 콕 집어줄 것이다. 미리 경고하건대, 그리 편한 자리는 아닐 것이다. 사람들은 대개 자신의 허물은 잘 모르지만 남의 허물은 조그마한 티끌까지도 정확하게 짚어내기 때문이다.

때로는 가슴을 후벼 파는 얘기가 나올 수도 있다. 하지만 자존심을 버려라. 오늘 창피한 것이 문제가 아니라, 다음번에 실력이 들통 나서 망신당하지 않으려면 그 정도쯤은 감내해야 한다. 겸허하게 받아들이고 변화의 계기로 삼는다면, 그 또한 발전의 기회다.

소크라테스가 '너 자신을 알라.'라고 말하지 않았던가. 자기 자신을 정확히 알아야, 일에 덤벼도 실패하지 않는다. '나는 누구인가?'라는 질문이 어렵다면 당신의 강점과 약점을 나눠 적어보자. 내가 이루고자 하는 목표에 장애요인이 되는 약점은 무엇이고, 약점을 감쌀 수 있는 장점은 무엇인지 하나하나 적어보라. 단지 머릿속으로만 생각하고 귀로 듣기만 할 때와 달리, 글로 적은 것을 눈으로 새기며 보면 느낌이 또 다를 것이다.

스스로에 대한 과대평가를 경계하자

사람들은 흔히들 자신이 실력에 비해 과소평가되고 있다고 생각한다. 그러면서 '저 일은 내가 더 잘할 수 있는데, 상사는 왜 다른 사람에게만 주지?' 하고 서운해한다.

하지만 입장을 바꿔놓고 생각해보자. 목표를 달성하기 위해 상사는 당연히 준비된 사람에게 역할을 부여한다. 다른 사람에게 업무가 돌아갔다면, 그 사람이 적임자라고 상사가 판단했기 때문이다. 그러니 상사를 탓하기 전에 나의 부족함을 먼저 반성해야 할 것이다.

특히 조직 내에서 자신이 조금 잘나간다고 생각하는 사람이라면, 스스로를 과대평가하고 있지는 않은지 돌아볼 필요가 있다. 직장 내에서 좋은 평가를 받는 것은 당연히 중요하다. 하지만 자신을 수준 이상으로 과대포장하다가는 돌이킬 수 없는 결과를 초래할 수도 있다. 스스로 보기에 과대평가되어 있다고 판단되면 이른 시일 내에 그에 걸맞은 실력을 갖춰야 한다.

맹세만 하지 말고
행동으로 실천하라

"이것을 오늘 안으로 끝내지 못하면 내 손에 장을 지져?!"
빈껍데기 맹세는 자신만 우습게 만든다. 맹세를 했다면 당장 실천하라.

하루가 시작되는 아침, 한 주가 시작되는 월요일, 한 달이 시작되는 첫 주, 새해가 시작되는 1월이면 우리는 습관처럼 맹세를 한다. 새로운 일을 맡게 되었을 때도 맹세부터 하고 본다.

"오늘은 인터넷 서핑하는 시간을 줄이고 오늘 할 일들을 모두 끝낼 거야."

"이번 주에는 무슨 일이 있어도 아침 6시에 일어날 거야. 그리고 퇴근 후에는 술자리 근처에도 가지 않고 바로 퇴근할 거야."

"월간회의 때 약속한 대로 이번 달에는 팀장님이 시킨 과제초안을 만들어서 한 번에 통과시켜야지."

"이번 달에는 운동을 좀 해야 해."

"올해에는 기필코 저축해야지."

굳은 결심을 하고 나면 마치 벌써 목표를 달성한 것처럼 괜히 뿌듯해진다. 그 기분에 이번만큼은 무슨 일이 있어도 꼭 지키겠다고 다짐한다.

그러나 거창했던 다짐은 허울 좋은 거짓 맹세로 끝나는 경우가 99%다. 어느 책의 제목처럼 우리가 바보라서 매일 결심만 하고 맹세만 하는 것일까? 누가 알려주지 않아서 맹세를 지키지 못했다고 변명하기엔 나이가 창피하다. 어린아이도 아니고 성인이 된 우리는 스스로의 맹세를 어떻게든 실천해야 한다. 그렇지 않으면 말만 앞세우고 행동은 고꾸라지는 용두사미가 된다.

당신이 다짐했던 맹세는 신뢰할 만한가? 혹시 허구한 날 손에 장을 지지고, 부모님께서 물려주신 소중한 성姓을 갈아치우고 있지는 않은가? 굳건하게 한 당신의 맹세는 어디로 간 것일까? 왜 말로만 끝나는 맹세 때문에 스스로에게 실망해야 할까?

생각 없는 앵무새로
살지 마라

맹세에 대한 우리의 생각은 심각하게 잘못돼 있다. 그래서 숱한 맹세를 하고도 성과를 내기가 힘들었다. 그런데 도대체 무엇이 잘못되었다는 말인가?

첫째, 맹세나 약속에 대한 '진지함'이 없다. 생각 없는 앵무새처럼 습관적으로 말로만 내뱉을 뿐이다. 진지하게 왜 내가 실천해야 하는지, 실행에 대한 필요성을 간과하기 때문이다. 새해가 되면 족히 절반의 흡연자는 금연을 결심한다. 그런데도 안 지켜지는 것은 자신의 건강에 대해 진지하게 생각하지 않고 즉흥적으로 맹세했기 때문이다. '아직은 괜찮으니까', '당장 무슨 일이 일어나지 않으니까' 등 핑계는 많고 많다. 하지만 당장 담배를 끊지 않으면 한 달밖에 못 산다는 선고를 받았다면? 아마 당장 끊어버릴 것이다. 담배 비슷한 것만 봐도 경기를 일으킬 것이다.

둘째, 실천하고자 하는 '실행의지'가 없다. 실천으로 옮겨지지 않는 맹세는 실패할 수밖에 없다. 그런데도 우리는 늘 머릿속으로만 생각할 뿐, 해야겠다는 강력한 의지가 부족했던 것이 사실이다. 아무리 작은 일이라도, 또 그 어떤 큰일이라도, 해내고자 하는 의지가 있어야 끝까지 달성할 수 있다. 막연하게 '해야 한다.'고만 생각해서는 목표지점에 도달할 수가 없다. 실행의지가 있어야 행동이 나오고, 그렇게 하나씩 실행해야 목표를 달성할 수 있다.

무슨 일이든 말로만 마음으로만 하는 것은 아무 소용이 없다. 실행에 옮기기 위해 자존심을 걸고 진심으로 실천하라. 무언가를 해내고 하나씩 발전해나가는 것이 진정한 성과창출자가 되는 길이다.

맹세한 대로 이루어가는
퍼포먼스 웨이

자기 수갑을 스스로 채워라

나 혼자만 아는 맹세는 이제 그만! 주위에 공개적으로 선언하라. 당신이 무엇을 목표로, 언제까지 달성할 것이라는 것을 공공연하게 주위에 알려야 한다. 건강관리나 다이어트, 금주를 결심했다면 가족들은 물론 직장동료, 친구들 앞에서도 공개적으로 선언하라.

가십기사 말하듯이 가벼운 선언은 곤란하다. 진지하게, 강한 달성의지를 표현해야 한다. 그래야 옆에서도 덩달아 진지해져서 술이나 음식을 권하는 것도 삼가고, 관련된 정보를 하나라도 더 챙겨줄 것이다.

업무와 관련된 맹세도 마찬가지다. 당신의 업무에 가장 큰 영향력을 미치는 상사나 팀장에게 공언하라. 진지하게 반응하든 대수롭지 않게 받아들이든, 그때부터 그들은 당신을 예의주시하게 된다. 잘해나가고 있는지 막히는 부분은 없는지 지켜보며 달성할 수 있도록 도움을 주려 할 것이다. 나 혼자 정보를 얻는 것에 한계가 있을 때, 내 목표와 관련된 정보를 가진 동료나 상사의 도움을 받을 수 있다.

목표달성에 어려움을 겪을 때 다양한 사람들로부터 여러 정보를 접하면 성공의 실마리가 보일 것이다. 때로는 굳이 도움을 요청하지 않아도 당신을 지원하는 여러 사람들이 목표달성에 도움이 되는 정보, 자원 등을 제공해줄 수도 있다. 설령 상사가 내버려두더라도 나 스스로 상사에게 실없는 사람이 되지 않기 위해 맹세를 지키려 애쓰게 된다. 맹세에 끌려다니는 것이 아니라 내가 맹세에 수갑을 채워 이끌어나가야 한다. 내 삶의 주인공은 내가 되어야 하지 않겠는가?

나아가 자신이 달성해야 하는 목표를 수치화하고 명확한 기준을 세워서 운영하자. 수치화시킬 수 없는 정성적인 일들을 하고 있는 직장인들은 목표를 수치화하라고 하면 매우 혼란스러워한다. 일이나 과제 자체를 계량화, 수치화하라는 것이 아니다. 일의 목적, 과제수행의 목적을 지표화, 계량화하라는 것이다.

우리의 목적은 일 자체를 하는 것이 아니라 일을 통해 원하는 결과물을 이루는 것이다. 일 자체는 수치화할 수 없는 것이 대부분이다. 하지만 일정 기간 동안의 일의 결과물은 모두 계량화할 수 있다. 업무는 정성적인 업무, 정량적인 업무가 있지만 목표는 정량적인 목표만 있을 뿐이다. 만약 하고자 하는 일의 목적이 명확하지 않다면 그 일을 할 필요가 없다. "측정할 수 없다면 관리할 수 없다."는 피터 드러커의 말처럼 원하는 결과물을 제대로 얻기 위해서는 정량적인 목표가 반드시 필요하다.

빈껍데기뿐인 맹세를 검거하라

목표를 세웠다면 실행의지를 샘솟게 하는 구체적인 전략이 필요하다. 목표를 세워 공언만 해놓고 두서없이 시작할 수는 없지 않은가. 모든 일에는 순서가 있으니 차근차근 해나가야 한다. 일단 저질러놓은 일을 수습하기 위해 동분서주하지 말고, 처음부터 목표를 명확히 하라. 내가 선언한 목표를 분명히 하고, 한발 더 깊숙이 들어가 자세한 세부추진계획을 세워라.

계획을 세울 때는 목표달성에 주된 영향을 끼치는 핵심성공요인을 찾아내어 그것에 집중해야 한다. 즉 목표달성을 위한 세부 타깃을 구체화해야 한다.

'다이어트', '기획서 작성완료'는 계획이라 할 수 없다. 다이어트 성공에 결정적으로 영향을 미칠 것이 무엇인지 찾아라. 예를 들어 수영, 술, 저녁식사가 다이어트에 가장 큰 영향을 미치는 요소라고 하면, 이 3가지를 어떻게 조절하여 성공할 수 있는지 다시 계획을 세워야 한다.

이렇게 세부전략을 타깃 중심으로 치밀하게 세워야 목표를 달성할 수 있다. 계획 없는 목표는 실패를 위한 목표와 다를 바 없다. 세부추진계획을 타깃별로 구체화해 더 이상 맹세에서만 끝나지 않도록 하자.

치명적인 벌과 따뜻한 상을 제시하라

전략을 실천하는 데 자꾸 나태한 마음이 든다면 동기부여할 수 있는 자신만의 방법을 가지고 있어야 한다. 목표를 지키지 못했을 경우는 실질적이고 치명적인 벌칙을, 목표를 달성했을 때는 구체적인 선물을 정하고 시작해보자.

목표를 세우고, 공언을 하고, 약속을 해도 지키지 않고 시간이 지나 흐지부지된다면 아무 소용없다. 사람들은 누군가가 지켜보고 있다고 생각하면 압박감을 느끼고 어떻게든 하게 돼 있다. 인간에게는 '체면'이라는 게 있어서 수치심을 유발하기 때문이다. 그래서 주변 사람들이 내가 목표를 잘 달성하고 있나 궁금해하고 지켜보고 있다는 생각 때문에 나태한 마음이 들지 않는다. 잘 진행되고 있는지 행여 물어보기라도 하면 대답할 거리가 있어야 하기 때문이라도 기를 쓰고 그 일을 해내려고 할 것이다. 게다가 그것이 어떤 물질적인 이득으로 이어진다면 사람들은 기를 쓰고 그 일을 해낸다.

약속을 지키지 않았을 경우 그것을 후회할 만한 현실적인 벌칙과, 약속을 지켰을 경우에는 그에 상응하는 후한 상을 만들자. '그 정도 벌칙이 뭐가 무섭다고.' 혹은 '그 정도 보상은 차라리 안 받고 안 하고 만다.'라는 생각이 들지 않도록 화끈한 벌과 상이어야 한다. 하다못해 10만 원 내기라도 하라. 그래야 벌칙을 피하기 위해서라도 실행에 옮긴다. 유치해 보일지 모르지만, 매우 강력한 효과가 있다.

내가 인정받아야
성과도 인정받는다

먼저 인사하라. 먼저 배려하라. 항상 성실하라.
일만 잘하는 사람이 아닌, 일도 잘하는 사람이 되어라.

상사와 회사가 구성원을 평가할 때, 오로지 일의 양이나 질만을 기준으로 판단하지는 않는다. 단도직입적으로 말해, '당신'이라는 존재가 인정받지 못하면, 당신이 만든 '성과물'도 인정받지 못한다.

똑같은 성과를 놓고도 누가 했느냐에 따라서 평가가 확연하게 달라지는 것이 세상사다. 평소에 성실하고 인간성이 좋다고 소문난 팀원이, 꾸준히 사고를 치는 팀원보다 성과는 비록 낮아도 인사평가에서 높은 점수를 받을 수 있다. 그만큼 평소에 하는 짓이 밉다고 가시가 박히면 아무리 일을 잘해놨어도 그 성과를 제대로 인정받지 못한다.

물론 상사 입장에서 잘하는 행동은 아니다. 그래서는 절대 안 된다. 일을 잘했다는 것과 사람이 성실하지 못하다는 것은 성질이 다른 문제이기 때문이다. 하지만 만약 당신이 팀장이라고 가정해보자. 동일한 성과를 낸 2명의 팀원 중 1명에게만 상을 줘야 할 때, 당신이라면 누구를 선택하겠는가? 아마도 인간성이나 태도, 마음자세까지 고려할 것이다. 실제로도 현장에서는 일하는 것 말고도 다방면으로 구성원들을 평가한다. 학교 다닐 때도 성적이 같으면 국어나 국사 점수를 비교하고, 마지막에는 생일까지 따져서 석차를 매기지 않았는가. 평가대상이 아니라고 생각했던 당신의 모든 특성들도 여차하면 '총점'에 반영된다는 것을 잊지 말자.

품성이 성과를
갉아먹게 하지 마라

　구성원으로서 '제대로 됐다.'고 인정받고 싶다면 그에 걸맞은 역할과 책임을 다하자. 자신의 품격이 성과를 배가시킬 정도가 되어야 한다.
　주위 동료들보다 경험이 좀 있다 하더라도, 또는 주관적, 객관적으로 역량이 나은 것으로 판단되더라도 항상 겸손하게 배우려는 자세를 유지해야 한다. 리더가 아니라면 실무책임자로서 주도적으로 일하는 모습을 보이고 자신이 맡은 일에 대해 끝까지 책임져야 한다. 이러한 모습들은 당신의 가치를 한층 더 높여주며, 당신이 하는 일의 결과에도 다 반영된다.
　수년 전, 나와 함께 일했던 구성원이 있었다. 그는 짧은 시간 내에 훌륭한 자료를 만들어낼 만큼 업무처리 역량이 탁월했고, 카랑카랑한 목소리에 지적인 이미지가 인상적이어서 우리 조직 내에서도 존재감이 확실했다. 그런데 입사한 지 한 달이 지나면서부터 생활태도가 흐트러지기 시작하더니, 지각하는 날이 다반사에 회의에는 매일 늦고, 동료의 성과에 대해서 들어주기 민망할 정도로 깎아내리거나 빈정거리기 일쑤였다.

일의 결과만 놓고 본다면 그는 분명히 똑똑하고 성과도 좋았다. 그러나 회사에서 그를 진정한 핵심인재로 인정하는 사람은 아무도 없었다. 그의 태도와 말투가 모두를 불쾌하게 만들었기 때문이다. 상황이 이렇다 보니, 그와 한 팀이 되고 싶어 하는 사람도 없었고, 심지어 그 때문에 퇴사하고 싶다는 사람도 나올 판이었다. 그런 사람에게 누가 오로지 성과만으로 평가할 수 있을까?

회사가 구성원을 평가할 때는 업무 외적인 요소에 영향을 받는 경우가 많다. 그 이유는 부정적인 이미지로 생긴 선입견이 그 사람의 성과에 대해 의심을 하게끔 장막을 치기 때문이다. 억울해도 어쩔 수 없다. 아주 이상한 조직이 아닌 한, 조직생활을 하면서 사람들에게 부정적인 인상을 남긴 것도 본인의 책임이라면 책임이다. 자기 역량대로 인정받고 싶다면 성과 이외에 인간성, 태도, 자세, 표정이 밑받침이 되어야 한다. 특히 우리나라에서는 유교적인 사상이 만연해 있기 때문에 '인간적이다.', '사람이 됐다.', '기본이 된 사람이다.'라는 말을 들어야 비로소 자기 역량을 제대로 펼치고 인정받을 수 있다.

훌륭한 구성원은 자신이 수행한 업무를 잘 파는 것뿐 아니라, 자기 자신도 가치 있게 잘 판다. 제아무리 역량이 출중하고 훌륭한 성과를 거둔 사람이라도 남에 대한 배려나 겸손, 예의, 자기희생과 같은 인간으로서의 기본소양을 갖추지 못하면 소용없다. '인정받는 사람'이 되기 위한 조건은 다양하겠지만, 압축적으로 다음의 3가지를 살펴보도록 하자.

평판지수를 높이는
퍼포먼스 웨이

외모에서도 전문가의 이미지를 풍겨라

외모는 내면의 표현이다. 그런 만큼 외모도 내면 못지않게 중요하다. 좋은 옷을 입고 멋을 부리라는 말이 아니다. 깔끔하고 단정하면 된다. 직장인으로서 일하는 장소에 알맞은 옷차림을 하라는 말이다.

외모는 당신의 첫인상을 결정할 만큼 강한 메시지를 전달한다. 일을 맡기면 제대로 해낼 것 같은지, 허술하게 할 것 같은지, 불평불만만 많을 것 같은지에 따라 당신의 성과에 대한 이미지도 달라질 수 있다.

미국의 심리학자 메라비언Albert Mehrabian의 법칙에 따르면 대화를 할 때 말의 내용은 7%밖에 차지하지 않고 목소리 크기, 속도, 어조 등 청각적인 내용 38%, 겉모습, 표정, 몸짓 등 시각적인 내용이 55% 정도 영향력을 끼친다고 한다. 겉모습만 보고 판단하면 안 된다는 것은 누구나 알고 있지만, 우리의 뇌는 겉모습에 영향을 받도록 설계되어 있다.

얼굴에 어울리는 옷과 헤어스타일, 밝은 인상은 이미지를 180도 달라 보이게 한다. 전문가일수록 자신이 가진 지식 등으로 신뢰를 얻기보다는 오히려 이미지와 같은 비언어적인 요소들을 적극 사용한다. 전문가 이미지, 성공적인 이미지는 그만큼 내 성과에 대한 신뢰도를 높여준다. "이 대리, 깔끔한 이미지답게 역시 기획서도 깔끔하군." 하는 반응처럼 말이다.

외모에 신경 쓰는 것은 나의 가치를 높이고 더불어 성과도 인정받을 수 있는 처세의 지혜다. 게으름을 피우며 외모에 신경을 쓰지 않는 것은 일종의 직무유기와 다름없다.

성실은 성과달성의 감초이자 가장 중요한 밑반찬이다

'성실'에서 성은 정성 성誠 자를 쓴다. 성실에는 정성스럽다는 의미가 내포되어 있다. 작은 일도 정성스럽게 해내는 사람 중에 일 못하는 사람을 못 본 것 같다. 성실은 성과달성을 위한 기본 중의 기본 역량이다. 성실에 대한 오해를 떨쳐버리고 회사에서 원하는 성실한 인재가 되자.

당신은 성실한 사람이라고 평가받고 있는가? 그렇지 않다면, 남들보다 1시간 일찍 출근하고 2시간 늦게 퇴근해보라. 이것이 어렵다면 최소한 회사에 있는 시간을 '성실'하게 사용하라. 처음에는 어렵겠지만 한 달만 마음먹고 하면 습관을 바꿀 수 있다. 아침에 일찍 와서 현안 또는 바빠서 미처 못 봤던 서류들을 검토하고 오늘 마쳐야 할 일들을 정리하라. 이래야 일찍 출근하고 늦게 퇴근한 의미가 있다. 퇴근할 때는 하루의 일을 마무리하고 내일의 업무를 준비하자. 주말시간을 활용해보는 것도 방법이다. 한 달에 8일이나 되는 주말 중에서 하루나 반나절 정도만 회사에서 보내보자.

'괜찮은 사람'이라는 평가를 받자

사람의 성격이나 됨됨이는 그 주변 사람들을 보면 알 수 있다. 함께 어울리는 사람들이 어떤 사람들인지, 주변에서는 그를 어떻게 평가하는지 보는 것이다. 여러 사람들이 같은 말을 한다면 어느 정도 정확한 말이니 믿어도 된다. '괜찮은 사람'이라고 평가받는 사람들은 대인관계가 좋으며, 팀워크도 좋은 방향으로 이끌어 나간다.

괜찮은 사람으로 인정받으려면 먼저 모든 일에 긍정적인 마인드로 접근해야 한다. 회사나 팀을 보면, 반드시 해야 하지만 막상 내가 하기는 싫은 일들이 있다. 누군가는 신문이나 우편물을 날라야 하고, 빈 냉장고에 음료수도 채워놓아야 한다. 또 보관기간이 지난 문서를 파기한다거나 문서고를 정리하는 일들도 있다. 누구나 귀찮아하는 이런 일들을 긍정적인 마음으로 해보면 어떨까? 회사에서 하는 모든 일에는 귀천이 없다. 각 부문이 나름의 역할을 수행하면서 경영목표를 달성해가는 것이다. 복사를 잘해서 임원이 된 사람도 있고, 신문 스크랩을 잘해서 핵심인력으로 성장하는 사람도 있다.

그리고 무엇보다도, 항상 먼저 인사하라. 밝은 인상으로 인사하면 상대방의 기분도 좋아지고, 인사를 하는 내 기분도 좋아져서 결국 회사의 분위기를 밝게 할 수 있다. 상대방이 상사면 당연한 일이고, 후배사원이라면 또 어떤가? 후배사원에게 먼저 인사했다고 흉이 되지는 않는다.

괜찮은 인력으로 평가받기 위해서는 자신만의 특징을 한 가지 이상 만들어야 한다. 전체적인 모임에서 이슈가 될 수 있는 것이면 더욱 좋다. 예를 들어 출근을 가장 먼저 한다든지, 책을 가장 많이 읽는다든지, 운동이나 음악, 영화에 탁월한 식견을 갖추었다든지 하는 것도 좋다. 이런 이미지가 쌓이면 부지불식간에 당신을 찾는 부서나 팀장이 늘어나게 될 것이다.

핑계 대지 말고
인정하라

남 탓하지 마라. 변명은 하면 할수록 구차하다.
핑계 대지 말고, 변명하지 말고, 당신 앞의 결과를 솔직히 인정하라.

역할과 책임에 대한 강의를 하기 위해 어느 회사를 방문했을 때의 일이다. 교육 시작 전에 사장님과 이런저런 이야기를 나누던 중 이번 교육을 하게 된 비하인드 스토리를 듣게 되었다.

얼마 전에 공장에 필요한 제도를 새로 만들었는데, 제도를 설계하는 책임자가 공장을 한 번도 방문하지 않고 필요한 사항을 전화로만 주고받으며 만들었다는 것이다. 그 결과 문서상으로는 아주 그럴싸했지만, 막상 현장에 적용해보니 전혀 들어맞지 않았다고 했다. 프로젝트가 잘못되었으니 당연히 담당 실무자는 사태에 대한 해명을 해야 했다. 하지만 그는 공장의 담당자에게, 공장 담당자는 그에게 서로 책임을 떠넘기느라 바빴다는 것이다. 서로 옥신각신하며 시간을 보내다 결국 사업부장과 사장의 귀에까지 들어갔다.

"현장에서 실행되어야 할 일을 책상에 앉아서 탁상공론만 한 저의 잘못이 큽니다. 제가 다시 빠른 시간 내에 해결해놓도록 하겠습니다." 라고 한마디만 했어도 일이 일파만파로 번지지는 않았을 것이다. 결국 제도를 설계했던 책임자는 한직으로 조용히 물러나야 했으며, 공장 담당자 또한 과오에 대한 징계를 받았다고 한다. 그런데 이런 큰 사건이 있었음에도 구성원들 사이에서는 여전히 책임전가가 근절되지 않았다. 그래서 고심 끝에 특별히 이번 교육을 실시하게 되었다는 것이다.

핑계는 일을 망치고, 팀워크를 망치고, 당신을 망친다

당신이 맡아 하던 일이 잘못되었다면, 그 누구도 아닌 오로지 당신 자신의 책임이다. 절대 남을 탓하지 마라.

당신 손을 거쳐서 나온 일의 성과물에 대해서는 어떻게 해서 그런 결과가 나왔는지도 당연히 구체적으로 설명할 수 있어야 한다. 그러나 많은 사람들이 성과물에 대해 지적받으면 책임을 회피할 궁리를 하느라 분주하다.

가장 많이 애용되는 핑계는 '나는 잘했는데 중간에 어떤 프로세스가 잘못되어 일이 틀어졌다.'는 것이다. 나는 이메일을 제대로 보냈는데 상대방의 메일함이 꽉 차서 들어가지 않았다거나, 이메일 주소가 잘못되었다는 둥 핑계가 얼마나 많은가. 이메일 하나만 갖고도 이런데, 최종 성과가 나쁘면 과연 그것에 대해 책임지려 하겠는가? 상황이 좋지 않아서, 경기가 나빠서, 시간이 없어서, 운이 안 따라줘서 등 자신을 제외한 나머지가 모두 잘못됐다고 탓하기 바쁘다. 그 일을 지시한 상사 또는 일을 조금이라도 도와주었던 동료에게 물귀신 작전을 써서 자기만 살겠다고 발버둥치는 웃지 못할 진풍경도 벌어진다. 하지만 그럴수록 상황은 불이 번지듯 커져만 갈 뿐이다.

일의 결과에 대한 책임은 전적으로 보고자에게 있다. 시간이 없어서 마무리 짓지 못했다면, 애초에 시간배분을 잘못했거나 시간을 배정할 때 충분히 논의하지 못했기 때문이다. 상사나 동료가 전혀 도와주지 않아서 일을 망쳤는가? 그것은 본인의 인간성 탓이지, 도와주지 않은 상사나 동료의 잘못은 아니다.

때로는 운이 없을 수도 있고, 시기적으로 성과를 내지 못할 상황이었을 수도 있다. 이런 경우에는 상사도 당신이 처한 어쩔 수 없는 상황을 이해해준다. 하지만 한편으로 상사는 당신이 난관을 이겨내고 성과를 창출하기를 내심 바랐을 것이다. 조직의 기대를 저버린 것은 어쨌든 있는 그대로 인정해야 한다. 그러니 애써 외부환경을 핑계 대지 말고, 잘못한 부분은 확실히 사과하고 깨끗하게 용서를 구하자. 그리고 다음에 동일한 실수를 하지 않으면 된다.

결과 앞에 도망가지 말고
당당하게 책임을 져라

물귀신 작전이 결코 좋은 방법이 아니라는 것을 알면서도 우리는 왜 자꾸 내 일에 남들을 끌어들일까? 일단 나부터 살고 보자는 비겁한 발상은 도대체 어디로부터 나오는 것일까?

하나는 '말라비틀어진 자존심' 때문이다. 사람들은 다른 사람 앞에서 자신의 잘못을 인정하는 것을 힘들어한다. 그래서 비겁한 줄 알면서도 일단 그런 상황에 직면하면 닥치는 대로 임시방편들을 쓰는 것이다. 하지만 사필귀정事必歸正이라는 말처럼 결국 원래의 이치대로 돌아가게 되어 있다.

혹자는 자신의 잘못에 책임을 진다고 하면서 아무런 대책도 없이 갑작스레 자리에서 물러나기도 한다. 자기 밥줄을 내놓는 것이니 책임지는 태도라고 보아야 할까? 아니다. 그것은 책임지는 것이 아니라, 남아 있는 사람들을 더 힘들게 하는 아주 무책임한 행동이다. 물러날 때 물러나더라도 자기 때문에 발생한 문제를 깔끔하게 마무리하고 물러나라. 그것이 자신의 자존심을 살리고, 팀과 회사를 살리는 길이다.

또 하나는 '일의 범위가 명확하지 못해서'다. 기획서 등에 일의 수행 범위를 확실하게 명시하지 않은 채 '잘 부탁합니다.', '잘 좀 해주세요.' 와 같은 말들로 프로젝트의 범위를 애매모호하게 정하는 사람들이 있다. 이렇게 구획을 지어놓지 않았다가는 자칫 계획에 없던 일까지 다 해야 하는 상황에 놓이게 될 수도 있다.

일을 하기 전에 일이 완성되었을 때의 이미지를 입체적으로 명확하게 그려놓고, 그에 따라 일을 나누는 캐스케이딩을 철저히 하라. '대충 이렇게 되겠지?' 하는 식으로 어설프게 결과를 그려놓고 우선 실행부터 하고 보는 관행이 '남 탓 공방전'을 만들어낸다. 실행은 물론 중요하다. 하지만 실행에 앞서서 일의 목적지와 경로를 설정하여 원칙을 정해놓아야 낭비도 막고 책임전가도 막을 수 있다.

● Performance WAY ●

결과에 책임을 지는
퍼포먼스 웨이

보상의 달콤함만큼 책임의 쓴맛도 받아들여라

나는 정말 열심히 했는데 조직이나 상사가 도와주지 않아서, 전폭적인 투자가 없어서, 너무너무 바빠서라고 말하는 순간, 일이 잘될 가능성은 연기처럼 사라진다.

실패나 실수는 언제든지 일어날 수 있다. 그래서 조직은 실패 또는 실수한 사실 그 자체에 애면글면하기보다는, 당신이 어떻게 대처해 나가느냐를 더욱 눈여겨본다.

일이란, 버스가 한 대 지나가면 곧이어 다음 버스가 오는 것처럼 한 번으로 끝나지 않고 계속 이어진다. 따라서 뜨내기가 아니라 계속 조직에 몸담겠다는 의지가 있는 한, 일회성 처방으로 당장의 곤란함을

행동하는 방식

모면하려는 자세는 옳지 않다. 자신이 실수하고 잘못한 부분에 대해서는 빨리 인정하자. 사람들이 알든 모르든 그건 중요하지 않다. 가장 중요한 것은 잘못을 인정하고 그에 대한 대책을 세우고 실행하는 것이다.

성과책임 과제를 분명하게 정하라

일을 하기 전에 내가 직접 실행해야 할 구체적인 일과 내가 책임져야 할 부분을 명확하게 정하고 시작하라. 물귀신 작전이 난무하는 가장 큰 이유는 일을 하기 전에 기준을 정하지 않아서다. 일에 대한 역할과 책임을 사전에 정하는 게 너무 야박하고 치사하다고 싫어하는 사람들도 있는데, 설령 책임영역을 나누면서 조금 감정이 상하더라도 초기에 확실하게 기준을 정해두어야 결말이 좋다.

먼저 일을 부탁할 때는 상대방이 해주어야 할 일의 범위와 방향 그리고 데드라인까지 꼼꼼하게 일러주어 무엇을 해야 할지 확실하게 이해시키자. 반대로 일을 받았을 때는 일을 요청한 사람이 원하는 수준과 완료시점을 정확하게 파악하여 상대방에게도 다시 한 번 상기시켜주어야 한다. 그래야만 일을 요청한 사람이나 부탁받은 사람이나 그 일에 대해 긴장하게 되어 성과를 높일 수 있다.

물귀신 작전의 폐해를 뼛속 깊이 느껴라

핑계도 자꾸 대 버릇하면 습관이 된다. '핑계중독'이 조직에 끼치는 해악은 알코올중독 못지않아서, 다른 사람은 물론이요 본인 스스로도 피해자가 된다. 핑계를 대는 그 순간은 어떻게든 위기를 모면할지 모르지만, 그 이후로 나의 신뢰도는 바닥으로 곤두박질친다. 한번 물귀신 작전을 쓰는 것으로 무능하고 무책임한 인간이라는 낙인을 스스로 찍는 꼴이다.

더욱이, 당신의 물귀신 작전에 당한 상대방이 가만히 있을 것 같은가? 물귀신 작전은 또 다른 물귀신 작전을 낳게 마련이다. 결국 남 탓하기는 하나에서 열까지 도움되는 구석이 없는 그야말로 백해무익한 습관임을 잊지 말자.

평균의 지배를
벗어나라

군계일학으로 거듭나도 모자랄 판에, 남들의 기준에 만족하려 하는가?
평균에 안주하지 마라. 평균은 탁월한 역량발휘를 가로막는 족쇄다.

"사람은 여러 가지 특성과 개성의 혼합체다. 그 사람을 독특하고 두드러지게 만드는 것은 결국 대표적인 딱 하나의 특성이다."

마케팅 포지셔닝positioning 이론의 대가 잭 트라우트Jack Trout의 말이다. 아인슈타인 하면 '지성'이고, 메릴린 먼로 하면 '섹시함'이 연상된다. 자동차도 볼보는 '안전', 페라리는 '스피드', 도요타는 '신뢰', 벤츠는 '엔지니어링', 현대기아자동차는 '실용성' 하는 식의 독특한 이미지가 있다. 아인슈타인이나 메릴린 먼로처럼, 당신 이름 석 자만 들으면 딱 떠오르는 당신만의 탁월한 특성, 차별성이 있는가? 사람들은 흔히 '평균만 하면 된다.'는 말에 위안을 느끼곤 하는데, 요즘 세상에서 그것만큼 위험한 발상도 없다.

많은 사람들이 일을 잘하면서도 뭔지 모를 불안감에 사로잡혀 산다.

'너무 앞서가다가 다른 사람들에게 왕따 당하지나 않을까?', '너무 튀는 건 아닐까?', '중간만 하면 되겠지.', '남들 하는 대로만 해야지.' 하며 평균의 함정에 빠지기를 자청한다. 이들의 머릿속에 소신, 탁월함, 열망 같은 개념은 찾아볼 수 없다.

너무 튈까 봐 불안할 만큼 뛰어난 능력과 역량을 가졌는가? 그렇다면 당신의 불안을 이해하겠지만, 그렇지 않다면 쓸데없이 스스로를 하향평준화시키지 마라. 내 역량을 애써 숨길 필요가 없다. 지금은 그럴 때가 아니다. 역량을 더 많이 보여줘라. 비슷한 능력과 경력을 갖춘 인재들이 넘쳐나는 오늘날, 눈에 띄는 차별성을 가지기 위해서는 '나만의 독특한 역량', 누구도 카피할 수 없는 '나만의 것only of them'을 만들어야 한다. 예전에는 '튀면 죽는다.'고 했지만, 지금은 거꾸로 '튀지 않으면 죽는' 세상이다. 과연 당신은 그 모습을 만들기 위해 얼마만큼 노력했는지 가슴에 손을 얹고 되새겨보라.

프로선수가 되어라.
그리고 자신의 기록을 깨라

회사에서 어떤 계획이나 목표를 세울 때 구성원들은 저마다 눈치 보느라 바쁘다. 새해를 앞두고 각자 다음 해 성과목표를 설정할 때, 사람들은 어김없이 '평균'을 찾는다. 상위조직에서 부여한 성과목표에 대해 의견을 물을 때도 마찬가지다. 과거 성과의 평균치나 팀 내의 평균 수준, 또는 동종업계 평균에서 한 발짝도 벗어나려 하지 않는다. 경영환경과 개인의 역량 그리고 소속 팀의 성과목표를 고려하여 개인의 성과목표를 세우는 것이 아니라, 다른 사람들의 평균적인 기준에 자신의 목표를 맞추는 것이다.

이들의 머릿속에는 '1등은 못하더라도 꼴찌만 안 하면 된다.'는 사고방식이 강하게 자리 잡고 있다. 남들과 비슷한 수준이면 문제될 것 없다고 안심하는 것이다. '평균'을 찾아다니는 이들은 경쟁을 해도 남들과 비교하는 '순위경쟁'에만 열을 올린다. 상대적으로 자신의 기록이 어느 수준인지가 관심사일 뿐, 그 기록을 깨기 위한 기록경쟁에는 서툴다. 그러나 정작 우리에게 필요한 것은 순위경쟁이 아니라 기록경쟁이다.

기록경쟁의 백미는 프로 스포츠다. 프로선수는 평균에 지배되지 않는다. 출전하는 경기마다 자신의 목표를 달성하기 위해 악착같이 노력하고 힘껏 싸운다.

메이저리거인 '추추트레인' 추신수 선수의 2015년 9월은 뜨거웠다. 9월에 출전한 28경기 중 23경기에서 안타를 쳤고 11차례나 멀티히트를 만들어냈다. 그 결과 9월 한 달간 타율 0.404, 출루율 0.515, 장타율 0.625로 타율과 출루율 부문에서 메이저리그 전체 1위를 차지하며, 아메리칸리그 '9월 이달의 선수'로 선정됐다. 그 기간 동안 보여준 성적을 두고 스포츠평론가들은 "21세기 메이저리그 역사에 남을 만한 크레이지 모드"라고 칭찬했다.

만약 추신수가 당장의 승패에만 집착했다면 기록을 세울 수 있는 역량이 충분히 있어도 경쟁상대를 지나치게 의식하느라 기록경쟁을 하지 못했을 수도 있다. 그러나 추신수는 기록경쟁이라는 스스로와의 싸움을 택함으로써 자신만의 신화를 만들었다.

평균은 단지 평균일 뿐이다. 평균을 기준으로 해서는 평균만큼도 하지 못한다. 다른 사람들에게 묻혀 가려 하지 마라. 자신만의 기록을 세우는 것이 중요하다.

만약 자신이 평균 이하라면, 언제까지 위축되어 있을 것인가? 또는 자신이 평균 이상이라면, 언제까지 자만하고 있을 것인가? 평균이라는 족쇄에 자신의 역량을 가두어서는 안 된다. 스스로 높은 목표를 달성할 수 없다고 포기하고 손쉬운 목표만을 이루고자 하는데 어떻게 자기발전을 기대할 수 있겠는가?

평균 이상의 도전적인 목표를 세우라는 말은 헛된 백일몽을 꾸라는 게 아니라, 자신의 역량을 개발하는 동력을 얻으라는 것이다. 높은 목표를 달성하기 위해 스스로 창의적으로 고민하고 업무수행 방법을 혁신하는 과정에서 자신도 모르게 역량이 업그레이드되는 것을 느낄 수 있을 것이다. 그 결과 자신과 회사의 성과가 극대화됨은 물론이다.

평균을 뛰어넘어 성과를 창출하는
퍼포먼스 웨이

인정받을 수 있는 나만의 무기를 가져라

'누구나 할 수 있는 일'을 '나만 할 수 있는 일'로 차별화하라. 동료들보다 당신이 특별히 더 잘할 수 있는 것이 있는가? 회사 또는 팀 단위의 어떤 중요한 업무를 추진하려고 할 때, 리더들은 그 일을 가장 잘 소화해낼 수 있고 믿을 수 있는 사람을 찾게 마련이다.

상사가 책상 위에 놓인 보고서 하나만 보고도 "주요개념이나 논리적 전개를 보니 딱 고 대리가 쓴 보고서로군. 역시 보고서 하나는 끝내준다니까!"라고 평할 정도의 실력과 이미지를 기본으로 갖추고 있어야 한다.

업무와 관련된 지식이 탄탄하거나 남들과 확연히 구별되는 독특한 업무 노하우가 있으면 당신만의 존재감을 구축하기에 충분하다. 거기에 추진경과에 대한 친절한 설명이나 실행주체에 대한 배려 등 나만의 흔적이 나타난다면 훨씬 돋보일 수 있다.

업무 이외의 영역에서도 당신만의 독특한 취향을 보여줌으로써 존재감을 드러낼 수 있다. 예를 들어 봉사활동을 누구보다 열심히 하는 모습을 보여준다면, 평소 가깝지 않던 사람들도 당신을 따뜻한 마음을 가진 사람으로 인식하게 될 것이다.

업무에서든 업무 이외의 분야에서든 남들과 차별화된 모습을 보여주면 많은 사람들이 그 존재감을 확실하게 인지하게 된다. 그러한 포지셔닝을 통해 조직에서 인정받는 사람으로 성장할 수 있음을 잊지 말자. 기왕 하는 것, 누구나 하는 것보다는 희소가치가 있고 회사 성과에 관계된 무기를 개발하도록 하자. 운동을 하더라도 천편일률적으로 등산이나 헬스, 마라톤 같은 것을 하기보다는 경보나 철인3종, 승마 같은 차별화된 것을 하라. 업무에 관해서도 유럽이나 일본, 미국과 같이 국가별 차별성을 꾀한다든지, 업무의 한 영역에 대해 좁고 깊게 파고들면 당신을 돋보이게 할 수 있다.

이제까지의 나를 넘어서자

가만히 있는 것을 '현상유지'라고 생각하는 사람들이 있다. 눈에 불을 켜고 자기계발에 열중하는 사람들이 지천인 세상에서, 가만히 있으면서 중간이나 하기를 바라는 것은 유아적인 발상이다.

강이나 바다에서 노를 저어본 사람은 알겠지만, 처음 배를 탔던 곳으로 되돌아가려면 쉬지 않고 팔을 움직여야 한다. 잠시 잠깐 한눈을 팔았다가는 흘러가는 물살에 떠밀리고, 그때부터는 아무리 열심히 노를 저어도 앞으로 나아가지 못한다. 세상일도 마찬가지다. 처음에는 중간이었을지 모르지만 계속 가만히 있으면 중간도 따라잡을 수 없을 정도로 뒤처진다. 그렇게 되고 싶지 않으면 평균 이상을 바라보고 달려야 한다. '나 정도면 나쁘지 않아.'라고 방심하지 말자. '이 정도만 해도 괜찮겠지.'라고 주위와 타협하지도 말자.

피아니스트 겸 폴란드의 초대 총리이자 외무장관까지 지냈던 파데

레프스키Ignacy Paderewski는 이미 훌륭한 피아니스트임에도 불구하고 매일 연습했다. 누군가가 그 이유를 묻자 "하루를 연습하지 않으면 내가 알고, 이틀을 연습하지 않으면 평론가들이 알고, 사흘을 연습하지 않으면 관객들이 알게 된다."고 대답했다고 한다. 파데레프스키의 말처럼 하루 정도는 타인의 눈을 속일지 몰라도 이틀, 사흘이 지나면 모두가 알게 된다. 방심하고 있다는 것을 누군가가 알기 전에 스스로 철저하게 관리할 필요성이 있다.

언제나 나를 넘어서는 도전정신을 가져야 한다. 작년에는 보름 동안 작성했던 보고서를 이번에는 1주일 만에 해내겠다는 도전적인 자세로 일을 대해야 한다. 항상 자신이 낼 수 있는 최고의 기록을 내고, 다음번에는 그 기록을 갱신한다는 자세로 업무에 임하자.

이 세상에 하나뿐인 당신을 70%의 사람으로 만들지 마라

누구나 남들보다 특별해지고 싶은 욕구가 있다. 겉으로 내색을 안 할 뿐, 사람들에게 주목받고 싶은 마음도 크다. 당신은 어떠한가? 조직에서 당신의 이름 세 글자로 인정받고 싶지 않은가? 그러면서 스스로를 다른 사람들과 비슷하게 일반화시킨다면 모순이지 않을까?

기사나 통계에 등장하는 '보통 직장인', '대부분'이라는 범주에 당신을 포함시키려는 생각부터 버려라. 당신에게는 당신만의 환경이 있다. 다른 사람들과 똑같을 수는 없다. 예컨대 성인남성 70%가 흡연을 한다고 해서 나도 따라서 담배를 피우겠다는 어리석은 사람은 없을 것이다. 특별한 30%가 되어 건강도 지키고 담뱃값도 절약하는 것이 훨씬 현명하다. 다른 사람에게 간접흡연의 고통을 주지 않아도 되고, 담배꽁초를 버려 벌금을 낼 일도 없어진다.

또한 누군가의 성공사례를 따라 한다거나 '성공한 사람들의 7가지 습관'을 알고 있다고 해서 그들과 똑같아질 것이라고 착각하지 마라. 그들의 사례에서 당신이 배울 점을 찾아낼 수는 있을지 몰라도, 당신의 성공은 그들과 달라야 한다. 당신만의 방법, 당신만의 차별화된 습관을 가져라. 그래야 당신이 차별화되고 특별해진다.

평균을 뛰어넘겠다는 선택은 전적으로 본인 몫이다. 많은 기업의 인력관리에는 '20 : 80'의 법칙이 적용된다. 이것은 고성과를 창출하는 상위 20%와 그렇지 못한 80%를 의미하는데, 이 80%는 다시 '70 : 10'으로 나뉜다. 보통의 70%와 퇴출대상인 10%가 그것이다.

상위 20%는 더 많은 보상과 교육 등 육성의 혜택을 누리는 반면, 하위 10%는 매일 고용불안에 떨어야 한다. 중간의 70% 중에는 상위집단으로 올라가는 사람도 있고, 하위그룹으로 떨어지는 사람도 있다. 핵심인력으로 성장할 것인지, 조기퇴직의 운명을 받아들일 것인지 선택은 전적으로 당신 몫이다.

내가 실행한 업무의
품질을 논하라

공장에서 제품을 생산하는 것이나 사무실에서 업무의 결과물을 만들어내는 것이나
메커니즘은 똑같다. 품질과 원가와 납기가 생명이다.
내가 이룬 결과물에 대한 평가를 당당하게 받아들여라.
평가는 나의 성장을 위한 핵심적인 장치다.

평가자든 평가대상자든 '평가'라는 행위나 과정을 좋아하는 사람은
그다지 많지 않다. 일단은 부담스럽기 때문이다. 회사에서 실시하는
정기적인 인사평가에 대해서도 많은 사람들이 '귀찮고 형식적인 절차
다.', '평가결과에 만족하는 팀원이 거의 없는데 왜 평가를 하는지 모
르겠다.'라며 회의적으로 말한다. 평가자들은 평가대상자들을 평가하
여 순위를 매기고 성적이 좋지 않은 구성원에게 피드백해야 하는 고
충이 따르고, 구성원들은 자신이 어떤 평가를 받게 될지 초조하고 불
안해한다.

인사평가 시즌이 되면 상사평가, 동료평가, 자기평가 등 다양한 관
점으로 평가를 받고 평가를 한다. 특히 구성원이 스스로를 평가하는
자기평가의 경우는 다들 '지나치게 잘난 척하지 않으면서 나의 성과와

역량을 다른 동료들보다 돋보이게 하려면 어떻게 해야 할까?'를 고민한다. 사람은 누구나 자신에게 유리한 방향으로 기억을 조작하는 경향이 있다. 얼마나 최선을 다했는지, 즉 자신이 투입한 노력으로 스스로를 평가하기 때문이다. 처음에 부여받은 목표를 얼마나 달성했는가를 평가하는 것이 아니라 일을 어떻게 추진했는가를 기준으로 평가하기 때문에 자기평가 점수가 후하다.

어느 설문조사에서 직장인 절반 이상이 스스로를 회사의 핵심인재라고 생각하는 것으로 드러나 눈길을 끌었다. 자기평가서만 보면 해당 구성원이 회사에 없어서는 안 될 핵심인재들처럼 보이지만, 상사평가와 비교해보면 꼭 그렇지만은 않다. 실망스러운 평가를 받은 구성원들은 상사와 조직에 실망하고 일한 것에 비해 인정을 못 받은 것 같아 서운해한다. 이직을 결심하는 경우도 있다. 동일한 결과를 놓고 평가를 내리는데 왜 자기평가와 상사평가가 이렇게 다를까?

평가를 받는 구성원이 '이기적 편향'에 빠져 있어서 그렇다. '잘되면 내 탓, 안 되면 남 탓'이라는 말도 있듯이, 사람들은 성공하면 자기가 잘해서, 실패하면 외부의 요인이 안 좋아서라고 생각한다. 결과가 긍정적이면 자신의 노력을 과대평가하지만, 결과가 부정적일 경우는 자신의 잘못을 과소평가하는 것이다. 평가를 받는 때는, 자신의 업무가 가장 중요하다고 믿기 때문에 평가결과가 항상 좋을 것이라고 막연히 기대한다. 편향된 믿음이 생기는 것이다.

또한 평가자의 오류 때문에 자기평가와 상사평가의 결과가 다른 경우도 있다. 일을 하기 전에, 어떻게 평가할 것인가에 대한 객관적이고 구체적인 평가기준을 제시하지 않는다. 마치 블랙박스 속에 숨겨진 비밀처럼 혼자만 아는 주관적인 감정이나 판단에 의해 평가하는 평가자들이 여전히 많다. 평가자 역시 사람이다. 그래서 팔이 안으로 굽을 수밖에 없고 일반적인 오류를 범하기 쉽다. 평가자의 주관이 개입되어 부정확하게 평가되는 것은 어느 누구에게도 도움이 되지 않는다. 오히려 구성원들의 원성만 사고 역효과만 나타난다.

조직에서 평가를 하는 목적은 명확하다. 구성원들이 향후에도 지속적인 성과를 창출하도록 하고 역량개발을 독려하기 위해서다. 성과평가는 부여받은 목표에 대해 성과를 얼마나 창출하여 상위조직의 성과에 기여했는지를 알아보는 것이다. 그리고 역량평가는 회사에서 요구하는 인재상과 핵심가치에 얼마나 부합하는지, 또한 성과창출 전략이나 실행계획을 수립하고 추진하는 과정에서 독려하거나 개선해야 할 역량이 무엇인지 밝혀 구성원에게 정기적으로 피드백하기 위한 교정과정이다.

그런데 불평불만이 많은 '평가'임에도 불구하고 구성원들이 관심이 없는 것은 아니지만, 평가자나 평가대상자 모두 스스로 어떻게 개선해나갈 것인가에 대한 관심과 노력이 부족하다. 이제부터라도 평가결과는 늘 불만족스러운 불편한 일이라고 치부하지 말자.

우리가 직장에 소속되어 일하는 동안에는 직장에 기여하기 위해 일을 해서 성과를 내는 것이 당연한 의무다. 그리고 그 일을 실행할 책임도, 결과를 받아들이는 몫도 우리에게 있다. 이기적인 편향에 빠져 스스로를 관대하게 평가하는 것을 방지하려면 자신의 업무품질기준을 정확하게 파악하면 된다. 그리고 본인이 파악한 객관적인 정보를 평가자와 공유하면서 평가자가 주관적인 잣대로 평가하지 않도록 먼저 선수 치면 된다.

● Performance WAY ●

객관적인 평가로 스스로 동기부여하는 퍼포먼스 웨이

내가 실행한 일의 결과로 말하라

상사는 내가 어젯밤에 밤을 새워서 작업을 했는지, 얼마나 노력을 쏟아부었는지보다 목표한 일을 달성했느냐 못했느냐가 더 중요하다. 평가결과에 만족하지 못한 성급한 구성원들은 상사에게 그동안 자신이 얼마나 열심히 노력했는지 아느냐고 따지기도 하는데 상사가 이를 수용할 리 없다. 객관적인 근거자료가 없기 때문이다. 열심히 하고 말고는 상사 입장에서 확인할 수 없는 담당자의 주관적인 판단기준이다. 회사에 있는 시간은 그렇다 치고 집에서까지 일을 했다고는 하는데 결국 가지고 온 결과물에 열심히 한 흔적이 없다면 상사를 납득시키기 어렵다.

상사와 평가결과에 관해 제대로 소통을 하기 위해서는 객관적인 근

행동하는 방식

거자료가 필요하다. 스스로도 주관적인 판단으로 자신의 결과물을 높게 평가하기보다는 객관적인 판단으로 부족한 부분을 채울 수 있는 시각이 필요하다.

평가라는 것은 결과를 기반으로 한다. 제아무리 좋은 식재료로 정성 들여 음식을 만들었다고 해도 맛이 없으면 외면당한다. 또한 고등학교 3년 내내 하루에 3시간씩 자며 공부를 했다고 해도 지원한 대학교에 합격할 수 있는 수능등급을 받지 못했다면 결과는 불합격이다. 마찬가지로 조직에서는 일에 투입한 시간과 노력이 아니라, 처음에 목표로 삼은 것들이 모두 성과로 이어졌는지를 놓고 평가해야 한다. 결과를 놓고 평가하면 변명거리들이 모두 사라진다. 어찌됐든 상사가 원하는 결과물을 만들어내지 못했기 때문이다.

결과와 과정을 동시에 리뷰하고 시사점을 찾아라

평가의 핵심은, 원하는 목표대로 결과물이 나왔는지다. 이것이 가장 중요한 판단기준이다. 객관적인 평가를 위해서 1차적으로는 결과를 먼저 보고, 2차적으로는 과정을 다시 한 번 살펴볼 필요성이 있다.

일을 열심히 하는데도 성과가 없는 사람들이 꽤 많다. 일하는 과정을 살펴보며 그 원인을 찾아야 한다. 투입을 했는데 아웃풋이 없다는 것은 말이 안 되기 때문이다. 이런 경우 면밀히 분석해보면, 일하는 방법이나 전략이 잘못 수립된 경우가 많고 처음부터 목표 자체가 제대로 설정되지 못한 경우도 있다.

또한 전략은 바르게 세웠으나 남의 도움이 필요한 일도 자신이 모두 처리하려고 해서 일정준수에 문제가 생겼다든지, 반대로 다른 사람에게만 너무 의존했다든지 하는 원인으로 인해 성과목표를 달성하지 못하는 경우도 발생한다.

별로 노력하지 않았는데 목표한 것 이상으로 결과가 좋은 경우도 종종 있다. 이런 경우에도 마찬가지다. 객관적으로 목표를 달성하는 과정에서 자신이 어떤 노력을 했는지를 살펴보고, 우연한 성공이었으면 다음번에는 역량으로 성공할 수 있도록 조치를 취해야 한다. 행운이나 우연은 여러 번 따르지 않기 때문이다.

결과만 보고 달성했다고 너무 좋아할 것도, 실패했다고 좌절할 것도 아니다. 답은 과정에 숨어 있다. 결과가 좋지 않더라도 일을 하는 과정에서 좋았던 점을 찾을 수 있고, 목표를 달성했더라도 과정에 있었던 문제가 겉으로 들어나지 않았을 수도 있다. 결과와 과정을 동시에 볼 때, 더욱 객관적인 평가가 가능해지며 상사나 동료들에게 조언을 받기에도 훨씬 수월해진다.

자신의 역사를 기록하라

일을 하다 보면 일에 치이고 사람에 치여, 일을 떠나 자유로워지고 싶어질 때가 한두 번이 아니다. 매일 똑같은 하루가 반복되고 정체된 삶을 사는 것 같은 느낌이 들기도 하다. 누구나 슬럼프를 겪는데 이를 어떻게 극복하느냐 또한 개개인이 가진 역량에 따라 달라진다. 그대로 주저앉는 사람도 있고, 반전의 기회로 활용하는 사람도 있다.

조직은 지속적으로 경쟁하며 시장에서 살아남아야 하기 때문에 구성원 개개인이 슬럼프에 빠질 때마다 도와줄 수는 없다. 큰 조직일수록 더 어렵다. 팀장 수준에서 팀원들 동기부여 이벤트가 단발적으로 일어나고 장기적으로는 회사 차원에서 동기부여 프로그램을 진행할 수도 있겠지만 슬럼프에 빠질 때마다 회사에 의존할 수는 없다. 보상 프로그램이나 상사의 격려가 아니라 스스로 동기부여할 수 있는 힘이 있어야 한다. 외부에서 에너지를 충전 받아서 쓰는 충전식 건전지가 아닌 자가발전기처럼 말이다.

스스로 동기부여하기에는 자신에 대한 역사 기록만큼 좋은 것이 없다. 긴장감 없이 나태하게 일하는 사람은 지난날을 되돌아보며 '앞으로는 정말 열심히 해야겠다.' 하고 반성할 수 있고, 열심히 일하는 사람은 '예전에 내가 이렇게 열심히 했는데 쉽게 무너지지 말아야겠다.' 하고 결심하기도 한다.

역사적인 인물들에 대한 기록만이 중요한 것이 아니다. 살아가면서 우리는 조직생활을 하지 않은 날보다 하게 될 날이 더 길다. 하루에만 8시간 이상이다. 이렇게 오랜 시간 동안 직장에서 일하면서 살아갈 텐데, 업무적인 부분에서 내가 어떻게 성장하고 있는지 기록으로 남길 수 있다면 앞으로 자신의 강점이 무엇인지 어떤 경력을 쌓아야 할지, 회사에서 어떤 업무를 더 맡아보고 싶은지도 알 수 있다. 그리고 매일매일 업무일지를 구체적으로 써보면 일정시간이 지나서 리뷰를 해보고 새로운 계획을 세우고 싶을 때 아주 요긴한 근거자료가 된다.

잘 혼나는 법을
익혀라

애정 없는 상사는 야단도 치지 않는다. 혼내는 상사에게 감사하라.
그러나 두 번 이상은 혼나지 마라.
맞은 곳을 또 맞으면 두 배로 더 아프고, 자존심도 두 배 더 상한다.

어느 중견기업에서 전략기획팀장으로 근무하는 강 팀장은 회사생활 13년 동안 특진을 두 번이나 했다. 국내에서 알아주는 대학교를 졸업한 것도 아니고, 든든한 인맥이 있는 것도 아니다. 그런데도 어떻게 실력을 인정받고 팀장의 자리까지 오를 수 있었을까? 강 팀장의 대답이다.

"처음 입사했을 때, 제 선임은 고집스러운 원칙주의자였습니다. 신입사원이라고 봐주기는커녕 실수 하나 놓치지 않고 콕콕 집어내는 통에 두 손 두 발 다 들고 퇴사한 신입사원도 꽤 여러 명이었으니까요. 아니나 다를까, 제가 밤새 쓴 기획안이 뜬구름 잡는 소설 같다며 꾸짖는 것은 예사고, 제가 쓴 보고서를 검토하고는 '같은 자리에서 설명을 들었는데 어떻게 내가 해석한 것과 내용이 전혀 다르냐?'며 다른 신입사원들 앞에서 면박을 주시더군요. 제가 덩치만 작았다면 쥐구멍에 수백 번은 들어가고도 남았을 겁니다. 하지만 앞으로 5년간은 죽었다 생각하고 선임으로부터 혹독하게 훈련받기로 이를 악물었죠.

그래서 선임이 해주는 말은 절대로 흘려듣지 않고 무조건 가슴에 새겨 넣었습니다. 그런데 시간이 지나고 보니까, 선임이 괜히 혼낸 게 아니더라는 겁니다. 제가 실수했던 것들을 있는 그대로 지적한 것이었으니까요. 지금 생각해보면 선임으로부터 참 많은 것을 배웠고, 그분 덕분에 제가 이 자리에 오를 수 있었던 것 같습니다."

혼나는 시간을 성장의 기회로 만든다

상사에게 꾸중 듣는 것은 누구나 싫어한다. 다른 상사들이 볼까 봐 두렵고, 동료가 볼까 봐 부끄럽고, 새파란 주니어 사원 앞에서는 여간 망신이 아니다. 하지만 강 팀장은 선임의 꾸지람을 흘려듣지 않고, 한 발 나아가 배우는 기회로 전환시켰기 때문에 실력을 인정받게 되었다.

회사에서는 누구나 혼이 나지만, 혼나는 시간을 가치 있게 사용하는 사람은 그리 많지 않다. 성장할 수 있는 기회라는 생각보다 상처 받는 시간이라고 여겨 최대한 혼나는 시간을 피해가려고 안간힘을 쓴다.

상사의 꾸중을 인상 쓰며 들을 게 아니라, 꾸중 속에서 배울 점을 골라서 듣고 보완해야 한다. 업무수행 과정에서 벌어지는 모든 것은 나의 역량을 키울 수 있는 긍정적인 자극들이다. 그러한 자극에 어떻게 반응하는가에 따라 성장하기도 하고, 무뎌진 삶으로 전락하기도 한다.

회사생활을 하다 보면 알겠지만 상사나 선배들이 관심도 없는 후배 사원들에게 군이 시간을 투자하면서까지 혼내지는 않는다. 당신이 만약 혼이 났다면 그것은 상사가 당신이 성장할 가능성이 있고, 조금만 더 교정해주면 잘할 수 있을 거라 생각했기 때문이다. 다만 혼을 내는 과정에서 표현하는 방식이 서툴러서 감정적으로 혼을 내는 상사도 있겠지만, 그런 것은 배제하고 상사가 진심으로 무엇을 전달하려고 하는지만 들어야 한다.

물론 사람인지라 감정적인 말들이 오가는 상황에서 나에게 피와 살이 되는 말만 뽑아내기란 쉽지 않을 것이다. 하지만 상사가 화가 난 이유가 다 나 때문이라고 생각하면 어려운 일도 아니다. 고객을 만족시키지 못한 대가라 생각하고 감정적인 말들은 한쪽 귀로 듣고 한쪽 귀로 흘려버릴 수 있는 과감함을 보여라.

회사는 '신병훈련소'와 다를 바가 없다. 신입사원일수록 더 많이 혼나는 것이 당연하다. 직위가 올라갈수록 혼나는 일보다는 혼내는 일이 많아진다. 만약 회사를 먹고살기 위한 생계수단이라고 생각하면 온갖 것들이 다 못마땅해 보일 것이다. 많이 혼나면 혼나서 불만이고, 혼낼 일이 많으면 뒤치다꺼리하느라 시간을 다 보내는 것 같아서 불만이다. 하지만 나의 미래비전을 달성하기 위한 역량향상의 연수원이라고 생각하면, 업무수행과 관련된 모든 것들이 배울 점투성이다. 혼나는 것이 싫어서 상사를 피하고 회사를 옮겨 다니는 사람은 어디에

가도 평생 윗사람에게 얻어터지는 인생을 살 수밖에 없다. 차라리 잘 혼나고 성장하는 것이 더 효율적일 것이다.

상사의 꾸지람에
발전적인 반응을 보여라

상사로부터 꾸지람을 들으면 누구나 만감이 교차하면서 어떻게 대처해야 할지, 어디서부터 무엇을 다시 해결해야 할지 감이 잡히지 않고, 걱정과 수치심에 눈앞이 캄캄해지게 마련이다.

그러나 어쩔 수 없다. 아무리 속상해도, 제삼자가 보기엔 혼날 만하니까 혼난 것이다. 혼난 것은 혼난 것으로 끝내고, 다음 행동을 어떻게 할지 구체적으로, 발전적으로 고민하라. 꾸중 듣기를 피하지 말고 앞에 나온 강 팀장처럼 이를 악물고 다음 날 바로 자료를 보완해서 발전적인 반응을 보여줘야 한다. 신입시절 선임의 질책을 호된 훈련과정으로 받아들이지 않았다면, 오늘의 강 팀장은 없었을 것이다.

그런데 강 팀장처럼 하는 사람들은 그리 많지 않다. 앞뒤 생각 없이 자동적으로 '잘못했습니다.' 또는 '죄송합니다.'뿐이다. 겨우 잘못했다는 말 한마디 들으려고 귀한 시간 쪼개 혼내는 사람은 없을 텐데 저런 식으로 성의 없이 대답하면 혼내는 사람은 힘이 빠진다. 왜 혼나는지도 모르면서 그 순간을 모면하기 위해 잘못했다는 말만 남발하기 때문이다. 여기서 현명한 자와 우둔한 자가 갈린다. 현명한 자는 강 팀장처럼 감정적으로 상처받기보다는 상사가 지적한 사항을 바로 보완할 것이고, 그렇지 않은 사람은 내내 혼난 일만 생각하며 하루를 망칠 것이다.

상사의 꾸지람에 대응하는 유형 중에서 우리가 흔히 볼 수 있는 모습은 다음과 같이 3가지 정도다. 당신은 어떠한 유형에 속하는지 한 번 생각해보자.

첫 번째 유형은 '마이동풍형'이다. 상사가 뭐라고 하든 듣는 시늉만 할뿐, '쇠귀에 경 읽기'처럼 상사의 말에 전혀 관심이 없다. 혼날 때마다 대충 넘기는 유형이다. 상사의 충고를 귀담아 듣지 않기 때문에 같은 문제로 계속 지적받고 문제점은 전혀 개선되지 않는, 매우 골치 아프고 위험한 유형이다.

두 번째 유형은 '유치원생형'이다. 상사의 한마디에 주눅이 들어 일곱 살 유치원생처럼 위축되어 있거나, 심지어 운다. 혼난 생각에 사로잡혀 하루 종일 업무를 제대로 하지도 못한다. 그야말로 정신연령이 일곱 살이다. 조그마한 꾸지람조차 넘어설 수 없을 만큼 나약한 정신의 소유자다.

세 번째 유형은 '꽈배기형'이다. 상사의 꾸지람을 감정적으로 받아들여 자신과 상사의 관계에 개입시키는 유형이다. 업무의 잘못된 점을 지시하는데 왜 감정적으로 대응하는가? 물론 적절치 못한 방식으로 꾸짖는 상사도 있다. 그렇다고 해서 감정적인 상처에만 사로잡혀 있다면 상사와의 관계는 점점 더 악화되고, 결국은 내 업무에 안 좋은 결과를 미치게 될 것이다.

회사에서 꾸지람 한번 듣지 않는 구성원은 아무도 없다. 심지어 임원들도 사장실이나 회장실에 보고하러 들어갔다가 소위 '깨지고' 나오는 경우가 허다하다. 사람들은 혼나는 상황도 싫고 자존심이 상하는 것도 싫으니 혼나지 않는 것이 가장 좋은 방법이라고 생각하겠지만, 결코 그렇지 않다. 상사의 꾸지람이 없다면 나의 업무역량도 발전이 없어 1~2년이 지나도 실력은 그대로이고, 만년 신입사원 꼬리표가 따라다닐 것이다. 그때가 되어서야 나를 한 번도 혼내지 않고 편하게만 대해주었던 상사가 사실은 나를 망쳐놓은 주범임을 깨닫는다. 하지만 뒤늦게 원망해도 소용이 없다. 이미 역량을 개발할 골든타임을 놓쳐버렸기 때문이다.

일본전산의 나가모리 사장은 '호통경영'으로 유명하다고 한다. 남들이 칭찬경영을 펼치는 동안 그는 오히려 눈물 쏙 빼는 호통으로 구성원들을 키웠다. 그런데 그 이유가 걸작이다.

"회사가 구성원들을 호통 쳐서 바로 잡아주고 혹독하게 가르치지 않았다가, 경기가 어려워지면 구조조정을 운운하는 건 자격이 없다!"

그는 혼내야 할 때 따끔하게 혼내지 않는 것은 상사로서 직무유기라고 말한다. 곱씹어 생각할수록 고개가 끄덕여지는 대목이다. 인격적으로 문제가 있지 않은 한, 상사가 꾸지람하는 것은 그만큼 구성원의 미래에 애정과 관심이 있기 때문이다.

'꾸중'을 '발전'으로 승화시키는 공식은 단순하다. 한번 들은 꾸중을 끊임없이 되새기고, 똑같은 실수를 연발하지 않는 것이다. 나름대로 열심히 해보려고 야근까지 하면서 완성했는데도 상사에게 가차 없이 깨지면 섭섭할 수 있다. 사람이다 보니 누구라도 기분이 나쁠 것이다. 그러나 상사가 구성원들의 인정사정 다 봐줬다간 정작 필요한 충고의 말까지 아끼게 되고, 결과적으로 구성원은 한 걸음 더 성장할 수 있는 기회를 놓치게 된다.

꾸중 들을 때는 자신이 무엇을 잘못했는지 훈련받는다고 생각해야 한다. 그리고 상사가 나를 한 번 꾸짖었다면, 세 번 칭찬받을 수 있도록 노력해서 내 업무를 완수하자. 똑같은 꾸중이 다시는 상사의 입 밖으로 나오게 해서는 안 된다. 동일한 실수를 반복하는 순간, 일을 제대로 못하는 사람으로 낙인찍히고 만다. 같은 지적을 두 번 받았다면, 그때는 정말 부끄럽게 생각해야 한다. 상사의 첫 번째 꾸지람을 나에게 피가 되고 살이 되는 것으로 받아들이고, 내용을 되뇌고 또 되뇌어야 '발전'이 있다.

한 번 혼나고 세 번 칭찬받는 사람들의 퍼포먼스 웨이

리더가 호출하기 전에 먼저 문제상황을 깨쳐라

직장생활을 하다 보면 상사가 언제 나를 호출할지 아는 촉이 생긴다. 시도 때도 없이 부르는 상사, 정말 중요한 일이 있을 때만 부르는 상사 등 스타일에 따라서 언제 나를 호출할지 감이 온다. 그리고 잘못을 했을 때는 스타일에 상관없이 불려갈 확률이 100％다.

실수했거나 문제를 일으킨 후에 조만간 상사가 나를 호출할 것이라고 직감하고 두려움에 떠는 사람이 있고, 잘 혼나기 위해 준비하는 사람이 있다. 아무런 준비 없이 불려갔다가는 왜 그런 의사결정을 내렸는지, 어떤 부분을 실수했는지 등을 묻는 상사의 질문에 제대로 답변할 수가 없다. 가뜩이나 화가 나 있는 상사를 두 번 화나게 할 필요는 없지 않은가?

불려가기 전에 문제가 발생한 정황을 정확하게 꿰뚫고, 그렇게 의사결정 한 이유에 대해 납득할 만한 근거를 준비한다면 상사의 화도 어느 정도 누그러질 것이다. 더 나아가 자신이 일으킨 문제로 인해 조직에 어떤 파장이 있는지도 알고 있다면 상사는 앞으로 어떻게 해야 할지에 대한 코칭 정도로 마무리할 가능성이 크다.

그러나 담당자가 상황파악도 제대로 못했다면 사실상 그 일을 책임져야 할 상사는 얼마나 화가 나겠는가? 상황분석과 더불어 앞으로 어떻게 할지 개선방향까지 준비해 간다면 쿨하게 한 번 혼나고 현재 자신에게 필요한 개선점이 무엇인지 정확하게 알 수 있을 것이다.

잘 혼나고 있다는 증거를 보여준다

사람은 감정의 동물이기 때문에 누구나 본인의 의지와 상관없이 미세하게나마 얼굴이나 몸짓, 기운에 언짢은 감정이 묻어나올 수 있다. 더욱이 혼나고 있는 상황에서는 스스로 절제하기가 더 어려울 것이다. 이해는 하지만 혼을 내고 있는 상사의 입장에서는 작은 반응도 민감하게 받아들일 수밖에 없다. 혼내는 사람의 입장에서는 상대방이 반항한다고 느낄 가능성이 크기 때문이다. 따라서 혼날 때는 표정, 눈빛, 말투, 몸짓으로 잘 혼나고 있다는 증거를 보여준다.

고개를 푹 숙인 채 시선을 회피하거나, 멍하니 한 방향을 응시하는 태도, 불쾌하다는 표정 등은 혼내는 사람의 기분을 상하게 만든다. 눈을 계속 똑바로 쳐다보고 있어도 반항한다고 생각할 수 있다. 그러면 어떻게 하면 좋을까?

상대방이 오해하지 않도록 표정, 눈빛, 말투, 몸짓에 특별히 신경을 쓰는 것이 중요하다. 중요한 이야기가 나오면 눈을 잠깐 마주치며 고개를 끄덕이는 것도 좋고 메모를 하는 것도 좋다. 보통 혼날 때는 아무 말도 하지 못하고 듣고만 있어야 하는 경우가 많은데 혼나는 태도만 신경 쓰더라도 소통의 장이 될 수 있다.

눈을 똑바로 쳐다본다거나 삐딱하게 서 있는 자세 등은 상사를 오해하게 만들 여지가 있다. 내가 잘못해서 혼나는 것이니 죄송한 말투와 표정으로 대답하면 화가 나 있던 상사도 말투가 한층 부드러워질 것이다.

꾸중을 듣고 나면 15분 동안 쉬는 시간을 갖자

아무리 내가 잘못한 일이라고 할지라도 상사에게 꾸지람을 들었는데 좋은 마음이 들 리가 없다. 자신에게 모진 말을 하는 상사가 밉기도 하고, 완벽주의 성향이 있는 사람은 스스로에게 화가 나기도 할 것이다. 자신이 무시당했다고 느낄 때 가장 크게 화가 나기 때문에 조직에서는 화를 낼 일이 빈번하게 일어날 수도 있다.

대부분 자신이 잘못했다는 것을 알면서도 상사에게 그리고 스스로에게 화가 난다. 화가 나면 논리적 판단을 할 수 있는 전두엽 기능이 순간적으로 마비되기 때문에 이성적인 판단이 어렵다. 이렇게 욱하게 만드는 분노 호르몬은 15초쯤에 정점을 찍고 조금씩 분해되기 시작해 15분이 지나면 거의 사라진다. 이 순간을 잘 모면해야 직장생활이 쉬워진다.

15분 후에 상사가 했던 말을 떠올려보면 꾸중 속에 나를 위한 조언들이 숨어져 있다는 것을 알게 된다. 자존심도 상하고 반발심도 들어서 상사가 무슨 말을 하는지 전혀 귀에 들어오지 않았다가 신기하게도 15분쯤 지나면 업무에 도움이 되는 이야기부터 인생 조언까지 나를 위한 한 마디 한 마디가 들어 있다는 것을 알게 된다.

상사에게 들었던 꾸지람을 즉시 메모해둔다. 그렇지 않으면 시간도 지나고 눈앞의 업무에 바빠서 무엇 때문에 혼이 났는지, 심지어는 혼난 적이 있었는지조차 희미해진다. 그러면 같은 것으로 또다시 지적받는 악순환이 이어진다. 상사에게 욕먹은 '보람'이 있으려면 지적당한 내용을 꼼꼼히 메모하고, 메모한 것을 빨간 펜으로 체크해가면서 하나씩 개선해야 한다. 상사의 지적은 내가 미처 생각지 못한 허점을 콕콕 집어준 것이므로 듣는 즉시 반영해야 한다. 그래야 빠른 시간 내에 상사의 요구를 수렴하여 제대로 된 성과를 낼 수 있다.

입에 쓴 약일수록 효과가 좋다고 했다. 혼난다고 기분 나쁘게만 받아들이지 말고, 꾸지람 속에 있는 '쓴 약'이 무엇인지 잘 구분해서 들어야 약효가 있다.

열망하는 방식

일의 주인으로
우뚝 서라

3부에서는 '열정'을 갖고 일하는 자세에 대해 이야기한다. 일은 항상 '내'가 아닌 '고객'의 관점에서 사고되고, 시작되어야 한다. 당신의 고객은 당신의 일을 평가하는 '상사'와 '회사'다. 3부에서 우리는 '자기중심'의 사고에서 벗어나 일의 주인으로서 '조직차원의 우리 중심', '미래 중심'의 사고를 할 수 있는 혁신방법을 살펴볼 것이다.

YEARN

세상에
공짜 점심은 없다

회사는 철저한 이익집단이다.
성과가 없는 구성원에게는 연봉도 없다.
내가 회사에 무엇을 줄 수 있는지부터 먼저 고민하라.

회사는 이익을 창출하기 위해 존재한다는 것은 중고생들도 알고 있는 사실이다. 그런데 이 사실을 잊어버리는 순간이 찾아온다. 바로 자신이 직장인이 되었을 때다. 회사는 이익을 내기 위해 새로운 사업을 확장하고 경쟁자와 치열하게 싸우기를 원한다는 사실을 알면서도 본인 스스로 이익을 창출하려고 전쟁터에 뛰어들려고 하지 않는다. 더 나은 방법으로, 새로운 시도로, 도전적인 일을 하기보다는 편한 길을 택하려고 한다.

최소한의 도리만 겨우 해놓고 다른 회사와 비교해가며 연봉 수준이며 복리후생 수준을 꼼꼼히 따지는 직장인들도 있다. 밉상으로 보일 정도로 말이다. 그런 사람들은 회사가 이익을 창출하는 데 있어서 자신은 어떤 기여를 했는지 전혀 고려하지 않는다. 3~5년 정도 직장생

열망하는 방식

활을 하다보면 웬만한 일에는 도가 터서 딱히 노력하지 않아도 별 문제가 없기 때문에 자신이 일을 잘하는 줄로 착각한다. 이직도 잘될 것만 같고, 지금 회사에 크게 미련이 없으니 적당히 일한다.

직장은 구성원을 필요로 하고 구성원도 직장을 필요로 한다. 하지만 서로가 필요에 의해서 만났어도 원수가 되어버리는 관계가 종종 있다.

회사가 돈이 많아서
급여를 그냥 주는 것이 아니다

영어표현 중에 'There's no free lunch.'라는 말이 있다. 미국 서부의 술집에서 술을 일정량 이상 사 마시는 단골들에게 점심을 공짜로 제공하던 것에서 유래된 말이라고 한다. 실제로는 공짜 점심을 먹기 위해 사 마신 술값에 이미 점심값이 포함된 것이다. 그러나 사람들은 공짜로 한 끼를 해결했다며 아주 뿌듯해한다. 자신이 지불한 술값은 생각도 하지 않고 말이다.

세상에 공짜는 없다. 당신이 돈을 받고 일한다면 그에 합당한 가치를 돌려주어야 한다. 특히 회사는 이익집단이기 때문에 자신들이 투입한 자원 대비 아웃풋이 가치 있는 일에만 관심을 가진다. 따라서 회사가 지급하는 연봉보다 더 큰 이익을 창출해내야만 한다. 그래야 회사로부터 지속적인 관심을 받고 경제적인 이득을 취할 수 있다.

내 노동의 대가로 받는 급여는 회사가 돈이 많아서 그냥 주는 것이 아니다. 급여의 액수만큼의 가치를 해내야 받을 자격이 있다. 회사에 떳떳하려면, 내가 한 달 동안 그만큼 기여했는지 냉정하게 판단하고 스스로도 그 결과에 대해 알고 있어야 한다.

연봉의 3배를
기여하라

수많은 기업을 컨설팅하고, 직접 회사도 경영해본 결과 구성원 개개인이 연봉의 3배는 벌어야 적정하다. '내가 받을 연봉', '회사가 확보해야 할 이익', '나와 회사를 위한 미래투자' 이렇게 3가지를 위해 자기 연봉의 3배를 벌어야 한다.

'내가 받은 만큼만 하면 되지, 왜 3배나 토해내야 하는가?'라고 의문을 갖는 사람이 분명 있을 것이다. 한번 생각해보자. 우리는 회사에 다니면서 노동력을 제공하는 대가로 무엇을 받고 있는가? 연봉이 전부일까?

그렇지 않다. 우리는 연봉 이외의 부가적인 혜택도 받고 있다. 회사에 출근해서 내가 누리고 있는 것들만 비용으로 계산해도, 개인 의자와 책상, 컴퓨터, 프린터, 종이, 사무실, 전기, 수도 등 끝도 없다.

만약 연봉을 4,000만 원 받는다고 가정해보자. 여기에 복리후생비, 성과급, 퇴직금, 사무실 유지비 등을 포함하면 실제로 들어가는 비용은 1인당 7,000만 원 정도다. 7,000만 원은 10억 원을 가진 자산가가

7%의 수익률을 올릴 수 있는 주식이나 펀드에 투자했을 때 얻는 수익이다. 자산가가 재테크에 투자해 수익을 올릴 때, 회사는 당신에게 투자한 것이다. 만약 당신이 7,000만 원의 값어치를 못한다면? 당연히 회사가 당신에게 투자할 이유도 없어진다.

연봉의 3배를 벌어들이는 퍼포먼스 웨이

자신을 피해자로 만들지 마라

우리는 너무도 쉽게 자신을 피해자로 인식하려고 하는 경향이 있다. 내가 무엇을 어떻게 했든지 간에, 주변의 잘못으로 인해 피해자가 되면 내 잘못은 없어지기 때문이다. 만약 내 인생이 윤택하지 못한 이유를 '흙수저를 건네준 부모님 때문'이라고 생각하게 되면 모든 잘못은 부모님에게로 돌아간다. 그러면 자신이 어떤 노력을 할 것인가에 대한 앞으로의 노력이나 열정이 생길 수가 없다. 남 탓부터 하기 때문이다.

하지만 그럴 필요가 없다. 만족감, 기쁨, 행복을 느끼려면 자신이 하는 일의 가치를 깨닫는 것이 먼저다. 남들보다 급여가 적어서, 남들보다 좋은 회사를 다니지 못해서, 남들보다 머리가 나빠서 불행하다며 스트레스 받지 마라.

다른 사람들의 기준이 아닌 나 자신의 행복감을 기준으로 삼아야 한다. 그러면 남과 비교하면서 받았던 스트레스 대신 남들보다 더 큰 만족감과 기쁨, 행복을 느낄 수 있을 것이다. 이런 감정들은 업무 몰입도를 높여주고 좋은 결과를 내는 원동력이 된다.

회사에 어떤 기여를 해야 할지를 고민하라

회사로부터 무엇을 받을지 생각하기 전에, 내가 회사에 무엇을 기여할 수 있는지부터 대답할 줄 알아야 한다. 당신이 얼마나 유능한 인재인지를 회사에 증명해 보여라. 경력이 쌓임에 따라 연봉은 꾸준히 오를 것이고, 당신에게 요구하는 성과는 그보다 더 커질 것이다.

급여－성과 곡선을 보면 신입사원은 성과보다는 급여곡선이 높고, 직위가 올라갈수록 서서히 성과곡선이 높아진다. 그 후 두 곡선이 비슷해지거나 급여곡선이 다시 높아지는 수준에서 퇴직하게 된다. 회사는 성과곡선이 급여곡선을 추월하는 그 시점을 기대하며 당신에게 투자하는 것이다. 그러니 지금 당장은 연봉보다 높은 성과를 내기 어렵더라도, 주어진 상황에서 최대한 역량을 키워서 자신의 인건비는 물론 자신과 조직의 미래를 위한 투자비용까지 감당할 수 있도록 준비해야 한다.

영국의 극작가 조지 버나드 쇼는 "사람은 정상에 오를 수 있지만, 거기에서 오랫동안 머물 수는 없다. 성공은 당신이 서 있는 위치가 아니라 이루고자 하는 것이다."라고 말한 바 있다. 아마도 스티브 잡스가 '애플의 CEO'가 아니라 'CEO가 되어서 이루고 싶은 것'을 목표로 삼은 것도 같은 의미일 것이다. 회사에서 얼마나 높은 대우를 받고 어느 위치까지 올라갈 것인가를 고민할 것이 아니라, 내가 회사에 기여하고자 하는 것이 무엇인가를 먼저 고민해야 한다.

나보다 두 단계 높은 팀장으로 일하자

당신이 비록 사원일지라도 일은 팀장처럼 해야 한다. 무슨 말도 안 되는 소리냐고 물을 수도 있겠지만, 처음부터 '난 아직 사원이니까.' 하는 마음가짐으로는 제 역할을 다 하지 못한다. 그런 생각으로 일을 대하면 조금만 힘들어도 '난 못하겠다. 누가 대신 해주겠지.' 하고 두 손 들어버리고 만다. 이렇게 소극적으로 뒤로 물러나기만 해서는 개인이나 회사나 발전할 수 없다.

다들 하기 싫어하는 일이 있다면 당신이 먼저 나서보자. "네가 과장이냐?"라는 말을 들어도 개의치 말자. 당신이 자기보다 더 잘될까 봐 두려워서 하는 소리다. 제 몫을 다 하고 그 이상을 한 사람에게는 어떻게든 보상이 돌아가게 돼 있다. 요즘 같은 세상에 팀장보다 나은 보상을 받지 말라는 법도 없다.

회사에 있는 동안은
내 시간이 아니다

회사는 나의 시간과 역량을 사주는 구매자다 .
회사와 연봉을 거래한 이상, 그 시간만큼은 모든 역량을 회사에 집중하라.

회사에서 일하는 시간이 당신 것이라고 생각하는가? 당연하다고 고개를 끄덕였다면, 큰 오해를 하고 있는 것이다. 회사에서의 시간은 당신 것이 아니다. 내가 이렇게 이야기하면 어떤 사람들은 구시대적인 산업사회 근면성을 설파한다고 오해할지 모르겠다. 그러나 시대가 어떻게 변하든 바뀌지 않는 시장의 진리가 있다. 판매자가 자신의 상품을 판매해서 원하는 가격을 받고 싶다면 구매자의 요구조건을 들어주든지 아니면 구매자가 살 수밖에 없는 상품을 가지고 있어야 한다.

거래는 기브 앤드 테이크Give & Take가 기본이다. 그런데 우리는 받는 데는 정확하지만 주는 데는 흐리멍덩하다. 회사와 구성원은 서로 판매자와 구매자의 입장이다. 근무시간이라는 것은 내가 역할을 부여받고 책임을 완수해야 하는 최소한의 시간으로, 회사가 나에게 연봉이라는 대가를 주고 사들인 시간이다. 직장은 이를테면 나의 가치를 '거래'하는 시장market인 것이다. 시장에서 빈둥거리다가는 어떻게 되겠는가? 시간은 남아돌겠지만, 나의 가치는 팔리지 않는 물건처럼 하락할 게 뻔하다.

업무시간을 내 시간이라고 생각하며 소홀히 대해서는 안 된다. 우리는 엄연히 그 시간에 대한 역할과 책임을 다해야 한다. 무보수 봉사활동이 아니라 보수를 받은 만큼 그에 합당한 대가를 치러야 한다. 혼신의 힘을 다해서 주어진 시간 내에 요청받은 성과목표를 달성하는 데 몰입하라.

경기장에서 놀지 마라.
근무시간은 회사의 것이다

축구선수들은 전후반 45분씩 주어진 시간 동안 최고의 집중력을 발휘하며 경기장에서 뛴다. 선수를 교체하거나, 선수의 부상을 확인하고 후송하느라 경기가 지연될 경우에는 그만큼 경기시간을 연장할 정도로 시간을 중요하게 여긴다. 회사에서 근무하는 우리도 운동장에서 90분 풀타임을 뛰는 선수라고 생각하고 일에 덤벼야 한다.

관료조직의 비효율성을 풍자한 파킨슨Cyril Northcote Parkinson은 이렇게 말했다. "일은 투여할 수 있는 시간만큼 팽창한다."

느슨하게 일하면 8시간 동안 이메일 한 통 쓰다가 끝날 수도 있고,

짜임새 있게 움직이면 이메일에 기획안 작성까지 끝내고 상사의 재가를 받을 수도 있다. 개인이 회사에서 시간을 어떻게 관리하느냐에 따라 자신의 성과가 180도 달라진다는 말이다. 그래서 나는 우리 회사 구성원들에게 농담 반 진담 반으로 이렇게 말하곤 한다.

"화장실에서도 고민의 끈을 절대 놓지 마라. 자신이 맡은 일에 대해 고민하고 또 고민한 사람은 그 결과가 다를 수밖에 없어. 항상 자신의 일을 머릿속에 넣고 그 일을 쥐고 있으라고!"

이런 농담을 하는 이유는 구성원들이 회사를 공적인 장소로 알고, 회사에서만큼은 업무에 집중하고 몰입하기를 바라는 마음에서다. 그리고 당연히 그렇게 하는 것이 자신의 역량을 높이고 몸값을 높이는 데도 유리하다.

물론 하루 종일 책상 앞에 앉아서 업무를 한다는 것은 업무효율 면에서도 바람직하지 않다. 그래서 회사는 근무환경을 개선하기 위해 휴게실을 만들고, 사람의 가장 원초적인 고민을 해결하는 화장실조차 아늑하고 편안하게 리모델링한다. 구성원들을 무조건 편하게 해주기 위해서 그렇게 하는 것일까? 그러한 목적도 있겠지만, 더 중요한 이유는 구성원들이 업무에 더욱 몰입하게 하기 위해서다. 이 모든 것은 근무시간 동안 최고의 집중력을 발휘하게 하고, 더욱 창의적인 아이디어를 끌어내고자 하는 고도의 경영기법이다. 당연히 구성원들은 탁월한 성과로 화답해야 한다. 쉬기 위해 근무하는 것이 아니라, 좀 더 잘 근무하기 위해서 쉬는 것이다.

그럼에도 많은 직장인들이 공적인 업무와 개인생활을 구분하지 못한다. 근무시간에 메신저로 친구들과 채팅을 하고 주말에 찍은 사진들을 개인 SNS에 업데이트한다. 때로는 평소에 눈여겨뒀던 물건을 사기 위해 가장 싼 곳을 찾아 온라인 쇼핑몰들을 뒤지는가 하면, 모바일로 게임을 하느라 자리를 비우기까지 한다. 그것도 모자라서 휴게실에서 사적인 통화를 하거나 동료들과 신변잡기 수다를 수십 분씩 늘어놓는다.

회사에 비치된 개인 책상은 사적인 일을 하라고 준 것이 아니며, 회사라는 공간 또한 마찬가지다. 개인적인 일을 하라고 회사에서 비싼 급여를 줘가며 장소를 제공하는 것이 아니라는 말이다. 그러나 사람들은 이런 사실을 알면서도 사적인 일들을 마치 당연하다는 듯이 회사에 들고 온다. 만약 은행이나 병원에 가야 해서 불가피하게 근무시간을 이용해야 한다면, 점심시간을 활용해 가능한 업무시간을 침범하지 말아야 한다. 사적으로 꼭 해야 할 일이 있다면 업무시간 이후나 아침 출근시간 전에 일찍 하라. 이런 식으로 자기만의 규칙을 정해놓으면 업무 집중도도 높아지고 사소한 시간낭비도 줄일 수 있다.

'너무 야박하게 구는 것 아니냐?'고 생각할지도 모르겠다. 하지만 거꾸로 생각해보라. 옆자리 동료가 일할 생각은 안 하고 허구한 날 자리를 비우고 개인용무에만 열중한다면 어떻겠는가. 회사일은 뒤로 미뤄두고 개인 SNS만 관리한다든지, 취미로 따려는 자격증 시험이 얼마 남지 않았다며 근무시간에 시험공부를 하는 직장인도 있다. 그런 구성원들을 보는 주위의 시선은 결코 곱지 않았다. 그리고 만약 사장인 당신이 그런 구성원을 본다면 기분이 어떻겠는가? 업무의 양다리는 집중력을 분산시키고, 업무 몰입도를 떨어뜨린다. 진정으로 내 미래를 걸 회사라면, 양다리는 결단코 피해야 한다. 내가 컨트롤할 수 있다고 해서 근무시간이 내 시간이라고 착각해선 안 된다. 내가 하고 싶은 일은 퇴근 후에 하는 게 맞다.

● Performance WAY ●

풀타임 플레이어들의 퍼포먼스 웨이

퇴근하기 전에 '내일'의 성과를 미리 디자인하라

대부분의 직장은 오후 6시까지 근무한다. 5시쯤 당신의 모습은 어떠한가? 한번 생각해보자. 대부분 퇴근시간이 가까워져 오면 일에 대한 집중도가 현저하게 떨어진다. 저녁에 어디서 누구를 만나고 무엇을 먹을지 궁리하거나, 빨리 집으로 가서 가족과 함께 식사할 생각이나 동호회, 취미활동에 대한 생각으로 머릿속에서 뭉게뭉게 설렘의 구름이 떠다닌다.

이미 6시 전부터 슬며시 소지품을 하나씩 가방에 챙겨 넣는 등 무언의 움직임이 감지된다. 몸은 회사에 있지만 마음은 이미 밖으로 나간 지 오래다. '6시 땡!' 하기만을 기다렸다가 요리조리 눈치 보며 '칼

퇴근' 도장을 찍기 바쁘다. 6시까지는 업무를 하고 그 후에 퇴근준비를 해야 하는 것인데, 6시가 되기도 전에 퇴근준비에 돌입했다면 과연 업무 마무리가 제대로 되었겠는가?

오늘 해야 할 일들은 다 하고 퇴근준비를 하는 것인가? 오늘의 성과목표는 제대로 달성되었는지 리뷰해보았는가?

어렸을 때 우리는 매일 저녁 일기를 쓰고 다음 날 학교에 가서 선생님께 검사를 받았다. 그날 하루를 되돌아보고 가장 기억에 남는 일을 일기에 적었다. 그러면서 잘못한 일이 있으면 반성도 하고 앞으로 어떻게 하겠다고 다짐하기도 했다. 이랬던 것처럼 회사에서도 업무를 마치면서 하루 일과를 정리해야 한다.

당신이 오늘 아침 목표로 세우고 계획했던 일들이 차질 없이 잘 진행되었는지 검토해보고, 일을 하면서 느꼈던 점을 정리해보자. 업무를 하면서 느꼈던 점을 기록한 것들이 쌓이면 그것은 모두 당신의 지적 재산이 된다. 아울러 내일 당신이 달성해야 할 성과목표와 해야 할 일을 떠올리며, 내일이 오기 전에 미리 정리하는 것을 잊지 말자.

아침이 되어서야 분주한 정신으로 부랴부랴 오늘 할 일을 떠올리는 사람보다 하루 전날 차분하게 미리 생각해서 정리한 사람이 일의 스타트도 빠르고, 일에 대한 집중도도 높다. '내가 받는 연봉보다 절대 더 일하지 말아야지.' 하고 생각하기보다, 내게 주어진 근무시간을 최대한 활용하겠다는 나름의 원칙을 세우자. 다시 말하지만, 근무시간은 내 것이 아니다.

하루를 4등분 하자. '아침, 점심, 저녁'에 '새벽'을 더하자

새벽시간은 소중하다. 매일 1시간만 먼저 출근해보라. 업무시작을 앞둔 조용한 사무실에 있으면 해야 할 일, 하고 싶은 일들이 너무나 많다. 우선 업무와 관련된 책을 읽어보자. 매일 30분씩만 투자해도 1년이면 30권 이상의 지식을 쌓을 수 있다. 아니면 부족한 공부를 해도 좋다. 영어나 중국어 공부를 매일 30분씩 1년간 하면 180시간이나 할 수 있다. 회사 근처 헬스클럽에서 운동을 하는 것도 좋은 방법이다. 상쾌하게 아침을 맞이하면 업무에 더욱 집중할 수 있지 않을까?

그리고 남은 시간에는 오늘 만들어야 할 주요 성과에 대해 고민하자. 일의 목표와 목록과 순서를 정하고 준비된 하루를 맞이한다면, 출근시간에 맞춰 허둥대며 자리에 앉는 동료들보다 더 많은 성장의 기회가 제공될 것이다.

프로는 반드시
대가를 지불한다

잔꾀로 성과를 만들려 하지 마라. 그렇게 만든 성과에 기뻐하지도 마라.
어디까지나 기본으로 승부하라. 공든 탑은 절대로 무너지지 않는다.

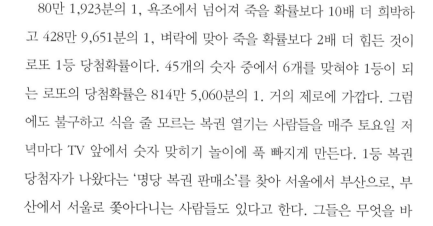

80만 1,923분의 1, 욕조에서 넘어져 죽을 확률보다 10배 더 희박하고 428만 9,651분의 1, 벼락에 맞아 죽을 확률보다 2배 더 힘든 것이 로또 1등 당첨확률이다. 45개의 숫자 중에서 6개를 맞혀야 1등이 되는 로또의 당첨확률은 814만 5,060분의 1. 거의 제로에 가깝다. 그럼에도 불구하고 식을 줄 모르는 복권 열기는 사람들을 매주 토요일 저녁마다 TV 앞에서 숫자 맞히기 놀이에 푹 빠지게 만든다. 1등 복권 당첨자가 나왔다는 '명당 복권 판매소'를 찾아 서울에서 부산으로, 부산에서 서울로 쫓아다니는 사람들도 있다고 한다. 그들은 무엇을 바라보고 그렇게 열정을 다하는 것일까? 814만 5,060분의 1의 확률을 좇는 것이 전국 방방곡곡을 돌아다니며 비용과 시간과 노력을 쏟아부을 만큼 가치가 있는 것일까? 만약 그만큼의 열정을 확실한 일에 투자한다면 훨씬 가치가 높아지지 않을까?

갑작스런 벼락 행복은 불행보다 더 가혹한 시련이라고 한다. 로또 당첨이라는 순간의 반짝임 뒤에 찾아올 시련을 위해 동분서주하지 말자. 한낱 종이쪽지에 지나지 않은 일회적인 것에 열정을 쏟지 말고, 현실적이고 생산적인 일에 쏟아붓자.

어렵고 고통스러워도 '기본'으로 승부하라

'쉽게 얻은 것은 쉽게 잃는다.'라는 오래된 속담이 있다. 노력 없이 얻은 것은 절대 내 것이 될 수 없다. 오히려 쉽게 얻는 것에 중독되면 나중에 조금만 일이 어렵고 복잡해져도 쉽게 포기하게 된다.

조금 힘들어도 오랜 시간 고민하여 어렵게 체득한 것이 진정한 '나의 것'이다. 내가 직접 공들여 쌓은 지식이나 경험, 역량은 그 수명도 길다. 노력하지 않고 손쉽게 얻을 수 있는 것에 너무 현혹되지 말자. '꾸준한 성과'를 만들어내기 위해서는 '역량'이 있어야 하고, '역량'을 키우려면 힘들더라도 '제대로 된 절차right process'를 반복해서 습관이 되고 체질이 되게 해야 한다. 시간이 들더라도 꾸준히 하는 것이 최선의 방법이다.

운동하는 것이 귀찮아서 수십만 원어치 다이어트 약을 먹고 쉽게 5kg을 빼봤자, 금방 요요현상으로 고통받게 된다. 주 3회 이상 1시간씩 운동을 하고, 식이요법으로 위장을 작게 만드는 피나는 노력이 최소한 6개월 이상 뒤따라야 다이어트 효과를 볼 수 있다.

피겨여왕 김연아 선수는 엄격한 자기관리 속에 세계 1위에 이어 세계 신기록 수립까지 이뤄 낸 스타 중의 스타다. 호숫가의 백조처럼 은반 위에서 우아한 몸짓을 선보이기까지 그녀는 얼마나 많은 노력을 했을까? 트리플 악셀과 같은 고난이도 점프들을 연기하기까지 얼마나 많이 노력했을까? 같은 동작을 얼마나 많이 반복하며 훈련했을까?

김연아 선수는 어린 자신이 감당하기에는 체력과 기술에 한계가 많아 포기하고 싶을 때가 한두 번이 아니었다고 했다. 그러나 그녀는 잔꾀를 부리지 않고 기본기를 중요시한 수련과 끊임없는 연습으로 그 유혹을 이겨냈다. 그 결과 그녀는 '점프의 교과서'라 불릴 만큼 누구도 따라올 수 없는 독보적인 경지에 이르렀다.

기본기를 쌓는 것은 쉽지 않다. 잔머리를 굴리면서 요령 피우는 것보다 시간이 더 걸리고, 번거롭다. 그러나 기본기를 탄탄하게 쌓은 사람과 그렇지 않은 사람의 종착역은 확실히 다르다.

이러한 사실은 누구나 알고 있지만, 정작 쉽게 행동으로 옮기지는 못한다.

"당신 앞에 2개의 주머니가 있다. 하나는 현금 5억 원이 들어 있는 '현금 주머니'이고, 다른 하나는 매년 5,000만 원을 벌 수 있는 비법이 담겨진 '역량 주머니'다. 이 중에서 하나만 선택해야 한다면, 당신은 무엇을 고르겠는가?"

누가 이렇게 묻는다면, 당신은 어느 것을 고르겠는가? 다들 성실하게 노력하는 것이 중요하다고 공감은 한다. 하지만 많은 사람들이 당장 쓸 수 있는 5억 원이 담긴 주머니를 원한다. 한번에, 쉽게, 편하게 살고 싶기 때문이다.

노력 없이 얻어지는 것은
그 사람을 망하게 하는 독약과 같다

농부가 편히 놀면 1년 뒤 손에 남는 게 없다. 1년 내내 논밭에 쏟아부은 땀방울이 있어야 수확할 것도 생긴다. 요즘에는 인터넷이 진화하고 IT기술이 발달해서 알고 싶은 정보를 클릭 한 번으로 손쉽게 얻을 수 있다. 발로 직접 뛰면서 현장을 살피고 실무를 파악하는 대신, 남들이 이미 만들어놓은 자료를 보고 잔재주와 요령을 발휘해서 얼마든지 일할 수도 있다. 그러나 업무의 속도 면에서는 지름길을 터득한 것 같겠지만, 실은 자신의 역량을 퇴보시키는 것이다. 자신의 역량을 제대로 쌓겠다고 생각하고, 편한 방법으로 손쉽게 할 궁리는 접어두어라. 오히려 일에 악착같이 달라붙어야 한다.

회사에서 남들보다 편하게 일하느냐가 중요한 것이 아니다. 일을 통해 나의 역량을 얼마나 제대로 키우느냐가 판단의 기준이 되어야 한다. 일이란 자기수련의 과정이다. '일을 통한 자기 가치의 실현'을 진정한 일의 목적으로 여긴다면 일을 대하는 태도는 저절로 달라진다.

나는 회사를 창업한 이후로 게으름을 피워본 적이 거의 없다. 내가 나태해지면 사업은 바로 곤두박질치고, 치열한 시장에서 도태될 것이라는 위기의식 때문이다. 물론 돈을 쉽게 버는 방법은 얼마든지 있다. 거미줄처럼 얽히고설킨 학연, 지연, 혈연을 들먹이면서 프로젝트를 따오면 적어도 몇 년은 걱정 없이 살 수 있다. 이도저도 아니면 영업사원들을 채용해서 프로젝트를 하나씩 수주해올 때마다 성과급을 주고, 나는 뒤에 앉아서 돈만 세는 편한 방법도 있다. 나는 개인적으로 인맥관리나 인간관계라는 말을 싫어한다. 그 자체가 나쁘다는 것은 아니지만 실력은 안 되면서 인맥이나 인간관계로 일을 진행한다는 부정적인 의미 때문이다. 인간관계의 기본은 내가 상대에게 기여할 수 있는 것이 분명할 때 형성되는 것이지 공짜로 남의 덕을 보자는 것이 아니다. 인맥관리와 인간관계의 핵심은 자신의 차별화된 역량이다. 자신의 역량이 낮은데 다른 수단으로 일을 성사시키고자 하는 것은 일종의 꼼수요 잔머리다.

그래서 나는 그런 방법에 익숙하지도 않을뿐더러 그런 방법이 옳다고 생각하지도 않는다. 대신 직접 현장에서 고객들을 대상으로 강의를 하고, 컨설팅 프로젝트를 진행하고 틈틈이 경험들을 정리해서 책으로 출간한다. 외부 교육 일정이나 약속이 있는 날을 제외하고는 평일, 공휴일 상관없이 오전 7시에 출근한다. 마음 편히 쉬는 것은 대가들이나 가질 수 있는 여유라고 생각하기 때문에 시간이 나면 부족한 공부를 하거나 원고를 집필하고, 지난 강의안을 업그레이드해서 고객에 맞는 내용으로 재구성하고 나를 돌아보는 성찰의 시간을 갖는다.

땀 흘리며 일해서 소중하게 얻은 것이 아닌 한, 그것을 계속 지켜나갈 수 없다. 스스로 생산하고 불리지 못하면 현재의 성과는 아무런 의미가 없다. 일회용 성과가 아니라 지속적이고 반복적인 성과를 내기 위해서는 그만큼의 노력이 필요하다. 매년 5,000만 원씩 불어난다고 했던 '역량 주머니'는 우리의 노력에 의해 얼마든지 가질 수 있다.

회사생활을 하다 보면 별다른 노력도 하지 않았는데 우연한 계기로 자신의 성과가 실현되는 경우가 종종 있다. 예를 들어 내가 담당하는 지역의 대형마트에서 먼저 계약을 체결하자는 문의가 들어온다면 그것은 내 실력이라고 말할 수 없다. 그런데 운도 실력이라며 자신이 올린 매출을 자랑스러워하는 사람이 있다. 노력 없이 얻어지는 성과가 지속될수록 점점 자신의 실력이라고 착각하게 되어 역량을 키울 생각은 하지 않는다. 결국 운이 다하게 되는 그 순간에 그의 조직생활도 함께 마치게 된다.

우리가 일을 하면서 1년, 5년, 10년 동안 얻은 역량은 꾸준하게 성과를 낼 수 있도록 도와주는 비타민과 같아서 삶의 활력소가 된다. 그처럼 소중한 재산인 역량을 아무 노력 없이 이루려는 것은 도둑놈 심보와 다름없다. 한 번에 대박을 터뜨리고 편하게 살려는 한탕주의는 깨끗하게 잊어라.

정직한 역량으로 승부하는
퍼포먼스 웨이

내가 직접 생산할 수 있는 '진정한 프로'가 되자

기업들을 컨설팅하다 보면 간혹 담당자들이 윗사람에게 자신의 프로젝트를 잘 포장하여 보여주고 싶다면서 '보고서를 잘 만들어달라.'고 요청하는 경우가 있다. 그런데 어떤 사람들은 반대로 "보고서는 나중에 고민하자. 우선은 작업하는 프로세스와 방법론을 모두 가르쳐달라. 그러면 우리가 직접 작업을 해보겠다."며 귀찮을 정도로 나를 볶아댄다. 이들이야말로 물고기 잡는 방법을 익히는 것이 중요하다는 사실을 아는 프로들이다.

후자의 유형을 만나면 방법론을 이해시키느라 더 많은 시간이 소요되고, 추가자료를 작업해줘야 해서 번거로워질 때도 있다. 그러나 '진정한 욕심'을 부린 만큼, 시간이 지나고 나면 역량이 눈에 띄게 쌓인다. 그렇게 노력하는 사람들이기에 나의 고생이 전혀 아깝지 않다.

'Everybody want to go to heaven, but nobody want to die.'라는 말이 있다. 누구나 천국에 가고 싶어 하지만, 죽고 싶어 하는 사람은 없다는 말이다. 죽어야 천국에 갈 수 있는데, 천국은 가고 싶지만 죽기는 싫다. 조직에서도 마찬가지다. 모두가 성과를 내고 싶어 하지만, 아무도 목표와 전략을 제대로 고민하지 않고, 성과를 얻기 위해 희생하지 않는다. 남들도 다 할 수 있는 수준에서 노력하면서 남들보다 큰 대가를 바란다.

진정으로 욕심을 부리려면 모르는 것에 대해 '해답'을 달라고 하지 말고 '원리'를 궁리해야 한다. 그 원리를 바탕으로 내 머리로 고민해서 해결해야만 비로소 내 역량이 된다.

남들이 대신 해준다고 하면 과감히 거절하라

주변에서 내가 맡은 일을 도와주겠다거나 아예 대신 해주겠다고 인심 쓰는 경우가 간혹 있다. 그 사람들이 특별히 당신에게만 호의가 있어서 그런 게 아니다. 자신의 역량을 키우고 뽐내는 데 욕심이 많아서 그러는 것이다.

그러니 누가 도와준다고 해서 '얼씨구나' 하고 떠넘겨서는 안 된다. 내가 충분히 할 수 있고 도전적인 업무라면 내가 그 일을 틀어쥐어야 한다. 힘들이지 않고 쉽게 끝내겠다는 유혹에 넘어가지 마라. 적게 노력하고 큰 결과를 바라는 마음, 남의 협조를 즐기는 심보도 버려라. 나의 역량을 쌓을 수 있는 기회를 왜 남에게 넘겨주려 하는가?

서점에 가보면 수년, 수개월을 공부해야 알 수 있는 것들을 최단코스로 요약해주는 책들이 많다. '한 권으로 끝내기', '3일 만에 터득하기', '7일 만에 완전정복' 같은 현란한 제목을 달고 있는 책들은, 보는 순간에는 눈에 끌려도 시간이 지나고 나면 남는 게 적다.

일이란 나의 역량을 향상시켜주는 실행도구다. 일을 하는 과정은 곧 나의 수련과정이다. 이러한 일의 철학을 절대 잊지 말고, 쉬운 길에 현혹되지 마라.

이왕 할 거면
확 미쳐라

뜨뜻미지근하게 살지 마라. 일에 '어중간'이란 없다.
물에 발가락만 담근 사람이 수영의 참맛을 알 수 있겠는가?
일을 하겠다는 건지 말겠다는 건지, 당신의 태도를 분명히 해라.

상사가 시켜서 하든, 타부서의 요청 때문에 마지못해 하든, 일단 하기로 마음먹었으면 마치 처음부터 좋아서 한 일인 것처럼 즐겁게 미쳐라. 타석에 들어선 타자가 엉덩이를 뒤로 빼고 엉거주춤하게 배트를 휘둘러서 제대로 맞히는 걸 본 적 있는가?

일에 '어중간'이란 없다. 하려면 제대로 하라. 대충 하려면 아예 그 시간에 다른 일을 하는 편이 백배 낫다. 한정된 시간과 예산을 쓸데없이 낭비하지 마라. 그게 다 당신과 동료들이 채워 넣어야 할 돈이다. 잘 벌지 못하겠으면 낭비를 막고 주어진 일을 제대로 하는 것으로라도 자원을 아껴라. 그것이 돈 버는 길이다. 주변에 그런 사람들이 있겠지만, 굳이 멀리서 찾을 필요도 없다. 자신부터 한번 반성해보자.

일에 대한 당신의
열정 온도는 몇 도인가?

'상사 때문에 고되고 힘들어서 일이 잘 안 풀린다.'

'동료가 신경 쓰여서 일에 집중하기 힘들다.'

'나는 정말 잘했는데 회사, 상사, 동료가 내가 일할 수 있도록 뒷받침해주지 않는다.'

위의 내용에 당신은 어느 정도 공감하는가? 냉정하게 이야기하자면, 모든 문제의 원인은 나 자신에게 있다. 물론 주변상황이 약간은 방해할 수도 있다. 그러나 나 이외의 주변상황들은 결코 원인의 '전부'가 될 수 없다.

처음 만나는 사람과 이런저런 이야기를 주고받는 상황을 떠올려보자. 상대방과 공감대를 형성하기 위해 퇴근 후나 휴일에 주로 무엇을 하는지, 취미가 무엇인지 이야기하다 보면, 그 사람이 좋아하는 활동에 얼마나 열정적으로 매달리는지 알 수 있다. 게임하느라 정신이 팔려서 끼니를 걸렀던 이야기부터 시작해서 휴일에 밤을 새워가며 수십 권의 만화책을 독파했던 경험들도 나온다.

일을 대하는 나의 태도는 어떠한가?

나는 일을 할 때, 내가 좋아하는 취미활동처럼 즐거워했는가?

나는 왜 일을 할 때만 되면 뜨뜻미지근해지는가?

열망하는 방식

성과달성 여부는 이루고 싶은 목적을 향한 '열정의 차이'에 달려 있다. 지금 당신이 스트레스, 짜증, 무미건조함에 시달리는 이유는 당신이 일에 확 미치지 못했기 때문일 가능성이 크다. 지향점이 없으니, 하는 일마다 뜨뜻미지근해질 수밖에 없다. 똑같은 일이 주어져도 사람마다 목적에 대한 열정이 얼마나 뜨거운가가 전혀 다른 성과를 만들어낸다.

열정이 식은 일은 '어쩔 수 없이 해야만 하는 노동'이다. 일을 대하는 태도가 '어쩔 수 없이 해야 하는' 것이기 때문에 무엇을 하든 제대로 풀리지 않고, 성과도 나오지 않는다. 그런 이들을 기다리는 것은 끝없이 반복되는 '슬럼프'뿐이다.

그러나 열정적인 사람은 다르다. 그들은 일을 '내가 성과를 낼 수 있도록 역량을 키워주는 학습과정'으로 대한다. 따라서 스스로에게 확실히 동기부여를 해가면서 잡다한 생각 없이 무조건 일에 뛰어든다. 일을 즐겁게 받아들이고 열정을 다하는 동안 아드레날린이 솟구치는 짜릿함을 만끽하기 때문에 성과도 당연히 다르다. 입이 떡 벌어지도록 완벽히 마무리를 해서 회사로부터, 상사로부터, 동료들로부터 인정받으며 고공행진을 이어간다.

일에 미치고 자신에게 미친
편식쟁이가 성과를 창출한다

일과 인생에 뜨뜻미지근한 사람들이 어영부영 일하는 동안, 일에 미친 사람들은 임원에 사장은 기본이요, 자기 분야의 최고 전문가가 되겠다는 목표를 향해 뛰고 난다.

내가 알고 지내는 김 과장도 그렇다. 대기업 기획부서에서 일하는 김 과장은 하루 17시간을 일에 매달릴 정도로 완전히 일에 미친 사람이다. 출퇴근길에도 일을 손에서 놓지 못할 정도로 너무나 재미있단다. 주변에서는 "일하는 게 그렇게 좋냐.", "저 사람처럼 일 좋아하는 사람은 없을 거다.", "요즘 아주 업무 삼매경에 빠졌어.", "저런 독종은 처음 본다."라고 혀를 내두르지만, 김 과장은 오히려 그것을 즐긴다.

그는 자신의 일에 대해 최고의 전문가가 되고 말겠다는 열정이 있고, 충분히 해낼 수 있다는 자기확신이 있다. 그렇기 때문에 남들이 뭐라고 하든 완전히 일에 미치기로 작정한 것이다. 어떠한 목표든 달성해내는 김 과장의 역량은 여러 사람들로부터 인정받게 되었고, 동료들과 후배들은 단순히 '후배', '친구', '직장선배'가 아니라 '전문가'로 그를 대접하기 시작했다. 결국 김 과장은 초고속 승진을 거듭해 열 살이나 나이 많은 선배들과 어깨를 나란히 하고 회사를 책임지는 중역이 되었다.

왜 대부분의 사람들은 일할 때 김 과장처럼 확 미치지 못하는 것일까? 왜 일만 손에 쥐면 갑자기 피곤해질까? 이유는 크게 두 가지로 압축된다.

첫째, 일을 할 때 '어떻게 하면 성과를 낼 수 있을지?'를 끊임없이 고민하지 않기 때문이다. 일을 하기 전에 자신이 이 일을 통해 얻으려는 것은 무엇인지, 그리고 어떻게 얻어야 하는지를 고민하고 머리를 쥐어짜는 간절하고 악착같은 면이 필요하다.

둘째, 주변상황에 너무 쉽게 휘둘린다. 한마디로 귀가 얇다. 스스로에게 명확한 동기부여를 해주고 일의 목적을 향해 달리는 사람이라면 장애요인들이 방해해도 목적을 향해 달려나갈 수 있다. 그러나 목적한 바가 희미하고 스스로를 격려하지 못하는 사람은 이런저런 사소한 일들에 지나치게 민감하게 반응한다. 결국 늘 밑바닥 제자리 인생을 벗어나지 못한다.

지나고 나면 돌이킬 수 없는 아까운 시간을 투자하면서 왜 이런 헛된 고생을 하는가? 일 자체를 좋아하는 사람이라면 문제없지만, 그렇지 못하다면 일을 통해서 자신이 얻게 될 이득과 모습을 그려봄으로써 뭐라도 건져야 한다. 내 인생에서 뭔가를 해보겠다는 열정이 생기는 순간, 기회도 덩달아 많아진다. 어차피 해야 할 일이라면, 이 일이나를 키워주는 학습과정이라고 생각하고 밀어붙여라. 그러면 놀라운 경험을 하게 될 것이다.

자기 분야에서 눈에 띌 정도로 앞서가는 사람들은 하나같이 '미쳤다'는 공통점이 있다. 김 과장처럼 우리도 전문가로 성장할 수 있다.

그러나 아무나 전문가가 될 수 있다고 생각한다면 착각이다. 전문가라는 이름은 그렇게 쉽게 주어지지 않는다. 운이 좋아서 전문가가 되는 것도 아니다. 단지 지식이 많다거나 그 분야에서 오래 일했다고 해서 얻을 수 있는 것도 아니다. 전문가라는 이름은 철저하게 그 '일'에 미친 사람들의 몫이다. 김 과장 역시 전문가로 인정받기까지 실로 엄청난 노력이 있었다. 자신의 일에 열정을 쏟고, 그 분야에서 가장 뛰어난 사람이 되겠다는 각오를 다져야 한다. 자신의 일에 혼을 불어넣을 수 없다면, 전문가가 될 꿈을 접고 그저 그런 사람으로 남을 수밖에 없다.

주변 사람들이 예상 못할 정도의 성과를 이뤄내는, 그리고 일에 열정적으로 미치는 예비 전문가를 꿈꾼다면, 제대로 일하고 성과를 창출할 수 있도록 일을 대하는 태도부터 바꿔야 한다.

● Performance WAY ●

제대로 미치고 제대로 일하는
퍼포먼스 웨이

안 될 것에 대한 '두려움'은 땅속에 묻어라. 갖고 있어봐야 마음만 무겁다

일을 하면서 성과목표를 달성해야 한다는 생각보다는 엉뚱한 곳에 에너지를 쏟아붓는 사람들이 많다. 이런 사람들은 대개 이래저래 안 되는 이유부터 찾아내고, 실패를 두려워하고, 핑계거리를 찾아낸다.

당연히 탁월한 성과를 이루기 힘들다. 이왕 시작한 일, 1%의 가능성만 있어도 해낼 수 있다는 열정을 가질 수 있다면 얼마나 좋을까? 두려움을 떨쳐버릴 수는 없을까?

사람들은 흔히 생각이 많아질 때 '오만 가지 생각이 다 든다.'고 표현한다. 데이모스 법칙에 따르면 실제로 사람들은 하루에 5~6만 가지 생각을 한다고 한다. 그중에서 90% 이상은 쓸데없는 걱정이다. 또한 쓸데없는 걱정 가운데 90% 이상은 이미 어제도 했던 걱정이라고 하니 얼마나 많은 쓸데없는 걱정과 생각들로 시간을 낭비하는지 짐작이 간다.

심리학자 어니 J. 젤린스키Ernie J. Zelinski에 따르면 사람들이 걱정하는 것들 중에서 40%는 절대 현실에서 일어나지 않을 것이고, 30%는 이미 일어난 일에 대한 것이며 22%는 안 해도 될 사소한 것이라고 한다. 92%가 이렇게 쓸데없는 고민이고 나머지 4%는 우리 힘으로는 어쩔 도리가 없는 고민이라 고민을 해도 소용이 없고, 오직 나머지 4%만이 가치 있는 것에 대한 고민이라고 한다.

두려움은 할 수 있는 일도 못하게 만든다. 두려움을 떨쳐버리고 어떻게 해야 성과목표를 달성할 수 있는지 생산적인 고민을 하는 데 4%를 사용하라. 두려움을 버리고 자신의 일에 대해 정성과 열정을 바치면서 자신이 뜻한 바를 이룰 때, 당신은 더 이상 평범하지 않은 존재가 된다.

일에 자신의 자존심을 걸어라

미국의 제16대 대통령 링컨은 "사람은 나이 마흔이면 자기 얼굴에 책임을 져야 한다."고 말했다. 마흔이면 반평생을 살았다고 할 수 있다. 그 정도 시간이면 그 사람이 살아온 세월과 성격이 얼굴에 다 묻어나므로 책임을 져야 한다는 뜻이다.

일에 확 미친다는 것은 자신의 이름을 건다는 말과 같다. 자존심이 깎이고 쌓이는 것은 한순간이다. 일을 끝냈을 때, 그 성과물을 받아볼 사람이 얼마나 만족하는지에 따라 당신의 자존심이 어떻게 될지 결정된다. "이걸 정말 자네가 다 끝냈어?", "이야, 자료가 정말 마음에 드는군.", "그래, 자네가 이 정도 할 줄 알았다니까!"라고 말할 고객의 얼굴을 떠올려보라. 상상만 해도 짜릿하지 않은가?

자신의 이름을 걸었다면, 일의 결과물이 나올 때까지 끊임없이 고민하고 일을 손에서 놓지 않는 끈기를 가져라. A4용지나 업무수첩에 자신이 현재 중요하게 마무리해야 할 과제들을 요약해서 출퇴근길이나 자투리 시간에 한 번씩 읽어보며 아이디어를 떠올려보라.

업무에 배수진을 쳐라

'이 일은 내가 꼭 해내고 말 거야.'라는 굳은 결심으로 일에 미칠 정도의 열정과 노력을 쏟아부은 적 있는가? 왠지 미심쩍은 구석이 있어서 할까 말까 망설이고 고민하는 동안, 남들은 이미 나를 앞질러가고 있다.

헛된 곳에 낭비할 시간이 없다. 반드시 해야 할 행동에만 집중하도

열망하는 방식

록 잡념이나 불필요한 감정들이 끼어들 빈틈을 없애야 한다. 일에 완전하게 미치는 데 방해가 될 만한 요인들은 사전에 제거하고, 시간과 공간을 포함한 주변환경을 재정리하자. 예를 들어 중요한 이유도 없이 자주 만나는 친구들의 모임, 괜히 끼지 않으면 손해 볼 것만 같은 조찬모임, 뭔가 하나라도 배울 것만 같은 사교모임은 지나고 보면 영양가 없이 시간만 잡아먹을 뿐이다. 꼭 필요한 곳만 남기고 과감하게 정리하라. 차라리 그 시간을 자신의 경쟁력을 키우는 데 써라. 그리고 '미치면 승진한다.', '미치면 전문가가 될 수 있다.', '미치면 성공한다.'와 같은 자기 최면을 걸어라.

최고를 나의 라이벌로
선택하라

똑같은 놈끼리 싸운다고 했다. 상대선수의 수준이 곧 내 수준이다.
상대가 최고이면 나의 수준도 최고가 된다.

당신에게는 '라이벌'이라 부를 만한 존재가 있는가? 그렇지 않다면,
라이벌이 필요 없다고 생각하는가?

사람들은 흔히 '라이벌'이라고 하면 싸워야 하는 적수, 내가 짓밟고
올라서야 하는 존재, 무너뜨려야 하는 사람 정도로 생각한다. 내가 앞
으로 나아가는 데 언젠가는 걸림돌이 될 존재로 생각하는 것이다.

그러나 라이벌을 좋지 않은 이미지로만 여기는 데는 문제가 있다. 라
이벌은 나의 롤모델이 될 수도 있다. 또한 나의 발전을 도와주고 성장
시키는 가장 강력한 동기부여 수단이다. 최고의 선수에게는 항상 자
신을 긴장시키는 라이벌이 있었다. 라이벌이 있었기에 최고의 기록과
성적을 낼 수 있었던 것이다.

라이벌은 당신을 다시 한 번 일으킬
최고의 동기부여자다

나는 스스로에게 이런 다짐을 했다.

"5년 후, 나는 게리 해멀Gary Hamel과 어깨를 나란히 하는 경영의 대가가 될 것이다."

게리 해멀은 런던 비즈니스 스쿨 교수이자 컨설턴트로서 〈월스트리트저널〉이 가장 영향력 있는 경영사상가로 선정한 바 있다. 경영 대가로서 받는 대접도 화려하다. 그의 1시간을 빌리고 싶으면 우리나라 돈으로 1억 원 이상을 지불해야 한다. 나는 화려한 경력의 게리 해멀을 인생의 라이벌로 꼽았다. 반드시 5년 후에는 그와 어깨를 견줄 수 있는 명성을 갖출 것이다.

혹자는 세계적인 경영 대가를 라이벌로 꼽는 내가 미쳤다고 생각할 것이고, 나를 허풍쟁이쯤으로 여기는 사람도 있을 것이다. 그러나 나에게는 뚜렷한 목표가 있고, 그 목표를 달성해야만 하는 사명감이 있다. 목표를 이룰 수 있도록 누군가를 롤모델로 삼으면 중간에 고난과 어려움이 있어도 지치지 않고 항상 앞을 보고 달릴 수 있다. 게리 해멀과 같은 대가를 라이벌로 점찍은 마당에, 어떻게 1분 1초를 나태하게 보낼 수 있겠는가.

라이벌은 그 존재만으로도 긴장감을 주고 늘어지기 쉬운 마음을 다잡아준다. 또 라이벌을 따라잡거나 그를 넘어서는 자신의 모습을 생각하면서 설렘을 느끼게도 해준다. 라이벌이 주는 가장 큰 선물은 끊임없이 당신을 발전시킬 수 있는 '원동력'이 된다는 점이다.

당신의 도전의지를 불태워주는 라이벌은 평생 당신 곁에 있어야 하는 소중한 친구다. 라이벌이 없는 사람은 마음과 머릿속에서 꿈이 사라져버린 것과도 같다. 하루하루 살기 위해 삼시 세끼를 먹듯이 목적의식 없이 하루하루 시간을 때우고 있을 뿐이다. 그러니 라이벌이 없다면, 오늘부터 심사숙고해서 라이벌을 선정하라. 그가 성과를 달성하거나 그 자리에 오르기까지 그에게 영향을 미친 결정적인 요인들을 찾아내어 스스로를 자극하라.

● Performance WAY ●

라이벌을 뛰어넘는
퍼포먼스 웨이

나의 비전을 기준으로 라이벌을 정하라

나의 목표를 달성하는 데 도움받을 수 있는 사람들 가운데 한 명이 나의 라이벌이다. 라이벌과 선의의 경쟁을 벌이는 과정에서 그를 뛰어넘으려는 시도들이 쌓이고 쌓여 나의 목표를 달성할 수 있도록 도와준다.

라이벌을 정할 때는 우선 나의 기준에 맞춰 물색하자. 나의 목표를 이미 달성해서 높은 경지에 이른 사람이거나, 무한대로 계속 발전해나가는 사람일수록 좋다. 일반적으로 나보다 약간 뛰어난 사람을 라

열망하는 방식

이벌로 삼지만, 나와 그다지 차이 나지 않는 고만고만한 사람은 내게 강력한 동기부여를 하기 힘들다. 우리 회사의 베스트 하이퍼포머도 좋고, 회사를 뛰어넘어 내 업무분야의 대가도 좋다. 자신이 가장 넘어서고 싶은 사람을 라이벌로 삼자.

라이벌에 대한 전문가가 되어라

앞서와 같은 조건 또는 자신만의 독특한 기준으로 라이벌을 정했다면, 이제 그를 넘어서기 위한 구체적인 전략을 세울 차례다. 그에게 배울 수 있는 것 또는 그만의 독특한 습관을 정리해 따라 해보자. 그의 습성, 태도, 생활방식 하나하나를 나의 행동원칙으로 삼고 벤치마킹하는 것이다. 그러다 보면 나에게 맞는 것도 있고, 변형시켜야 할 것도 있고, 내가 창의적으로 생각해낼 수 있는 것도 생길 것이다. 그것들을 발판으로 한발 앞서가기 위한 색다른 계획을 세우는 것도 좋다. 빌 게이츠나 워런 버핏 등 한 분야에서 일가를 이룬 사람들의 인터뷰를 보면 모두들 한결같이 성공한 사람들의 레시피를 따라 했다고 한다.

나는 집필작업을 할 때마다 항상 상기하는 문구가 있다. 집필과 관련해서 라이벌로 여기고 있는 잭 트라우트의 '명쾌한 작문을 위한 10가지 제안'이 그것이다. 매번 집필을 시작하기에 앞서 그 글을 읽으며, 어떻게 글을 써내려갈지 한 번 더 생각하고 호흡을 가다듬는다. 글을 쓰다 잘 풀리지 않을 때도 그 글을 보며 머리를 식히고 내가 무엇을 간과하고 있는지 되짚어보곤 한다. 나는 잭 트라우트의 그 글을 표로 만들어서 책상과 벽에 하나씩 붙여두었다. 언제라도 눈에 잘 띄는 곳에 두고 자주 들여다보기 위함이다.

라이벌을 정했다면 이처럼 그를 자주 떠올리고 주기적으로 생각해야 한다. 라이벌을 정해놓기만 하고 행동에 변화가 없다면, 발전할 의지가 전혀 없는 사람이다. 매일 그 사람 이름이라도 적어보며 자극을 줘야 조금이나마 생각하고 따라 하게 된다. 라이벌을 이기는 그날까지 항상 그를 예의주시하라.

멘토를 선정하여 장점을 모니터링하자

성공적인 직장생활을 하기 위한 여러 가지 방법 중 가장 손쉬운 방법은, 본받을 점이 많은 상사나 동료를 당신의 멘토로 삼는 것이다. 꼭 사내 선후배가 아니어도 좋다. 업무나 업무 외적으로 모범이 될 만한 사람을 나의 멘토로 삼아 그 길을 따르자. 꼭 한 사람만 정할 필요는 없다. 당신의 업무와 직장생활, 인생의 지침이 되어줄 수 있는 사람이라면 10명도 좋고, 100명이어도 상관없다. 풀기 어려운 문제에 부딪히면 적합한 멘토에게 연락해보자. 기꺼이 당신의 해결사가 되어줄 것이다.

아울러 멘토들의 장점을 따라 해보자. 목표가 뚜렷한 멘토로부터 당신의 목표를 뚜렷하게 만드는 방법을 학습하고, 긍정적이고 적극적인 멘토에게는 그런 생활태도를 배우자. 상사와 동료들은 그런 당신을 '하이퍼포머'로 포지셔닝해줄 것이다.

직장에 대한
막연한 환상을 버려라

회사는 환상 속에 존재하는 곳이 아니다. 당신의 생활이며, 현실이다.
당신을 떠받들어주는 회사를 찾아 방황하지 말고, 현재 이곳에서 의미를 찾아라.

컨설턴트를 채용하기 위해 면접을 볼 때의 일이다. 그중 한 지원자
는 사회경험이 1년차이지만 요구사항은 경력 10년차 시니어급 컨설
턴트를 모셔오는 것보다 더 까다로웠다. 우리 회사에서 제시했던 연
봉제가 자신에게 맞지 않는다며 단박에 거절했다. 자신이 비록 1년차
이기는 하지만 본인은 철저하게 프로젝트별로 성과급을 받겠다는 것
이었다. 성과급도 역량이 있을 때나 반영해줄 수 있는데, 괜히 겉멋만
든 것 같아 기분이 씁쓸했다. 그 외에도 퇴근시간 이후에는 학원에 다
녀야 하기 때문에 야근을 하기 어렵다든지, 주말을 보장받는 철저한
주5일제로 근무하겠다든지 등 요구조건이 열 손가락으로 모자랄 지경
이었다.

이런 친구는 뽑아놔도 적응을 못하고 얼마 후에 곧 떠날 것이라는

느낌이 강하게 들었다. 실력은 어떨지 모르겠지만, 아무리 뛰어난 실력을 갖추었다 하더라도 과연 자신이 원하는 조직을 찾을 수 있을지, 설령 찾았다고 하더라도 잘 적응할 수 있을까 하는 안타까움이 먼저 들었다.

그 후 우리 회사에 컨설팅 프로젝트에 대한 전략적 제휴를 요청하러 온 한 컨설팅 회사의 프로젝트 매니저가 있었는데, 우연찮게도 알고 보니 그 까다로운 면접자의 전 직장상사였다. 매니저는 고개를 절레절레 흔들며 그 친구 때문에 꽤나 애를 먹었다고 했다. 지금 그 친구는 어딘가에서 잘하고 있을까?

당신이 꿈꾸는 회사는 세상에 없다

사회생활에 뛰어들기 전에 우리가 꿈꾸던 직장생활은 이상理想 그 자체였다. 모든 것을 완벽하게 갖추고 조직의 성장과 개인의 발전이 조화를 이루는 회사! 막연하게 이상적인 회사의 이미지만을 갖고 사회에 나왔으니 세상에는 그런 회사들이 대부분이며, 당신 또한 그런 곳에서 일하게 되리라 기대했을 것이다. 그래서일까? 수많은 직장 새내기들이 자기 머릿속의 멋진 회사를 찾아 이 순간에도 방황을 거듭하고 있다.

이상은 말 그대로 어디까지나 이상일 뿐이다. 게임을 즐기며 스트레스를 푸는 놀이공간, 호텔급 유기농 음식을 제공하는 식당, 하루의 피로를 풀어줄 전문 마사지사와 의료진이 있는 회사는 0.1%도 안 된다. 사실 이것도 많이 과장된 수치다. '하루 8시간 주5일 근무'라는 가장 기본적인 사항조차 촉박한 업무마감 앞에서 힘을 잃는 게 우리네 회사생활이 아닌가.

이제 더 이상 쓸데없는 착각에 시간낭비하지 말자. 신문기사에 나오는 이상적인 회사를 찾아 헤매는 파랑새가 되어서는 아무것도 이룰 수 없다. 당신이 다니는 회사를 그런 곳과 비교하지도, 동일시하지도 마라. 비교해봐야 남는 게 뭔가? 회사에 불만만 쌓이고, 업무에 몰입하는 데 방해만 된다. 이상적인 회사는 지금 당신이 다니는 회사를 더 나은 곳으로 만들기 위한 모델일 뿐이다. 더 이상의 미련은 버려라.

이제 현실을 직시하자. 회사에 대해 이것저것 해주지 않는다고 불만만 늘어놓는 것은 세상사를 모르고 하는 투정이다. 오히려 요즘 같은 시기에 꼬박꼬박 월급 나오고 일할 수 있는 자리를 내주는 회사에 감지덕지해야 한다.

이참에 당신이 근무하는 회사와 우리나라의 대다수 회사들이 어떠한 모습을 하고 있는지 똑똑히 분석해보기 바란다. 현실의 회사들은 구성원들에게 그저 '열심히' 제 할 일을 하며 지내는 '성실문화'만 바라지 않는다. 회사가 신봉하는 가치는 '노력'이 아닌 '성과'다. 투입된 자원input에 비해 어느 정도로 생산해내느냐 하는 결과물output을 중시한다. 그렇기 때문에 '제대로' 해서 성과를 만들어내는 '성과문화'를 지향하고, 성과를 만들어내기 위한 조직적 마인드를 구성원에게 요구한다.

회사가 당신에게 맞출 수는 없다.
회사의 비전에 당신을 맞춰라

미성년자에게는 실수를 했어도 너그러이 용서받고 이해를 구할 수 있는 특권이 있지만, 사회생활에서는 공짜로 주어지는 특권이란 눈을 씻고 찾아봐도 없다. 기본적인 역량을 갖추고 자신에게 맡겨진 역할과 책임을 다한 다음에야 비로소 권리가 주어진다. 모든 회사는 구성원의 성과를 평가하고, 정해진 시간 안에 맡은 책임을 반드시 해내도록 요구한다. 그래야 제대로 된 대우를 해준다. 그리고 당신도 이미 체감하고 있듯이, 기여도에 따라 연봉이 결정되는 철저한 성과주의 시스템은 앞으로 갈수록 심화되고 일반화될 것이다.

사람에 따라 누구는 이런 흐름을 더 투명하고 공평하다고 느낄 것이고, 누구는 구성원의 책임만 커지는 점점 살벌한 조직이 되어간다고 한탄할 것이다. 하지만 생각해보라. 당신이 꿈꾸던 회사에 가면 모든 꿈이 이루어질 것 같은가? 고객에게 새로운 가치를 주며 성과를 창출하는 회사로서의 기능을 유지할 수 있을까? 그럴 가능성은 별로 없다.

놀이터 같은 회사, 펀fun을 내세우는 경영, 최고의 복지시설을 자랑하는 회사들, 물론 있다. 신문과 TV에서는 그런 회사들의 화려한 외양과 성과만을 집중 조명한다. 이렇게 구성원들이 바라는 것을 모두 다 해줘도 성과를 낼 수 있다고 목소리를 높인다. 그걸 보는 사람들은 '저런 데서 일하는 사람은 얼마나 좋을까!' 하며 '신의 직장'을 부러워한다.

왜 그런지는 모르겠지만, 사람들은 '신의 직장'에서 일하는 구성원들이 얼마나 성과에 집착하는지는 정작 눈여겨보려 하지 않는다. 우리가 흔히 알고 있는 구글, 페이스북과 같은 기업의 구성원들은 게임도 하고 낮잠도 자며 그 누구의 눈치도 안 보고 일한다. 일하러 온 것인지 놀러 온 것인지 구별이 안 될 정도다. 그러나 그들은 그 어떤 기업의 구성원들보다 치열하게 일한다. 단지 노는 것처럼 보일 뿐이다. 게임을 하면서도 다음 프로젝트 아이디어를 구상하고 눈은 감았지만 어떻게든 성과를 달성하려고 밤잠을 설치고, 하루 24시간 회사에서 즐겁게 일할 마인드가 되어 있다. 우리는 그들이 하루하루 얼마나 치열한 사투를 벌이는지는 관심 없고 그저 화려한 겉모습만 보고 '나도 저기서 일해봤으면.' 하고 소망한다.

신의 직장이라고 불리는 기업의 구성원들은 쉬지 않고 최선을 다해 성과를 높여가고 있기 때문에 회사에서 구성원들에게 더 투자할 여력도 생기는 것이다. 성과는 내놓지 않은 채 '칼퇴근', '높은 연봉' 운운하며 자기 몫만 챙기려 하는 구성원에게 아낌없이 베풀어주는 회사는 세상에 단 한 곳도 없다. 내가 먼저 회사에 성과를 보여야 회사가 보답하는 것이다. 이 순서를 헷갈리면 회사에 대한 망상에 갇혀 시간만 낭비하게 된다.

회사라는 곳이 나에게 어떠한 의미이며, 실제로는 어떠한 모습인지 냉정한 마음으로 정확히 파악하자. 운동경기에서 높은 점수를 얻으려면 처음에 배울 때 기본기가 중요하다. 자세만 좋아도 골프에서 10타는 줄일 수 있듯이, 회사를 다닐 때도 기본적인 나의 '태도'가 중요하다. 회사는 내 인생의 완성된 모습을 가꾸어가며 성과를 달성해나가는, 경건하고도 진중한 내 삶의 도장道場과도 같은 곳이다. 회사에서 받고 싶은 것을 따져보기 전에 나는 회사를 위해 무엇을 줄 수 있는지, 회사가 원하는 것은 무엇인지를 파악하고 그에 맞게 행동하라.

● Performance WAY ●

현실 속의 회사에서 비전을 찾는 퍼포먼스 웨이

환상 속의 회사는 없다

그동안 자신이 다니고 싶다고 생각해왔던 회사의 모습을 3~5가지 기준으로 정리해보자. 회사 규모, CEO의 리더십, 직장 분위기, 복지제도, 연봉 등 대부분의 직장인들이 회사를 선택할 때 고려하는 요소들을 골라 우선순위를 매겨보자. 그 리스트와 현재 당신이 다니고 있는 회사 또는 잘 알고 있는 회사의 현실을 비교해보자. 어떤 결과가 나오리라 기대하는가?

둘의 모습이 많이 유사하다면 당신의 행운을 축하한다. 하지만 그렇지 않더라도 실망하지는 말자. 현실은 현실이다. 당신이 근무하고 있고, 당신이 생활하고 있는 그곳이 당신의 현실이다. 환상이 좋은 것은 그것이 실제여서가 아니라 '꿈'을 주기 때문이다. 언젠가 내가 바라는 회사를 만들겠다는 꿈을 꾸는 것은 좋지만, 그 꿈에 갇혀 당신의 현실을 부정해서는 안 된다. 현실에 제대로 적응하려면, 현실에 맞는 새로운 기준을 세워야 한다.

내가 있는 곳이 내가 찾던 그곳이다

당신이 원하는 회사는 없을 수 있지만, 현재의 회사를 당신이 원하는 모습으로 만들어갈 수는 있다. 차별화된 접근방식으로 탁월한 성과를 창출하고 성장하는 회사로 만들어라. 성과가 좋으면 직장 분위기도 덩달아 좋아질 것이고, 물론 당신의 성장도 빨라질 것이다. 중간 경영자가 되면 당신이 원하던 리더십 스타일로 조직을 경영해볼 여지도 커진다. 그렇게 서서히 바꿔가면 당신이 있는 곳이 바로 당신이 찾던 그곳이 된다.

설령 지금 다니는 회사 또는 상사가 악덕이라 하더라도 그 핑계 뒤에 숨지 말기 바란다. 어쨌든 지금 이곳에서 익히는 모든 것들이 당신을 성장시켜줄 역량의 밑거름이 될 것이므로. 절치부심하여 쌓은 역량이 상사 차지가 되는 것이 아니지 않은가. 결국은 당신에게 기여할 수 있는 공간이라는 생각을 갖고, 내 손으로 내가 누릴 행복의 장소를 직접 만들어나가는 기쁨에서 직장생활의 진정한 의미를 찾기 바란다.

그에겐 뭔가
특별한 게 있다

남다른 존재를 만들어주는 가장 든든한 밑천은 그들의 비전이다.
제자리를 맴도는 하루살이 인생을 과감하게 정리하고, 최고들의 비전을 벤치마킹하라.

제자리 인생에서 벗어나라. 내일을 꿈꾸지 않는 삶은 하루살이와 같
다. 자신이 살아가는 그럴듯한 이유도 없이 사는 사람은 미래가 없다.
어떠한 계획이나 목표도 없으니 닥치는 대로 하루하루를 보낼 뿐이다.

그러나 전혀 다른 인생을 사는 사람들도 있다. 그들은 시간에 의미
를 부여할 줄 알기 때문에 어디서든, 누구에게나 특별한 존재로 인식
된다. 남들이 그냥 보고 넘기는 사소한 것에서 즐거움과 새로움을 찾
아내어 자신의 것으로 소화시키는 열정가다.

그들은 잠자는 시간도 아까워하며 자신의 역량을 쌓으려고 애쓴다.
반면 하루살이는 오늘도 내일도 다 그날이 그날이려니 하며 흘려보낸
다. 이 둘의 가장 큰 차이는 무엇일까? 왜 누구는 그렇게 열심히 살
고, 누구는 되는 대로 세월을 흘려보낼까?

하루살이 인생에는 없고 열정가에게만 있는 것, 그것은 바로 '비전'이다. 비전은 인생의 에너지다. '미래 어느 시점에서 내가 되고 싶은 모습', 이것이 바로 비전이다. 열정가는 비전을 달성할 생각을 매일 머릿속에 그리며 살아간다. 그래서 하루살이 인생으로 살 수가 없다. 발전을 해야 하는데, 어떻게 손 놓고 앉아 있을 수 있겠는가. 그들에게는 하루가, 1시간이 모두 비전과 연결돼 있다.

어느 공개강의 자리에서 유독 눈에 띄는 참가자가 있었다. 전자회사 대리점에 다니는 박 대리는 강의시간 동안 확실히 배워서 자신의 것으로 만들겠다는 강한 의지를 보였다. 자발적으로 질문도 하고 발표도 하니 동료 수강생들보다 실력향상이 빠른 것은 정해진 이치였다. 아예 그는 동료들과 존재감부터 달랐다. 항상 열정이 넘치고 일에서도 주도적이었다.

어디서 그런 힘이 나오나 싶어 그에게 물어본 적이 있다. 그 대답으로 그는 자신의 목표를 말해주었다. '5년 후, 마케팅본부 사업부장', '10년, 국내 영업계의 대부!'

물론 박 대리도 회사일이 힘들 때가 있지만, 하나씩 끝낼 때마다 비전에 더 가까워졌다는 기쁨을 즐겼다. 그리고 역량을 키울 수 있다는 사실 자체를 자랑스러워했다. 이런 사람이 남들보다 빨리 성장하지 않고 두드러지지 않는다면, 그것이 더 이상하지 않을까?

비전에 가까워지는 것을
즐겨라

비전이 있느냐 없느냐에 따라 사람의 인생이 어떻게 달라지는지는 여러 실험을 통해서도 증명되었기에 그 중요성에 대해서는 모두 공감할 것이다. 예전에 비해 비전에 대한 관심이 높아진 것도 사실이다. 그러나 정작 자신의 비전을 세우고 실천하는 사람들은 많지 않다. 왜 그런 것일까?

'비전'을 세운다면서 너무 먼 미래의 모습만 그리고, 정작 오늘 뭘 어떻게 해야 하는지는 둔감하기 때문이다. 대부분의 사람들이 오늘을 되돌아보며 '내일은 오늘보다 더 열심히 살아야지.' 하고 다짐한다. 그리고 내일이 되면 오늘과 똑같은 하루를 살고 다시 반성하기를 반복한다.

비전은 그런 '내일'들이 모여 이루어지는 것이 결코 아니다. 비전을 하루하루로 쪼갠 '오늘'들을 쌓아나가야 궁극적으로 비전에서 제시한 미래가 오는 것이다. 오늘, 이 시간, 이 순간에 기를 쓰며 노력해야 비전에 한 발짝 더 다가갈 수 있다.

승승장구하며 잘하고 있는 사람들은 다른 사람들의 질투와 부러움을 한 몸에 받게 마련이다. 사람들은 그들의 현재 위치만을 보며 대단하다고 칭찬하기도 하고, 몇몇은 분명 무슨 꼼수를 써서 저렇게 된 거라고 깎아내리기도 한다. 그 사람이 지금의 자리에 서기까지 얼마나 피땀 흘리며 노력했는지에 대해 진지하게 생각하고 벤치마킹하는 사

열망하는 방식

람은 그리 많지 않다. 남들이 7시간 잘 때 4시간 자고, 휴일이라고 다들 놀 때 비전에 투자한 것은 알지 못한다. 목표한 것을 이루기 위해 그것에만 미쳐 보낸 시간들을 알지 못한다.

열정가들에게 보이는 것이라고는 오직 열망하는 목표, 그리고 그것을 이룬 자신의 모습뿐이다. 자신이 진정으로 열망하고 꿈꾸는 비전을 세우고 그 비전을 실현시킬 수 있는 에너지를 가진다면, 오늘의 사소한 일에서도 의미를 찾을 수 있을 것이다.

● Performance WAY ●

비전이 이끄는 삶을 사는
퍼포먼스 웨이

내가 여기, 지금, 이 모습으로 왜 있는지 존재의 이유를 적어라

'어쩔 수 없이 산다.'는 말은 지금 이 순간부터 머릿속에서 지우자. 지금 살아가고 있는 삶은 누구의 것도 아닌 당신의 인생이다. 그 누구도 컨트롤할 수 있는 것이 아니다. 그런데도 자꾸 사람들은 누군가에게 떠넘기듯 자신의 인생을 내맡기려 한다. 그러면서 아이러니하게도 성공하기를, 부자가 되기를, 행복하게 잘 살기를 바란다. 손 하나 까딱하지 않고 밥 먹겠다는 심보다. 어린아이도 아니고 지금 우리에게 밥숟가락 위에 반찬까지 정성스레 올려 먹여줄 사람은 없다. 내 인생은 내가 이끌고 나가야 한다.

당신의 인생을 왜 살아가고 있는지, 무엇 때문에 사는지 그 이유를 밝혀보라. 그에 대한 답이 바로 당신의 '미션'이다. 삶의 존재목적이다. 그 미션을 통해 당신을 되돌아보고, 새로운 영감을 떠올리게 될 것이다.

비전조감도를 5년마다 업데이트하라

월트 디즈니는 디즈니랜드가 오픈하기 얼마 전에 세상을 뜨는 바람에 디즈니랜드가 완공된 모습을 보지 못했다. 오픈 행사에 참석한 사람들이 그가 이 멋진 모습을 보지 못한 것을 안타까워하자, 디즈니 부인이 이렇게 말했다.

"비록 그분은 이 자리에 계시지 않지만, 이미 디즈니랜드를 보았습니다. 그분이 먼저 보았기 때문에 오늘 우리가 이 자리에 있는 것입니다."

디즈니가 머릿속에 꿈꿔온 디즈니랜드처럼, 비전은 손에 잡힐 듯, 눈에 보이듯 생생하게 그려져야 한다. 마치 집을 짓기 전에 지으려고 하는 집의 조감도를 그려놓듯이 말이다. 공장에서 제품을 만들고자 한다면 먼저 완제품의 모습이 전제되어야 한다. 그렇지 않으면 의욕이 생기지 않는 것은 말할 것도 없고 무엇을 준비해야 할지 어떻게 만들어 가야 할지 실행계획을 구체화할 수 없기 때문이다.

삶도 마찬가지다. 미래의 어느 시점에 비전을 이룬 구체적인 내 모습을 건물의 조감도처럼 입체적으로 생생하게 형상화시켜야 한다. 그래야 그 비전이 현실로 이어질 수 있다. 그래서 많은 사람들이 비전조감도를 만들어서 눈에 잘 띄는 곳에 붙여놓는다. 매일, 하루에도 10번씩 나의 비전을 읽어보며 머릿속에서 그려볼 수 있도록 하는 것이다.

그러나 비전은 불변의 진리가 아니다. 한 번 작성한 비전조감도를 평생 바라보고 살 필요도 없다. 시간이 지남에 따라 목표와 비전을 하나씩 달성하면, 그에 따라 우리의 비전조감도도 업데이트해줘야 한다. 수정 사업계획을 짜듯이 5년 단위로 비전을 점검해서 새로 작성하자. 이것은 평생 동안 이어질 '비전달성'이라는 장기 레이스에서, 그 중간 과정을 점검하는 중기 비전의 역할을 할 것이다.

비전달성의 기준이 되는 가치관을 정립하라

비전을 가지고 있다고 해서 그 비전이 다 이루어지는 것이 아니다. 행동이 수반되지 않은 비전은 아무짝에도 쓸모없는 글자들의 조합일 뿐이다.

당신이 하는 행동들 가운데 비전을 이루는 데 도움이 되는 행동은 무엇이며, 걸림돌이 되는 행동은 무엇인가? 그 기준이 없다면 비전달성도 그만큼 멀어질 수밖에 없다. 또한 어떤 문제에 직면했을 때, 의사결정의 기준으로 삼아야 할 것이 필요하다. 그것이 바로 개인의 가치관이다. 비전을 이루기 위해서는 비전에 맞는 가치관을 정립해야 한다. 그래야 판단기준이 제대로 서고 흔들리지 않는다.

비전에도 블루오션이 있다

'비전'은 어떤 영역에서든 차별화하여 '최고'가 되겠다는 구체적인 그림이다. 그런데 경쟁이 치열한 분야에서는 탁월한 성과를 창출하여 최고가 되기가 여간 어려운 게 아니다. 그러나 아무도 가지 않은 곳이라면 얘기가 달라진다.

회사에서 독보적인 존재가 되는 가장 쉬운 방법은 남들이 가지 않은 길로 가는 것이다. 흔히 '블루오션'이라고 하는 바로 그곳 말이다. 회사에서 처음 시도하는 프로젝트에 참여할 기회가 주어진다면 절대 사양하지 마라. 기존의 업무방식에서도 혁신할 방법을 찾아 개선해보자. 아무도 경험하지 못한 나만의 경쟁력을 쌓을 수 있을 것이다.

성공한 한 명을 철저하게 연구하여 자신에게 접목하라

나에게 롤모델로 접목할 사람은 나의 비전과 환경 등이 비슷해야 한다. 즉 '체질'이 맞아야 한다. 아무리 훌륭하고 성공한 사람이라 해도 나와 성향이나 추구하는 바가 전혀 다른 사람을 무턱대고 따라 할 수는 없다. 나의 비전을 구체적인 실행으로 이어지게 하기 위해서는 롤모델을 정해놓고 집중 벤치마킹이 필요하다. 롤모델의 방식을 연구하고 따라 하면서 내 몸에 맞도록 조금씩 응용해나가자.

열망하는 방식

회사는
고민상담소가 아니다

아무리 화나는 일이 있어도 회사에서는 웃는 얼굴로 인사하라.
사적인 감정에 일이 휘둘리지 않도록 스스로를 단련시켜라.

회사는 공적인 업무를 하는 공공장소다. 이런 뻔한 말까지 잔소리처럼 해서 미안하지만, 개인의 고민거리를 직장에까지 갖고 와서 업무에 지장을 주는 사람들이 적지 않으므로 거론할 필요가 있다고 본다.

직장에서 개인의 대소사, 크고 작은 스트레스까지 일일이 봐줄 수는 없다. 회사는 이익을 도모하기 위한 목적으로 설립된 조직이다. 물건을 생산하고 수익을 올리는 프로세스를 진행하기 위해 급여를 주고 당신을 고용한 것이다. 그러므로 회사에서 당신에게 허용되는 것은 어디까지나 공적인 업무를 위한 구성원의 역할이다.

회사가 개인의 모든 사정을 봐줘야 할 의무는 없다

요즘 추세가 일할 때 하더라도 개인의 사생활과 감정을 중요하게 여기는 것이다 보니, 신입사원들도 '직장생활과 개인생활의 균형', '사생활을 배려해주는 직장'을 기대하곤 한다. 하지만 단언하건대, 그렇게 일일이 사정 봐주면서 성과를 올리는 직장은 어디에도 없다.

직장생활과 개인생활의 황금비율은 흔히 생각하는 것처럼 '50 : 50'이 결코 아니다. 나의 위치가 어디냐에 따라 균형유지의 비율이 달라진다. 한창 경험과 역량을 쌓아야 하는 사원 시절에 직장생활과 개인생활을 '50 : 50'으로 유지하려 한다면 '양심 없는 뻔뻔한 사람' 소리를 듣기 십상이다.

사원 시절에는 최소한 '70 : 30' 정도의 비율로 직장생활에 훨씬 더 많은 관심을 쏟아야 한다. 아직은 배우고 경험해야 할 것들이 많다. 성과 또한 급여에 못 미치는 수준이다. 이런 사정은 아랑곳하지 않고, 급여도 충분히 받고 나의 개인생활도 원하는 만큼 유지하겠다는 것은 역량을 쌓는 데 초점을 맞춰야 하는 사람으로서 이기적이고 치기 어린 발상이 아닐 수 없다.

이론적으로 보면 어느 정도 스킬이나 경험이 쌓이고 '일머리'가 제대로 체계화된 중간경영자라면 그때는 '60 : 40'으로 직장생활과 개인생활의 비율을 유지할 짬이 나고, 경영층이 되었을 때는 '50 : 50'의 비율을 주장할 수 있을 것 같다. 그러나 현실에서는 직책이 올라갈수록 직장생활의 비중이 더 많아져서 팀장이나 임원이 되면 거의 대부분의 시간을 직장에 쏟아부어야 한다. 그들은 탁월한 능력과 역량을 가지고 있는데도 불구하고 개인생활을 위한 시간이 거의 없다. 고객의 니즈와 원츠가 변하고, 경쟁자가 불확실하고, 과학기술과 정보기술이 하루가 다르게 진화하고, 글로벌 정치·경제·사회 환경이 시시각각으로 변하기 때문에 이에 대처하기 위해 불철주야 대응전략을 짜고 효율적으로 실행할 방법을 찾아내어 성과를 창출할 궁리를 해야 하기 때문이다. 직위가 높아지면 시간도 많아지고 삶이 여유로워진다는 말은 1990년대까지 유효했던 것이다.

사원 시절에는 능력을 개발하는 데 전력투구를 해야 하고, 대리 이상이 되면 상사가 따로 신경 쓰지 않아도 홀로 성과를 창출할 수 있도록 역량을 쌓는 데 집중해야 한다. 팀장이나 임원이 되면 미래 먹거리와 전략을 고민하고 구성원들을 육성하는 데 전심전력을 다해야 한다. 이와 같이 직책별로 시간을 쏟아부어야 할 내용들이 다르기 때문에 1980년대, 1990년대처럼 어느 정도 직장생활의 기본기를 다져놓으면 여유가 있던 옛날이야기들은 말 그대로 옛날이야기일 뿐이다. 직장생활 내내 긴장감을 놓지 말고 고민해야 한다.

일과 생활의 균형을 유지하는 방법은 한 가지뿐이다. 자신의 핵심역량이 '블루오션'이라면 걱정할 것 없다. 하지만 그러한 핵심역량이 갖춰질 때까지는 누려야 할 것에 지나치게 눈독 들이지 않는 것이 좋다. 그리고 일과 삶의 균형을 필사적으로 외치면서 분리할 필요는 없다. 일과 삶을 일치시키면 될 일이다. 자신의 역할과 책임에 따라 유연하게 시간배분을 해야 할 일이다. 이제 갓 들어온 신입사원과 20년 된 부장이 같은 비율로 개인생활을 영위한다는 것은 누가 들어도 우스운 말이다.

그런데 이런저런 핑계로 자신의 어려움을 피력하면서 회사가 개인의 사생활도 챙겨주는 것이 당연하지 않느냐는 구성원들이 있다. 다시 한 번 말하지만 회사와 구성원의 관계는 근본적으로 거래관계다. 이 것을 부정할 사람은 아마 아무도 없을 것이다. 자신이 원하는 개인생활이 부족한 회사라면 빨리 사표를 써라. 그리고 당신이 원하는 생활을 보장해줄 수 있는 직장을 찾으면 된다. 계속 근무할 거라면 회사가 요구하는 기준과 타협하고 불평불만을 늘어놓지 마라. 마음에 들지 않는다면 불평하지 말고 그만두면 될 일이다.

'내가 요즘 연애문제로 너무 힘들어서 일이 잘 안 된다.'부터 시작해서 '집안문제로 잠시 외출해야 한다.', '술을 못 마시기 때문에 공식적인 회식자리가 있어도 참석하기 어렵다.' 등 이유도 제각각이다. 한 조직에 구성원이 몇 명인데, 이런 개인적인 이유들을 일일이 다 들어주면서 조직이 운영될 수 있을까?

내 말이 서운해도 어쩔 수 없다. 조직은 개인들의 사적인 것까지 모두 감안하고 배려할 수 있는 집단이 아니다. 내가 원하면 일하러 나오고 아니면 마는 그런 곳이 아니다.

회사는 조직의 성과목표를 달성하기 위해 쉴 새 없이 달려야 한다.

조직의 성과목표에는 구성원들의 비전과 성과목표도 당연히 녹아들어 있다. 개개인의 투정을 들어주거나, 구성원들의 불만 하나하나에 귀 기울여줄 만큼 여유로운 곳이 아니다. 회사는 개인의 모든 사정을 봐줘야 할 의무가 없다. 스스로를 책임질 나이가 되었다면 그에 걸맞은 행동을 해야 한다.

간혹 어떤 회사는 업무효율을 높이고 성과를 극대화하기 위해 심리상담소를 설치했다는데 왜 우리 회사에는 없느냐고 투덜거리는 구성원도 있다. 그러나 심리상담소는 회사의 성과를 잘 달성하기 위해 구성원을 배려하는 차원에서 운영하는 것일 뿐, 심리상담소가 회사의 주된 역할은 아니다. 개인의 이익을 위해 어리광을 부리고, 회사에 온갖 핑계를 대는 것은 회사에도, 나에게도 전혀 도움이 되지 않는다.

그 시간에 어떻게 성과를 낼 것인지, 나의 역량을 어떻게 키울 것인지, 나에게 부여받은 임무를 완수하기 위해 어떻게 할 것인가에 대한 자존심을 챙기자. 이것이 당신에게 훨씬 더 큰 도움이 될 것이다.

● Performance WAY ●

스스로를 어른답게 다스리는 퍼포먼스 웨이

자신만의 스트레스 관리 노하우를 만들어라

일생을 살면서 스트레스를 받지 않고 살 수는 없다. '월급은 스트레스의 대가'라는 말이 있다. 그처럼 피할 수 없는 것이라면 스트레스에 일희일비하지 않는 스트레스 관리 노하우를 쌓아야 한다.

스트레스는 어떻게 관리하느냐에 따라 그 여파가 천양지차로 달라진다. 적절한 스트레스는 긴장감을 주어 더 나은 성과를 창출하는 데 도움을 주지만, 지나친 스트레스는 건강을 악화시키는 주범이 된다. 따라서 자신만의 스트레스 관리 노하우를 만들어 적절히 다스려야 한다.

스트레스 관리에서 가장 중요한 것은 '스트레스를 받지 않는 것'이다. 스트레스 받을 일을 피하라는 게 아니라, 맷집을 키워 내성을 기르라는 말이다. 내성을 기르는 데는 긍정적인 시각과 자신감이 가장 중요한 덕목이 아닐까 싶다. 나에게 주어진 업무가 일반적인 것이든, 새로운 것이든 자신감을 갖고 적극적으로 임하는 자세가 중요하며, 나와 함께 근무하는 동료들과의 관계에서 스트레스를 받지 않도록 잘 유지해나가는 것도 하나의 방법이다. 특히 상사와의 관계는 그 여파가 치명적인 만큼 각별히 신경 써야 한다.

하지만 어차피 회사생활 하면서 스트레스를 피할 수는 없으니, 잘 풀어주는 방법도 마련해두어야 한다. 레포츠 즐기기, 노래하기, 명상, 독서, 운동 등 취향에 맞는 활동을 적극 활용하자. 그래야 스트레스에 끌려다니지 않고 몸과 마음의 건강을 지킬 수 있다.

문제는 발생한 장소에서 해소하라

집에서 발생한 문제는 집에서, 회사에서 발생한 문제는 회사에서 해결해야 한다. 집에서 다툼이 있었다고 회사에서까지 붉으락푸르락 하

열망하는 방식

고 있으면, 당신 때문에 다른 사람의 기분까지 덩달아 나빠진다. 그날의 업무까지 삐걱거릴 수도 있다. 그러니 문제를 여기저기 데리고 다니지 말고, 발생한 그 장소에서 해결하려고 노력하자.

그렇다고 혼자 끙끙 앓고 있는 건 현명하지 못하다. 스트레스는 자기 혼자의 힘으로 풀려고 하다가 더 커지는 경우가 많다. 집에서나 회사에서나 대화를 통해 고민을 나누고 협조하면 문제해결이 한결 쉬워진다. 그러면 괜히 혼자 꽁해 있는 속 좁은 사람으로 오해받지 않아도 되고, 어디에서나 원만한 생활을 할 수 있다. 회사에 나의 성과코치를 정해두는 것도 방법이다. 회사일 때문에 생긴 스트레스나 개인사 등을 허심탄회하게 털어놓을 만한 성과코치를 만들어서 함께 해결책을 찾을 수 있다.

혁신활동에 주도적으로 참여하라

대부분의 회사들은 6시그마든, TPM이든, 성과경영이든 혁신활동을 실시하고 있다. 외부 경영환경이 워낙 시시각각으로 변하기 때문에 적응하기 위해서다. 또한 이것은 새로운 CEO가 취임할 때마다 불거지는 이슈이자 관례이기도 하다. 전임 CEO와 구별되는 뭔가 다른 활동을 하고자 하는 욕심 때문이리라. 이렇게 이벤트성으로 '위에서 떨어지는' 혁신 일색이기 때문에 구성원들의 참여를 끌어내거나 정착하는 데까지 상당히 오랜 시간이 걸리는 것이 현실이다.

어떤 혁신이든 주도적인 20%와 그렇지 못한 80%가 생기게 마련이다. 대부분의 사람들이 포함된 80%에 당신을 둘 것인가? 아니면 선도하는 20%에 함께할 것인가?

비관론자들이 얘기하는 것처럼 혁신이 이런저런 이유 때문에 실패할 수도 있다. 하지만 실패의 원인을 찾자면 냉소로 일관한 비관론자들 탓도 무시하지 못할 것이다. 그렇게 혁신의 발목을 잡고 있다가 일을 그르치면 결국 조직 전체의 사기만 떨어질 뿐이다. 구성원들이 제안했건, 위에서 내려왔건, 혁신의 대의에 공감한다면 그것은 큰 문제가 되지 않는다고 본다. 가고자 하는 방향이 결정되었다면 적극적으로 뛰어들자. 그것이 더 즐겁고 신나게 일하는 가장 빠른 길이다.

고수는 혹독한
역량훈련으로 탄생한다

젊어서 고생은 사서라도 할 가치가 있다. 고생길 앞에서 도망가지 마라.
눈앞의 현실만 따지면 나중에 더 고생한다.

인사팀에 근무하는 최 부장은 신입사원을 선발하는 심층면접 자리에서 일부러 짓궂은 질문들을 골라 한다. 한번은 '갑작스레 회사에서 공장 근무로 발령을 내면, 또는 지방이나 해외지사로 발령하면 어떻게 하겠느냐?'는 질문을 했다. 기특하게도 자신의 역량을 쌓기 위해서는 어떠한 고생도 참아낼 수 있다는 지원자들이 있었기에 최 부장은 그들에게 후한 점수를 줬다.

그런데 막상 그들을 뽑아놓고 6개월, 1년이 지나서 각각 공장, 지방, 해외지사로 발령을 냈더니, 여자친구 이야기부터 시작해서 할아버지, 할머니, 부모님 이야기까지 밤낮을 가리지 않고 인사팀에 구구절절한 사연을 늘어놓으며 본사에 남게 해달라고들 난리였단다. 면접볼 때는 숨기고 있다가 정작 입사하고 난 후에는 고생을 요리조리 피할 궁리만 하는 신입사원들 때문에 최 부장은 골머리를 앓는다며 어이없다는 표정을 지었다.

이는 비단 최 부장이 겪은 신입사원들만의 문제는 아니다. 대부분의 사람들은 고생하는 것을 싫어한다. 몸도 마음도 고통스럽고 피곤하기 때문이다. 그런데도 젊어서는 사서 하는 것이 고생이며, 자신들이 젊었을 때는 모두 고생을 했으니 너도 당연히 고생을 해야 한다고 강요하는 사람들이 있다.

하지만 모든 고생이 무조건 해야 할 만큼 유익한 것은 아니다. 하지 않아도 되는 고생이 있고 해야 할 고생이 있다. 그것을 판단하는 기준은 당신의 역량을 쌓을 수 있는가 아닌가다. 자신의 역량을 쌓는 것과 관련이 없는 고생을 한다는 것은 자신의 삶에서 마이너스가 되는 선택이 될 수도 있다. 자신을 더 성장시킬 수 있고 더 강인하게 만들 수 있으며 역량을 키워주는 고생이라면 과감하게 선택해야 한다. 때로는 역량을 쌓기 위해서 무언가를 희생할 수도 있다.

지방발령을 받으면 좌천됐다고 사람들이 손가락질할까 봐 부득부득 우겨서 본사에 남으려고 애쓰는 사람들도 있다. 그러나 겉모습만을 보고 하는 세간의 평가는 그리 중요한 게 아니다. 그런 데 목숨 걸 필요 없다. 진짜 목숨 걸어야 할 것은 자신의 역량을 쌓는 일이다. 내실을 키울 수 있는 곳이라면 거기가 어디든, 무조건 가라. 오히려 힘든 일을 겪고 많은 것을 경험할수록 그 대가로 나의 역량을 값지게 키울 수 있다. 그러니 현재에 매몰돼 편한 곳만 고르지 마라. 당신의 비전이 뚜렷하고 갈 길이 확실해졌다면 지금의 고생은 충분히 이겨낼 수 있다.

고생의 대가로 당신이 얻게 되는 것을 떠올려보라. 당장 손에 잡히는 금은보화는 아니지만, 평생 마르지 않을 보물을 얻게 된다. 비록 조금 힘들더라도 5년, 10년 후의 미래를 생각한다면 지금의 시련이 반드시 필요하다. 그러니 도움이 된다면 시련도 무조건 내 것으로 만들어라. 우리가 욕심낼 것은 당장의 편안함이 아니라, 한 가지라도 더 배울 수 있는 기회여야 한다.

고생을 자청해서 쌓은 역량은 당할 자가 없다

　중소 규모의 건축설계 회사들 중에 유명한 몇몇 기업의 평균급여는 일반적으로 생각하는 수준보다 훨씬 적다. 더구나 일까지 고되다 보니 취업준비생들이 선뜻 입사지원서를 내지 못한다. 그러나 여기서 3년 이상 경력을 쌓는 순간, 반전이 시작된다. 비록 초임은 낮았지만, 혼자 일을 추진할 수 있는 역량이 있다고 인정받는 즉시 각종 기업에서 서로 모셔가려고 물밀 듯이 연락이 온다.

　비단 건축설계 업계만의 일이겠는가? 그런 곳은 우리 주변에서 흔히 찾아볼 수 있다. 당장 당신이 속해 있는 기업일 수도 있다. 업무가 엄청나게 많아서 늘 개인시간도 반납하고, 주말도 없어서 마음대로 아플 수조차 없을 때마다 '왜 이렇게 힘든 일을 택했을까.', '좀 더 편한 회사를 알아볼 걸.' 하는 후회가 밀려올 것이다.

하지만 사원이나 대리 시절에 편하게 일하는 곳, 모든 것이 자동화되어 움직이는 업무, 기본적인 노력만 해도 꼬박꼬박 보상받을 수 있는 안정된 자리에서는 미래를 위한 역량을 축적하기 어렵다. 10년, 20년 후에도 자신이 지속적으로 성과를 창출하려면 지금부터 역량을 갈고 닦아야 한다. 그러려면 지금 좌충우돌해가며 여러 가지 일을 두루 겪어보아야 한다. 그런 기회가 제공되는 곳에서만 꿩도 먹고 알도 먹을 수 있다. 그러므로 일을 선택할 때는 현재의 보상수준에만 목매지 말고, 미래의 보상수준을 선택의 기준으로 삼아라.

사무실에서 남들이 하기 싫어하거나 귀찮아하는 일거리를 자진해서 맡아 하는 것은 바보여서가 아니다. 일 욕심이 많은 이들은 자발적인 사람으로 인정받을 수 있고 자신의 역량까지 키울 수 있으므로 일석이조다. 곰인 줄 알았는데 알고 보니 영리한 여우였던 것이다.

똑똑하게 굴고 싶다면 절대로 지금 당장 편한 것만 선택하지 마라. 귀찮은 일을 요리조리 피해가는 것은 영악한 짓일 뿐 정말 똑똑한 게 아니다. 사소한 잡일에서부터 큰 프로젝트까지, 자신의 역량을 키울 수 있는 기회는 얼마든지 있다. 당장은 힘들더라도 더 다양하고 깊이 있는 역량을 쌓아갈 수 있는 일을 과감하게 선택하라. 그러면 나중에 어디서든지 당당하게 큰소리칠 수 있다.

험난한 수련을 통해 단단해지는
퍼포먼스 웨이

조직의 미래와 나의 미래를 동시에 생각하라

단순히 현재 주어진 일을 해내는 것에만 만족해서는 안 된다. 그 일을 통해 내가 얻을 수 있는 것이 무엇인지, 이것이 나중에 내게 어떤 영향을 미칠지 생각하며 일해야 한다. 또한 내가 원하는 모습대로 이루어질 수 있는 일인가도 고려해야 한다. 이처럼 중요한 문제이기에 내 적성에 맞는 일, 내가 신바람 나게 할 수 있는 일을 그토록 신중하게 고르고 선택하는 것이다.

내가 몸담을 조직을 선택할 때는 나의 미래와 함께 조직의 미래도 동시에 고려해야 한다. 미래를 위해 이 조직이 어떤 역량을 필요로 하는가, 그중에서 내가 어떤 역할을 담당할 수 있을까를 분석하자. 그렇게 나와 조직이 서로에게 줄 수 있는 가치를 따져본 다음에야 비로소 신나게 미쳐서 일할 수 있다.

험난한 일이야말로 나를 제대로 단련시킨다

편하고 쉽게 누구든지 할 수 있는 일에는 사람들이 몰린다. 그러나 어렵고 힘든 일에는 사람들의 반응이 썰렁하다. 다들 눈치 보며 슬금슬금 피하려고만 한다.

누구든지 다 알고 있는 뻔한 일을 하면 몸은 편하겠지만, 역량은 영영 제자리걸음이다. 남들이 다 몰려 있는 레드오션에 끼려고 하지 마라. 틈새를 찾아가라. 힘들더라도 새로운 것을 추구하고 창의적으로 사고할 수 있는 업무가 당신을 키운다.

핵심인력을 육성하는 방법 중 대표적인 것이 도전적인 업무를 부여하여 일을 통해 성장하도록 하는 것이다. 임원 후보자들은 일부러 부서를 서너 번씩 옮겨가며 새로운 업무를 익힌다. 만약 조직에서 기회가 된다면 당신도 부서를 옮겨보는 게 좋을 것이다. 업무환경을 바꿔봄으로써 새로운 고객, 새로운 서비스, 새로운 마음가짐을 재정립할 수 있다. 이 과정을 통해 역량도 한 단계 성숙할 것이다.

물론 아무 생각 없이 가라는 대로 가고, 오라는 대로 오면 발전이 없다. 앞서 언급했던 바와 같이 역량을 발전시키겠다는 뚜렷한 목표가 있어야 순환근무도 의미가 있다. 안 그러면 자기 분야에서 몇 년 동안 어렵게 쌓아온 역량과 감각만 무뎌진다.

경영은 종합예술, 다양한 분야를 경험하라

이미 정해진 패턴이 있고, 누구나 매뉴얼대로 따라 할 수 있는 정형화된 업무로는 자신의 특별한 역량을 발휘하기 어렵다. 그러니 지나치게 한 분야에만 시야를 좁히지 마라. TF, 기획, 신사업, 신시장 등 새로운 영역을 개척하는 업무에 동참하면 새로운 일을 얼마든지 배울 수 있다. 회사에서 새롭게 도전하는 업무 분야에 관심을 가져라.

모든 회사에서 나름의 경력관리 프로그램을 시행하고 있지만, 그럼에도 여전히 어려운 것이 경력관리다. 순환배치를 하자니 숙련된 팀원을 보내고 새로운 팀원을 받아서 일을 가르치겠다는 팀장이 많지 않고, 구성원 개인적으로도 익숙한 업무를 떠나 전혀 새로운 곳에서 뭔가를 새로 시작한다는 부담감이 크기 때문이다.

하지만 회사의 모든 일이 상호 연관성을 가진 종합예술이라고 본다면 얘기는 또 다르다. 영화를 만드는 데 시나리오부터 음악, 조명, 무대 등 다양한 분야의 지식이 필요한 것처럼, 기업도 '이익'이라는 결과물을 만들어내기 위해 다양한 분야에서 다양한 사람들이 공동으로 협업하는 과정이 반드시 필요하다. 그런데 구성원들끼리 자신의 일의 전후공정을 이해하지 못하면 서로 커뮤니케이션이 원활하지 않고, 완성된 결과물의 만족도가 떨어지는 것은 당연한 일이다.

새로운 업무를 진행하면서 타 부서의 노하우를 습득하고, 거시적인 시각으로 전체 사업을 바라보는 준비를 해보자. 환경의 변화는 언제나 두려움과 고통을 수반하겠지만, 도전을 통해 이룬 성취감에 비할 바가 아니다.

회사 흉보는 친구들을
멀리하라

불평불만은 이제 그만!
회사를 흉보는 것은 자기 얼굴에 침 뱉는 것과 같다.

발전하는 조직과 정체된 조직의 극명한 대조점은 구성원들의 태도
에 있다. 발전하는 조직의 구성원들은 항상 긍정적으로 생각하고 도
전한다. 그들은 자신이 조직을 위해 할 수 있는 일이 무엇이며, 자기
위치에서 어떤 역할을 해내야 하는지를 고민한다. 그러고 나서 그 일
에 대한 보상을 정정당당하게 받는다.

그러나 정체된 조직의 구성원들은 무슨 일이든 부정적으로 바라본다.
그들은 자신이 받는 급여만큼의 일도 하지 않으면서 '회사가 나에게 해
준 것이 없다.'며 불평불만을 입에 달고 산다. 불만이 많으니 새로운 변
화가 필요할 때도 이 핑계 저 핑계 늘어놓으며 좀처럼 움직이지 않으려
하고, 그것도 모자라 변화에 나선 이들의 의욕을 꺾어버린다.

아무리 자신이 잘나고 모자람이 없다 하더라도, 자신이 속해 있는

열망하는 방식

조직 또는 가정, 그리고 부모와 동료에 대해 좋지 않은 말을 일삼고 이간질하고 다닌다면 어디에서도 환영받을 수 없다. 옆에서 맞장구쳐 가며 듣는 사람들도 마음속으로 은근히 불쾌해한다. 부정적인 말은 상대방의 에너지까지 갉아먹기 때문이다. 아마 겉으로는 호응해주면서 분위기를 맞춰도 속으로는 '그러는 당신은 얼마나 잘하는데?' 하고 빈정거리며 당신에 대해 아주 안 좋게 생각할 것이다. 회사 흉보는 사람은 자기 얼굴에 침을 뱉는 못난이다.

흉보거나 험담하는 행위는 자기방어 내지 피해의식, 자기과시 욕구에서 출발한다. 다른 사람이나 회사를 흉보면서 스스로 만족해하거나 분위기를 주도하려는 사람들이 있는데, 이는 험담을 통해 자존심을 대리 만족시키는 수단이 되기 때문이다. 하지만 자신의 자존심을 세우기 위해 남을 험담하는 것은 결코 좋은 결과로 되돌아오지 않는다.

뒷담화를 일삼으며 에너지를 빼앗는 뱀파이어가 될 것인가?

나는 직업 특성상 대기업이나 공공기관을 방문할 기회가 많다. 그때마다 비정규직 팀원부터 경영진에 이르기까지 다양한 사람들을 만나면서 생생한 현장의 이야기를 듣곤 하는데, 늘 빠지지 않는 단골메뉴가 있다. 자신이 다니는 회사에 대한 불평불만이 그것이다. 비정규직이든, 평사원이든, 팀장이든 하나같이 회사가 문제라고 입을 모은

다. 심지어 이제 갓 들어온 신입사원들 중에도 '3년은 죽었다.' 생각하고 무조건 긍정적으로 열심히 회사생활을 해도 모자랄 판에 회사 흉보는 실력만 갈고닦는 사람들이 있다.

이들에게 그렇게 불만이 많은데 여전히 회사를 다니는 이유를 물어보면, 지금 당장은 아니지만 언젠가는 회사를 옮길 계획이라고 이구동성으로 말한다. 비록 지금은 진흙탕에 있지만 자신은 여전히 백조라고 강변한다. 보잘것없는 회사에 다니지만 자신이 잘났다는 사실을 인정해달라는 심리가 숨어 있는 것이다. 이런 식으로 회사에 먹칠을 해서 뭐가 달라질까? 그래 봐야 멀쩡하게 일 잘하던 옆 사람까지 불만 바이러스에 감염시킬 뿐이다.

인사팀 박 과장은 최근에 아주 당혹스러운 일을 경험했다. 회사가 비전을 새롭게 다지며 중요한 변화를 꾀하던 시기였다. 새로운 시스템을 도입하는 데는 노련하고 경험 많은 인재가 필요하다고 판단해서 헤드헌팅 업체를 통해 유명한 대기업에서 혁신팀장을 모셔왔다. 그런데 많은 기대를 했던 그에게서 박 과장은 뜻밖의 모습을 보게 되었다.

"이 조직은 체계도 엉망이고, 환경도 형편없군. 구성원들의 이런 마인드로는 혁신은 어림도 없겠어."

회사의 전반적인 상황을 평가하는 그의 말은 정말 실망 그 자체였다. 그런 소리나 듣자고 그를 혁신팀장으로 영입한 것이 아니었다. 그런 볼멘소리를 늘어놓기 전에, 그는 혁신팀장으로서 자신의 포부와 열정을 먼저 보여줬어야 했다. 누구나 인정하는 역량과 지위가 있다는 사람이 그 모양이라는 데 박 과장은 실망할 수밖에 없었다.

회사 흉보는 사람들을 보면, 앞에서는 입속으로만 우물거리다가 뒤에서 마치 자신이 다 아는 양 열을 올리곤 한다. 혼자 있을 때는 아무 말도 못하면서 다른 사람들과 함께 있을 때는 군중심리에 편승해서 삼가야 할 말까지 서슴지 않는다. 그런 대화를 나누고 있는 자신의 모습이 어떠한지 상상해본 적은 있는지 모르겠다.

이들의 가장 큰 문제점은 회사 일에 뒷짐 지고 평론하는 버릇 그대로, 자기 업무에서도 '이 일은 내 일이다.'라고 생각하지 않는다는 데 있다. 일의 주체가 자신이라는 생각은 없이, 회사에 보상받고 싶은 것들만 꼽으면서 허망한 기대를 하느라 시간을 낭비한다. 자신은 제대로 한 것도 없으면서 말이다.

정말 견딜 수 없을 만큼 마음에 들지 않는다면 입 아프게 떠들지만 말고 당장 조직을 떠나라. 그러나 단순히 뒷말하는 습관이라면, 좀 더 건설적으로 생각해보고 빨리 고쳐라. 쓸데없는 것에 힘과 시간을 소진하지 말고, 자신의 위치에서 자신의 업무를 위한, 자신이 몸담고 있는 회사를 위한 아이디어를 고민하는 것이 백배 생산적이다.

자기 회사를 늘 다른 회사와 비교하면서 이것저것 재고 불만을 늘어놓는 사람은 여기저기 돌아다니는 메뚜기 직장인, 집시 직장인에 머물다 끝난다. 계속 옮겨 다니는 유랑생활이 싫다면 역량을 키우고 자신의 회사를 남들이 부러워하는 회사로 만들어라.

그리고 무엇보다도, 일에 대한 철학과 직장에 대한 가치관을 먼저 제대로 정립하라. 그래야 쓸데없는 비교의식이 사그라진다. 아무리 실력이 뛰어나고 열정이 있어도, 사고방식이 부정적이고 가치관이 올바르지 못하면 성과는 실력만큼 나오지 않는다. 성과를 내는 데 결정적인 핵심 성공요인은 바로 '올바른 사고방식'이다.

● Performance WAY ●

불평불만을 털어버리고 사장으로 일하는 퍼포먼스 웨이

내 회사는 내가 만든다

회사가 나를 먹여 살리는 것이 아니라, 내가 회사를 먹여 살리는 것이다. 회사가 발전하지 않으면 나도 성장할 수 없다. 이런 조직지향적인 가치관과 열정이 있다면 회사에 대해 불만을 가질 이유가 없다. 그 누굴 원망해봐야 도와줄 사람도 없고, 또 도움이 될 사람도 없다.

자기 사업을 하는 사장 중에 '구성원들이 게을러서', '남들이 안 도와줘서', '외부환경이 너무 안 좋아서'라는 변명으로 일관하면서 성공한 사람을 본 적이 있는가? 이런 마음가짐은 자신이나 자신이 속한 조직에 절대 플러스 요인이 될 수 없다. 자신의 노력 하나하나가 회사를 이끌어가고 회사를 더욱 성장시키는 버팀목이라는 사실을 잊지 말자. 비록 조직에 속한 구성원으로 있다 하더라도, 마치 1인 기업을 운영하는 셀프 CEO라 생각하고 책임을 느껴보자. 그런 마음가짐으로

열망하는 방식

주위를 둘러본다면, 남 탓할 시간에 자기 힘으로 하나라도 더 개선할 의지가 생길 것이다.

'내 회사'에 대해 욕하는 것을 듣고만 있지 마라

회사의 주인은 그 누구도 아닌 나 자신이라고 했다. 그렇다면 회사에 대해 욕하는 것은 자신에 대해 욕하는 것과 같지 않은가? 회사 욕을 하는 사람들은 자기 얼굴에 침을 뱉는 줄도 모르고 있는 것이다.

마찬가지로, 주위 동료가 회사 욕을 하는 것은 곧 나를 욕하는 것과 똑같다. 내가 보는 앞에서 나에 대한 욕을 하고 있는 사람을 가만히 두고 볼 것인가? 당연히 욕하지 못하게 할 것이다. 그런 사람들은 마음잡고 열심히 해보겠다는 분위기에 자꾸 찬물을 끼얹고 루머를 퍼뜨려 조직 전체에 안 좋은 영향을 미친다. 다른 사람의 에너지까지 빼앗는 에너지 뱀파이어인 셈이다.

따라서 누군가가 회사에 대해 이유 없는 불평불만을 늘어놓을 경우, 다른 이야기로 화제를 돌려 아예 부정적인 이야기가 안 나오도록 해야 할 것이다. 어쩔 수 없이 부정적인 대화에 동참해야 하는 상황이라면 불평불만만 하다 끝내지 말고 건설적인 대안을 고민해보자. 불만을 위한 불만이 되어서는 안 된다.

우리 회사의 현재만 바라보지 마라

'나의 과거가 궁금하면 지금의 내 모습을 보고, 나의 미래가 궁금하면 지금의 내 행동을 보라.'는 말이 있다.

우리 회사의 현재 모습이 미래까지 변함없이 이 상태 그대로 유지될 이유는 없다. 구성원 개개인이 회사의 비전을 향해 마음을 모으면 원하는 모습을 반드시 이룰 수 있다. 회사의 희망찬 미래를 머릿속에 그려보라. 그 이미지를 잊지 않고 현실화한다면 당신도 얼마든지 남들의 부러움을 받는 회사를 만들 수 있다는 믿음을 가져라.

현재 직장에서 뼈를 묻는다고 생각하라

당신이 몇 년간 돈을 모아 꿈에 그리던 새 차를 구입했다 하더라도, 손에 꼽히는 최고의 차가 아닌 이상 더 좋은 차를 보게 되면 부러움에 눈길이 가게 마련이다. 하지만 내 수준에, 내 위치에는 현재 내 차가 딱 어울린다고 생각하고 만족하면 그런 쓸데없는 부러움은 생기지 않는다.

지금의 회사가 자신과 도저히 맞지 않는다고 결론을 내렸다면 주저하지 말고 당장 떠나라. 서로에 대한 불만으로 폭발하기 일보직전까지 가기 전에 떠나는 것이 서로를 위해 현명하다.

하지만 현재 당신이 속한 회사가 자신에게 맞는다면, 그리고 더 이상 자신이 선택할 대안이 마땅치 않다면 이제 무의미한 고민은 하지 마라. 여기저기 기웃거리지 말고, 몸담고 있는 이곳에서 승부를 걸어라.

하이퍼포머는 노는 물이 다르다

아무리 세상 물정 모르는 신입사원들도, 술자리에서 나오는 불평이 건설적인 비판인지 이유 없는 불만인지는 느낌으로 안다. 허구한 날 불

열망하는 방식

평불만만 일삼는 사람이 있다면, 그들과는 그림자조차 어울리지 마라.

회사에 대해 안 좋은 이야기를 하는 사람들은 때 묻지 않은 순수한 사원들까지 물들인다. 그들은 뭔가 열심히 해보려고 하는 무한한 열정까지도 사그라지게 한다. 이들은 일하는 자세와 품성에서 조직 내에서 인정을 못 받는 경우가 대부분이며, 인정받지 못한 한恨을 이상한 방향으로 풀어내는 것이다. 그런 식으로나마 자기 존재감을 드러내고 싶은 욕구를 발산한다고도 볼 수 있다. 참으로 어리석고 안쓰러운 행위가 아닐 수 없다.

옛말에 '길이 아니면 가지를 말라.'고 했다. 아무리 편한 선배이고 동고동락하는 동료더라도, 올바른 가치관과 삶의 방식을 보여줄 때 믿고 따라갈 마음이 드는 것이다. 그렇지 않은 사람들과는 과감하게 관계를 청산하라. 당장의 따돌림이 두려워서 그들과 계속 어울리다간, 언젠가 당신도 그들처럼 발전 없는 피해의식에 사로잡히게 될 것이다.

관점을 바꾸면
숨어 있는 것도 보인다

보이는 대로만 생각하지 마라. 주어진 여건대로만 움직이지도 마라.
생각을 전환하면 안 되는 것도, 못할 것도 없다.

나이키의 경쟁상대는 누구일까? 아디다스일까? 아니면 리복일까? 당장 눈에 보이는 상품 관점에서 보면 맞는 이야기다. 그러나 기능적 관점이 아닌 수요자의 숨겨진 욕구wants라는 관점에서 보면 얘기가 달라진다.

나이키 제품은 건강과 레저를 위한 것이다. 그런데 육체적인 건강에 투자해야 할 고객들이 그 시간에 정신적 즐거움을 위해 게임을 한다면? 그렇다면 나이키의 경쟁자는 스마트폰 게임이다. 소비자의 욕구에서 볼 때, 스마트폰 게임의 인기가 높아질수록 육체활동에 연관된 운동화의 필요성이 줄어들기 때문이다. 이 분석은 마케팅 분야에서는 비교적 많이 알려진 얘기다. 이 이야기가 우리에게 주는 메시지는 무엇일까?

바로 '보고 싶은 것만 보지 마라.'는 것이다. 늘 하던 대로만 생각하지 마라. 관점이 고정되면 무엇으로도 바꾸기 어렵다.

보고 싶은 것만 보지 마라.
관점을 고객중심으로 철저하게 바꿔라

당신은 한 달 동안의 성과를 분석해보고 미진한 부분에 대한 만회대책을 세우는가? 매번 만회대책을 세우는데도 별로 좋아지지 않는다면, 그것은 만회대책을 근본적으로 잘못 세웠다는 뜻이다. 그 원인은 고정관념을 깨지 않고 늘 하던 대로 생각했기 때문이다. 관점을 바꿔야 성과의 열쇠가 보인다. '나'로부터 시작해서 성과를 바라봤다면, 이제는 '고객'을 중심으로 성과를 생각해야 한다.

당신에게 "울릉도가 섬입니까?"라고 질문하면, 대부분 사람들은 당연한 것을 왜 물어보냐는 표정으로 "섬이지요!"라고 대답할 것이다. 그러나 다시 한 번 곰곰이 생각해보자. 울릉도가 섬이라고 당연하게 여기는 이유는 무엇일까? 섬은 주위가 수역으로 완전히 둘러싸인 육지의 일부를 말하므로, 일단 이 조건에는 딱 맞아 떨어진다. 섬을 영어로 표시하면 'island'인데, 이것은 다시 'isolated land'로 풀어 쓸 수 있다. '고립된 땅'이라는 뜻이다. 그렇다면 울릉도를 섬으로 만드는 물을 다 빼버린다면, 그때도 울릉도가 섬일까?

생각하는 방식, 사물을 바라보는 관점을 조금만 바꿔보면 '울릉도'

가 아닌 '울릉산'이 된다. '섬island' 안에 '뭍land'이 숨어 있음을 찾아내는 사고방식이야말로 전혀 새로운 가치를 창출하는 출발점이라고 할 수 있다.

영업사원들은 자신들이 팔려고 하는 제품만 생각한다. 이번 달 목표가 있으니 그것에만 모든 관심이 집중되는 것이다. 그것까지는 좋은데, '숫자'의 압박이 지나쳐 고객이 정말 무엇을 필요로 하고 원하는지 간과하는 경우가 많다.

제품을 판매하고 싶은데, 고객은 이미 그 제품을 가지고 있다. 이럴 때는 감사하다는 말과 함께 깨끗하게 두 손 털고 나와야 한다. 고객 사정은 아랑곳 않고 여전히 어떻게 하면 더 팔 수 있을까만 궁리하다가는 제품을 구매해준 고객의 심기만 건드리게 된다.

고객은 이미 내가 팔려던 제품을 가지고 있으니 아무리 청산유수로 현혹해도 넘어오지 않을 것이다. 그렇다면 방향을 바꿔보자. 고객이 가지고 있지 않으면서 곧 필요로 하게 될 것, 관심을 가지고 있는 것을 마음으로 읽어서 그 물건을 팔아야 한다. 내가 가지고 있는 상품을 파는 것이 아니라, 고객의 마음이 원하는 상품을 알아내서 채워주는 것이 진정한 영업이다. 이것이 곧 고객에 대한 애정이요, 고객을 위한 배려다. 나의 목표달성은 고객만족을 통해 자연스레 주어지는 보너스일 뿐이다.

열망하는 방식

최악의 환경은 미래성과를 위한 역량을 축적하는 데 최고의 스승이다

불황이 닥치면 기업들은 으레 구조조정을 통해 감원이나 감산을 하곤 한다. 잔업과 특근을 중단하고, 희망퇴직제, 안식휴직제 등 인력구조조정으로 일시에 비용을 절감하고자 여기저기서 난리다. 경기가 어렵고 다음 해 시장상황도 불확실하니 당장 눈에 보이는 근시안적인 전략에 현혹되는 것이다.

알다시피 경제는 일정한 사이클을 그린다. 경기가 호황국면에서 정점을 찍고 후퇴하여 불황이 되었다가 저점을 찍고 다시 호황을 이루는 흐름이 순환된다. 호경기에는 기업이 성장하고 경제가 발전하니 좋은 일이지만, 아무 생각 없이 좋은 분위기에 취해 있다 보면 앞을 내다보지 못하고 지금 당장의 성과에만 희희낙락하게 된다. 그러다 경기가 나빠지면 부랴부랴 사람부터 잘라야 한다고 야단이다.

미국의 유명한 경영 컨설턴트인 톰 피터스Tom Peters는 "경기가 좋을 때는 교육예산을 2배로 늘리고, 나쁠 때는 4배로 늘려라."라고 말했다. 오히려 지금과 같은 불경기를 기회로 여기고 그동안 게을리했던 혁신을 시도해야 한다. 그래야만 불경기가 끝났을 때 경쟁자보다 앞설 수 있는 발판을 다질 수 있다.

구성원 개인들도 지금의 환경 탓만 할 것이 아니라, 미래의 자기경쟁력을 높이는 데 초점을 맞춰야 한다. 현재 다니고 있는 회사가 마음에 들지 않는다고, 상사도 마음에 들지 않고 업무도 내 적성에 맞지 않아 못 해먹겠다고 불평하기보다 내 역량을 먼저 냉정하게 체크해보자.

불평불만을 늘어놓을 만큼 내 역량에 자신 있는가? 침을 튀기며 회사 욕을 하면서도 월급을 받을 만큼 당당한지 생각해보자.

그렇지 않다면 불평불만은 접어두고, 그렇게 부러워하는 직장으로 떳떳하게 옮길 수 있을 만큼 자신의 역량을 키우기 위해 이를 악물자.

● Performance WAY ●

눈앞에 숨어 있는 고객가치를 찾는 퍼포먼스 웨이

똑바로 보지 말고 가끔씩 삐딱하고 갸우뚱하게 보라

일을 하다 보면 우리는 항상 같은 방법, 예전부터 써왔던 방법으로 일을 처리하게 된다. 그게 편하니까. 하지만 남들과 똑같이 해서는, 늘 하던 대로 해서는 경쟁력이 없다. 그렇다면 어떻게 해야 할까?

변화하는 고객의 관점에서 생각해야 한다.

남들과 똑같아지지 않기 위해서는 관점을 바꿔 고객을 위한 창의적이고 혁신적인 방법을 적용해야 한다. 드라마를 보다 보면 내가 드라마 작가가 된 듯 이야기 전개나 결말이 뻔하고 식상하게 느껴질 때가 있다. 일도 마찬가지다. 평소 생각하던 방식, 행동하던 방식대로가 아니라 역으로 생각하는 습관을 길러보자.

위대한 도약은 모두 발상을 전환했다는 공통점이 있다. 1935년 이

전까지 배영 100m의 벽은 '1분'이었다. 누구도 그 벽을 깨지 못하리라는 견해가 지배적이었다. 그러다 1935년 8월, 마침내 그 기록이 깨졌다. 그것도 올림픽 같은 국제대회가 아니라 미국의 어느 고교 수영 대회에서였다. 당시 고등학생이던 키에퍼Adolph Kiefer는 '플립 턴flip turn'이라는 새로운 방식을 적용해 종전 세계기록보다 무려 10초 가까이 빠른 기록으로 터치패드를 짚었다. 종전의 경우 반환점에 도달하면 손으로 벽을 짚고 회전했는데, 그는 반환점 1m 전에 발로 회전하면서 그 반동까지 이용했던 것이다. 그 후 모든 수영선수들은 플립 턴을 적용하기 시작했다.

마찬가지로 1968년 멕시코 올림픽 이전까지 육상의 높이뛰기는 앞으로 넘는 '가위뛰기' 일색이었다. 그러나 신인선수 딕 포스베리Dick Fosbury가 누워서 넘는 '배면뛰기'를 처음 시도하여 금메달을 목에 건 이후, 모든 높이뛰기 선수들은 배면뛰기를 한다. 이 두 명의 선수는 발상의 전환을 통해 스포츠 역사에 영원히 기록될 엄청난 국면전환을 이뤄냈다.

환경이 어려우면 환경을 역이용해보자. 안 된다고 한탄만 하지 말고, 된다는 마음으로 긍정적으로 접근해보자. 해결의 실마리가 당신을 기다리고 있을 것이다.

고객중심의 퓨전사고를 즐겨라

수많은 비슷비슷한 제품들 사이에서 고객의 선택을 받으려면 남들에게는 없는 하나의 가치가 더해져야 한다. 마찬가지로, 역량이 비슷

비슷한 구성원들 중에서 탁월한 성과를 내기 위해서는 혁신을 통해 새로운 가치를 창출할 수 있어야 한다.

새로운 가치를 찾는 가장 빠른 방법은 평소 하던 업무분야와 전혀 다른 분야를 접목해보는 것이다.

어느 유명한 게임 회사의 대표는 새로운 아이디어를 찾기 위해 영화, 책, 오페라 등에 끊임없이 자신을 노출시킨다고 한다. 그런데 왜 하필 문화적 경험을 할까? 그가 게임을 '예술'이라고 생각하기 때문이다. 게임이 예술이니 인접 장르를 접하면서 예술적 영감을 얻으려는 것이다. 게임을 만드는 사람이라고 해서 게임만 파고들면 언젠가는 발전 없이 제자리에 머물게 된다. 더 깊이 파고들 여지가 없기 때문이다. 그래서 기술력만으로는 발전에 한계가 있다.

그러나 다른 영역인 영화를 접하면서 상상력이나 표현의 아이디어를 얻고, 책에서 새로운 발상을 한다면, 그것은 기존과 전혀 다른 게임을 만드는 획기적인 전환점이 된다. 최근에 CEO들이 인문학에서 경영의 지혜를 얻고자 하는 것도 같은 맥락이다. 막힐수록 다른 분야의 관점을 통해 내 것을 보는 퓨전식 사고, 역지사지易地思之의 눈이 필요하다.

다양한 경험을 통해 상대방의 아이디어를 내 것으로 소화할 때 좀 더 획기적인 아이디어가 나올 수 있다. 새로운 아이디어가 간절하다면 현재와는 다른 방식의 사고로 접근해보자.

자신을 자꾸 낯선 환경에 던져라

사람들은 자신에게 익숙한 것을 찾게 마련이다. 자주 먹어보고 맛있다고 느꼈던 음식, 자주 가봐서 훤히 알고 있는 곳, 오래된 친구들이 익숙하고 더 정이 간다. 또한 자신과 비슷하거나 공통점이 있는 사람에게 더 큰 호감이 생긴다. 학교, 고향, 취미 등이 같은 사람을 만나면 더 오래 대화하고 싶다. 사람은 자신에게 익숙한 것들에 편안함을 느끼기 때문이다.

자신을 낯선 환경에 두지 않으려는 심리상태는 때때로 조직에서 창의성을 저해하고, 도전을 기피하는 현상으로 나타나기도 한다. 새로운 일은 익숙하지 않은 환경이기 때문에 더 많은 에너지를 필요로 하고 결국 기피하게 된다. 상품개발을 할 때도 연관성이 있는 것들을 비교해보지 전혀 다른 것들로부터 아이디어를 얻으려 하지 않는다. 동종업계 타사제품과 비교해보고 개선방안을 찾는 것이 고작이다.

새롭고 낯선 것들로부터 아이디어가 나오고 창의력이 증진된다는 것을 인식하지 않으면 기존의 방식에서 벗어나지 못한 그저 그런 아이디어밖에 나오지 않는다. 게임으로도 스포츠를 할 수 있다는 획기적인 발상으로 닌텐도 위Wii가 탄생했다. 탁구, 농구, 양궁은 물론 수상레저 게임을 집에서도 즐길 수 있는 이 게임은 연관성이 전혀 없어 보이는 게임과 자동차에어백의 합작품이다. 가속도 센서가 움직임을 감지하고 에어백을 터트리는 원리를 게임에 적용시켜 몸으로 할 수 있는 스포츠게임이 탄생한 것이다.

아무런 개연성이 없어 보이는 새로운 환경과 물건에서 우연히 번뜩이는 아이디어가 떠오르기도 하고 세심한 분석을 통해서 아이디어를 얻기도 한다. 중요한 것은 익숙한 환경이 아니라 일상에서 벗어나 한 번도 가지 않은 곳으로 여행을 떠나거나, 낯선 장소, 낯선 음식, 낯선 사람들 속에서 신선함을 느끼고 알지 못했던 것을 배워보는 용기다. 그러면서 자신의 일과 생활에 활용할 수 있는 팁tip을 얻을 수 있어야 한다.

열망하는 방식

화려한 과거가
미래를 보장하지 않는다

과거가 지금 나에게 밥 먹여주지 않는다.
시야를 돌려 뒤가 아닌 앞을 보고 나아가라.

택시를 운전하는 분이나 경비용역을 하시는 분 가운데 '나도 옛날에 대기업에 다녔다.', '내 사업을 크게 하다가, 외환위기 때 갑자기 어려워져서 잠시 이 일을 하고 있다.'고 말씀하시는 분들이 많다. 이들을 보면 안타까운 마음이 든다. 현재에 살고 있으면서도 현재의 직업을 인정하지 않고, 잠시 스쳐가는 곳이라고 생각하니 말이다. 그들은 현재의 직업이 만족스럽지 않다는 사실을 부끄러워하면서 향수에 젖어 살려고만 한다. 그래서 잘나갔던 왕년의 모습을 끝없이 얘기하며 그 모습으로 평가받기를 바란다.

'과거의 성공'이라는 선글라스를 쓰고 미래를 보려고 하지 마라. 왕년의 화려함에 가려 앞을 내다보지 못하는 눈뜬장님이 되려고 하는가? 과거와 현재 그리고 미래는 엄연히 다르다. 과거의 상황이 한 치

일의 주인으로 우뚝 서라

335

의 변화도 없이 현재에 그리고 미래에 반복되는 경우는 없다. 그런데도 사람들은 화려했던 과거의 추억 속에 빠지기를 좋아한다. 자기에게만 황금송아지가 있었다고 착각하며, 지금은 있지도 않은 황금송아지 자랑에 여념이 없다.

누구에게나 화려했던 시절에 대한 추억이 있다. 하지만 나 혼자만의 전유물인 듯 옛날의 기억을 떠올리며 자신을 과대포장하고 착각 속에 사는 사람들이 있다. 그러면서 이제는 없는 황금송아지가 마치 아직도 품에 있는 것처럼 떠벌리고, 남들을 우습게 본다. 한마디로 가련한 인생이다.

지나간 온갖 화려한 시절은 다 잊어라

미래를 제대로 바라보기 위해서는 항상 새로운 시각을 견지해야 한다. 우리에게는 지나간 일에 연연할 시간이 없다.

당신의 머릿속에 있는 왕년의 화려한 시절은 잊어라. 현재 그리고 앞으로 다가올 미래와는 어울리지 않는 신기루일 뿐이다. 화려했던 과거는 미래를 대비하기 위한 발판이자 예행연습이었으며, 다시 과거의 영광을 누려보자는 자극제 역할만 한다면 그것으로 충분하다.

과거를 뜯어먹고 사는 게 왜 나쁜지 아는가? 바로 미래의 위험을 감지하는 데 걸림돌이 되기 때문이다. 국내 CEO 중 90%가 과거의 성공이 기업의 성장을 방해할 수 있다고 생각한다. 그 이유는, 첫째 시장의 요구가 끊임없이 변하기 때문이며, 둘째 과거의 성공경험이 자신과 조직을 더욱 현실에 안주하게 만들기 때문이다. CEO들의 55%는 실제로 과거의 성공방식을 답습하다가 사업의 실패나 퇴보를 경험한 적이 있다고 했다.

　최 과장이 회사에 근무한 지 8년이 지났을 때의 일이다. 대학교 시절에 알고 지내던 친구가 회사에 경력사원으로 입사한다는 사실을 우연히 듣게 되었다. 최 과장은 그 친구보다 학점이 훨씬 높았고 취직도 일찍 했기 때문에 으레 자신보다 낮은 직위로 입사하리라 짐작했다.

　그런데 상황이 역전돼버렸다. 그 친구가 차장으로 입사한 것이다. 차장이 된 친구를 떠올릴 때마다 속이 쓰리고 억울하기만 했다. 옛날에는 자신이 더 잘나갔는데, 지금은 왜 저 친구가 더 잘나가는 걸까? 심지어는 회사사람들이 뒤에서 수군거리는 것도 왠지 나와 그 친구를 비교하는 것 같아서 도통 업무에 집중할 수 없었다. 퇴근 후에 동료들에게 신세한탄도 해봤지만 시원하게 해결되지 못했다.

　일개 과장이 인정하지 않는다고 해서 회사의 결정이 하루아침에 엎어질 리는 없었다. 친구는 차장, 자신은 과장이라는 현재의 상황을 인정할 수밖에 없었다. 대신 최 과장은 이 상황을 반전시킬 기회가 얼마든지 있다고 마음을 고쳐먹었다. 차장인 그 친구보다 과장인 자신의 성과가 더 뛰어나다면 회사에서는 자신의 역량을 인정해줄 수밖에 없을 테니까. 오히려 회사에서 인재를 늦게 알아봤다고 후회하게끔 만

들어주고 싶었다. 그래서 최 과장은 쿨하게 과거의 미련을 버리기로
했다.

과거는 과거일 뿐,
결코 현재가 되지 않는다

회사도 사람 사는 곳이니만큼 자기과시와 체면 차리기가 빠질 수
없다.

신입사원들은 처음에는 타이핑, 프린트, 복사 등 허드렛일을 도맡
아 한다. 이들이 복사실에서 만나 나누는 얘기는 대부분 이런 한탄이
다. "내가 이런 일을 하려고 30대 1의 경쟁률을 뚫었나.", "나는 서울
에 있는 상위권 대학교 석사 출신인데, 내 선임은 중하위권 학사 출신
이더라.", "예전에 알 만한 대기업에서 인턴 1년 하다가 여기로 들어
왔는데, 거기서도 이런 잡일은 안 시켰다." 등등. 신입 시절부터 이런
'향수'에 젖어 있다면, 나중에 옛날 자랑이 얼마나 심해질지 안 봐도
뻔하다.

요즘은 경력사원으로 입사하는 것이 흉이 아니다. 자신의 경력관리
를 위해 회사를 옮기는 경우도 있고 구조조정으로 인해 어쩔 수 없이
자신을 필요로 하는 회사에 입사하는 경우도 비일비재하다. 오히려 탄
탄한 회사에서 트레이닝 받은 경력사원들을 반기기까지 할 정도다. 따
로 교육시킬 필요 없이 바로 써먹을 수 있으니 말이다. 이때 주의해야

할 것 중에 첫 번째가 예전 직장과 현재 직장을 비교해서 얘기하지 말라는 것이다. 아무리 예전 직장의 시스템과 제도를 들먹여봤자 현재는 현재일 뿐이다. 하루빨리 현재 직장에 적응하고 어느 정도 시간이 지나면 불합리한 제도나 시스템을 혁신할 방법을 고민해야 한다. 물론 그것도 개인적인 이익 때문이 아니라 어디까지나 회사의 성장과 이익창출과 직결되어야 함은 말할 것도 없다

학력, 경력, 왕년이라는 수식어가 화려한 배경이 되어줄 수는 있다. 그러나 딱 거기까지다. 성과에 결정적인 영향을 미치는 것은 아니다. 성과라는 것은 과거의 타이틀보다는 현재의 역량을 얼마만큼 발휘해내느냐가 중요하기 때문이다.

그동안 길들여졌던 자기과시와 체면을 버리고 주어진 현실에 하루빨리 몰입해야 한다. '사람들이 나를 보고 뭐라고 할까?' 하는 두려움 따위는 잊어라. 왕년의 실력과 경력만 믿어서는 안 된다. 시간은 흐르고 세상도 변하게 마련이다. 과거의 향수에만 젖어 사느라 현재의 환경이 가져다주는 기회와 위협에 소홀히 대응한다면, 뜻하지 않은 위험에 노출돼 손을 쓸 수 없을 만큼 심각한 상황을 맞을 수 있다.

이제는 사고방식을 바꿔야 한다. 업무의 기초를 닦으면서 회사의 성과를 중심에 두고 사고해야 한다. 그리고 내가 가진 역량이 환경에 따라 어떻게 사용될 수 있는지 파악하고 일을 해야 비로소 역량도 발휘할 수 있고, 성과도 높일 수 있다.

미래에 열려 있는 사람들의
퍼포먼스 웨이

지금 여기서 자신이 맡고 있는 일을 자랑스러워하라

인기 있는 학과나 직업도 시간이 흐르면서 계속 바뀐다. 요즘같이 불확실한 경제상황에서는 공공기관에 취업하기 유리한 학과나 교육대학 등이 과거 어느 때보다 인기다. 그러나 현재 선망의 대상이 되는 '그곳'이 앞으로도 1위 자리를 유지할 수 있을지는 아무도 장담할 수 없다. 1970~1980년대에는 무역회사, 1990년대에는 증권회사와 IT회사, 2000년대에는 금융회사로 바뀌었듯이, 미래에는 지금과 전혀 다른 직종이 각광받을 것이다. 트렌드가 바뀌면 이전 것은 올드 패션이 되어버린다.

싫든 좋든 현재 내가 하고 있는 일을 좋아해라. 억지로라도 구실을 붙여 좋아하도록 하라. 최종 결정은 내가 한 것이므로 결정에 대한 책임도 내가 져야 한다. '내가 학교 다닐 때는 이러지 않았는데.', '여기는 내가 있을 자리가 아니야.' 등 부정적이고 방어적인 생각만 가득하다면 미련 없이 현재 직장에서 당장 떠나라.

만약 떠나지 못하고 현재 일을 계속해야 한다면, 지금 하고 있는 일을 즐거워하고 자랑스러워해라. 일부러라도 계속 그렇게 하다 보면 좋아지게 되어 있다. 그리고 이 일은 내가 가장 잘할 수 있는 일이라고 주문을 걸어라. 당신이 좋아하고 즐거워해야 그 일을 제대로 해낼 수 있으며, 역량도 발휘되고 능률도 오른다. 신바람 나게 일하는 것이 습관이 되면 성과는 자연스럽게 따라온다.

현재의 나를 객관적으로 솔직하게 인정하라

지금 당신의 모습이 마음에 안 든다며 불평한다고 해서 달라질 것이 있는가? 당신보다 잘난 사람들만 바라보며 부러워한다고 해서 당신이 그 사람들을 닮을 수 있는가? 그 어느 것도 현재 당신의 모습에 영향을 주지는 못한다. 바뀌는 것은 아무것도 없다. 현재 주어진 자신의 상황을 받아들이지 못하고 과거의 영광만을 좇는 것은 비참하다. 이런 사람들에게는 더 이상 '발전'이 없다. 당당하게 현실을 인정하는 사람은 잘났든 못났든 자신의 경험에서 배울 점을 찾아낸다. 현실에 가치 있는 요구사항을 접목시켜 자신의 발전을 꾀한다. 현재에 성과를 창출하고 미래의 성과를 위해 역량을 쌓길 희망한다면, 현재 자신의 모습을 당당하게 받아들일 수 있어야 한다.

제로베이스zero base에서 시작하라

과거의 향수에만 얽매이면 미래를 볼 수 없다. 항상 입에 달고 사는 과거의 영광이 현재까지도 이어지고 있는가? 다른 사람들도 과연 그렇게 인정해줄까? 그렇지 않다면, 과거의 당신은 더 이상 없는 것이다. 우리에게 중요한 것은 과거가 아닌 미래다. 뒤가 아닌 앞을 보고 나아가야 한다.

깨끗하게 처음부터 다시 시작한다는 마음가짐으로 오늘부터라도 지나간 무용담은 꺼내지 말자. 대신 미래의 자신의 모습, 앞으로 당신이 이루고자 하는 것에 대해 말하자. 미래에 내가 하고 싶은 일, 정말 잘할 수 있는 일을 생생한 조감도로 그리고, 구체적인 전략과 실행계획까지 세운 다음 하나씩 행동으로 옮긴다면 당신은 이미 성과에 한 걸음 다가선 것이다.

회사 물건의
주인은 나다

회사를 나의 집, 나의 방이라고 생각하면 지금처럼 행동하겠는가?
회사의 모든 비품에 대해 원가의식을 가져라.

회사는 내가 사는 또 다른 '집'이다. 1일 법정 근로시간인 8시간씩
만 꼬박 채운다 해도 아침, 점심, 저녁의 대부분을 회사에서 보내니,
물리적 시간으로만 봐도 회사는 또 하나의 '집'이다. 또한 심리적으로
도 자기 집에 있는 것처럼 편하게 느껴야 일의 능률이 오를 것이다. 남
의 책상에 잠깐 앉아 있는 것처럼 불편하고 불안하다면 제대로 일할
수 없을 것이 뻔하다.

그래서 많은 기업들이 직원들이 회사에서 편한 마음으로 일할 수 있
는 방법을 고민한다. 사소하게는 구성원들이 불편 없이 업무를 볼 수
있도록 각종 물건들을 갖추어놓는다. A4용지, 종이컵, 커피, 티슈, 기
타 사무용품 등 종류도 다양하다.

그런데 많은 사람들이 이러한 비품을 지나치게 낭비하는 경향이 있

다. 심지어는 관리가 허술한 틈을 타서 집으로 가져가는 구성원까지 있다. 회사 비품이 '내 것'이 아닌 '남의 것', '공짜', 노력 없이도 쉽게 얻을 수 있는 것들이라는 생각을 가지고 있기 때문이다.

회사의 모든 물건에 '원가의식'을 가져라

회사가 또 다른 집이라는 사실을 인식한다면, 회사에 대한 우리의 마음가짐도 조금은 달라질 것이다. 단순히 잠만 자는 곳이라도 집은 깨끗하고 깔끔하고 편안해야 한다. 또한 집에 있는 가구나 가전제품은 잘 닦아가며 깨끗하게 관리하고, 흠집이라도 날세라 조심조심 다룬다. 또한 전기나 수도를 사용할 때도 흥청망청 낭비하지 않는다. 그러나 회사에서는 어떻게 하는가?

'내 집'에서는 쓰지 않는 일회용품을 말 그대로 일회용으로 팍팍 쓰고, 냉방기나 히터를 하루 종일 틀어놓고 심지어 그 상태로 퇴근하는 정신없는 사람들이 제법 많다. 만약 아침에 난방을 끄지 않았다거나 가전제품을 켜둔 채 집을 나왔다는 걸 깨달았다면 하루 종일 기분이 찜찜할 것이다. 살림을 직접 맡고 있다면 아까운 요금을 내게 생겼다며 자신의 무신경함을 탓할 것이다.

그러나 회사 컴퓨터나 에어컨을 켜두고 왔다는 사실은 아마도 대부분 까맣게 잊고 있다가 다음 날 출근해서야 알게 될 것이다. 그러고 나서도 '아이고, 내가 깜빡 했구나.' 하고 대수롭지 않게 넘어갈 것이다. 집주인일 때의 마인드와는 달라도 너무 다른 반응 아닌가?

주인 대접을 받으려면 주인의 마음을 가져야 한다. 남의 것이라는 생각에 회사 물건조차 함부로 다루는 사람에게 어떻게 회사의 중요한 성과업무를 맡길 수 있겠는가? 본인의 역량 외에 성과에 결정적인 영향을 미치는 것은 '시간'과 '비용'이다. 이 두 가지를 아끼는 습관을 체질화해야 탁월한 성과도 나올 수 있다.

하다못해 회사 비품 하나에 대해서도 원가의식을 가져라. 회사 물건도 당신의 집에 있는 물건처럼 당신이 비용을 지불한다는 생각으로 종이 한 장도 아껴 써라. 우리가 사용하는 종이컵, 복사용지, 물, 세제, 티슈 등을 집에서처럼 아껴 쓰려고 노력한 적이 있었는가? 당신이 회사에서 하루 동안 낭비하는 물건의 원가가 얼마인지 계산해본 적이 있었는가?

얼마 하지도 않는 것 갖고 치사하다고 생각하는가? 그렇지 않다. 당신이 쓰는 담뱃값, 소주값, 커피값은 쓸 때는 몇 푼 안 될지 모르지만, 한 달만 모아도 만만치 않은 금액이 된다. '내가 얼마나 뼈 빠지게 일하는데 그런 것 가지고 비용 운운하느냐?' 하고 서운해할지도 모르겠다. 그러나 중요한 것은 바로 그런 구성원들의 태도와 의식이다. 이러한 태도와 의식이 성과를 창출하는 역량을 갉아먹고 있다는 것을 알아야 한다. 이면지를 쓰고, 점심시간에 사무실 불을 끄고, 일회용 컵 대신 머그컵을 사용하는 것 자체가 목적이 아니다. 중요한 것은 우리의 '인식'과 '체질'을 바꾸는 것이다.

국내 한 대기업은 신사옥으로 이전하면서 각 층마다 설치했던 고급 원두커피 머신을 모두 없앴다. 비싼 원두커피뿐 아니라 커피믹스 지급도 없어서 구성원들이 매일 집에서 자신이 먹을 커피를 들고 출근한다고 했다. 그 회사가 커피값을 아껴서 이익을 더 보겠다고 이런 정책을 시행했을까?

아니다. 비품이나 출장비, 접대비 같은 항목들의 비용을 최소화한다고 해서 당장 회사 이익이 눈에 띄게 증대되는 것은 아니다. 경영위기에서 당장 탈출할 수 있는 것도 아니다. 그러나 비용을 의식하는 일상적인 '분위기'를 만들고, 그 분위기가 구성원들로 하여금 자발적으로 절약하게끔 견인한다면, 그것은 회사의 막강한 경쟁력이 될 수 있다. 이렇게 사소한 것부터 주인의식을 갖게 되면, 위기의 순간에도 구성원들이 자신들의 이익만 생각하는 대신 회사의 생존을 함께 생각하게 된다. 이러한 생각과 자세는 역량으로 이어져서 다른 기업이 넘볼수 없는 무형의 경쟁우위 요소로 자리 잡게 될 것이다.

자신의 회사가 어려운 상황에 있다는 것을 알면서도 '내가 써야 하는 비용', '내가 받아야 하는 비용'만을 계속 고집한다면, 그 회사의 결말은 어떻게 되겠는가? 무심히 지나칠 수 있는 문제이지만, 이런 작은 원가의식이 성공하는 기업의 필수조건이라는 점을 잊지 말자.

낭비를 없애고 성과를 창출하는
퍼포먼스 웨이

숨어 있는 낭비습관을 없애라

내 땀방울과 노력, 고생이 들어간 것에 대해서는 나도 모르게 애착이 생긴다. 당신이 고생해서 공들여 만든 것을 다른 사람이 함부로 다룬다면 누구나 화가 날 것이다. 평소 맛없는 음식은 돈 주고 샀더라도 버리는 당신이지만 스스로 애써 만든 음식이라면 버리기 아까워서 울며 겨자 먹는 심정으로 끝까지 남김없이 모두 먹을 것이다.

마찬가지로 회사의 비품은 회사만의 것이 아니다. 우리 모두의 것이다. 회사가 그 많은 비품을 어디서 거저 얻어왔는가? 아니다. 구성원들의 땀과 노력으로 번 돈으로 구입한 물품들이다. 휴지 한 장, 종이컵 하나, 복사지 한 장에도 당신의 노력이 묻어 있다. 그런데도 아무렇게나 낭비하듯 써버리고 말 것인가?

비품은 당신의 땀으로 나온 것이라는 것을 잊지 말자. '이것이 내 땀으로 이루어진 것이라면, 이 비용이 내 돈이라면…'이라는 마인드를 가지면 지금과 180도 다른 행동을 보일 것이다.

'쫀쫀한' 것이 아니라 '꿋꿋한' 것이다

당신이 하루 동안 쓰는 비품의 양을 체크해보라. 당신이 하루 동안 쓰는 비품은 무엇이며, 그 양은 얼마인가? 종이컵, 각종 펜, A4용지 등 자신이 하루에 어느 정도의 양을 사용하는지 인지하고 있다면 현실태를 파악할 수 있고, 그 양을 줄일 수도 있을 것이다.

여담이지만 나는 군대에서 철저한 주인의식을 배웠다. 소지품에 항상 이름을 써놓는 습관을 들였으며, 그것을 분실했을 때는 취침도 못하고 그 물건을 왜 잃어버렸는지 고민하고, 다시 분실하지 않으려고 대책을 세웠다. 그렇지 않으면 나는 이도 닦을 수 없고, 전투훈련 중에 물을 마실 수도 없기 때문이었다.

직장인들에게 군대와 같은 절박한 위기 속의 주인의식을 강요하는 것은 아니다. 다만 회사의 비품 하나하나가 어떠한 용도로 구매되었는지를 이해하고, 또한 그것을 내가 왜 아껴야 하는지를 깨달았다면 자신이 먼저 주인의식을 가지고 솔선수범하라는 것이다.

'공유의 비극'은 경제에만 있으면 된다

'공유의 비극tragedy of the commons'은 공동소유 자산의 활용을 둘러싸고 구성원들이 서로 타협하고 협력하지 않은 채 각자 개인의 이익만 추구할 경우, 공익이 실종되고 궁극적으로 개개인의 이익까지도 훼손되는 현상을 가리키는 개념이다. 앞서 언급한 바와 같이 회사의 모든 물품은 구성원들의 땀에서 나온 것이다. 쉽게 가져다 쓸 수 있고, 당장 내가 돈을 내고 가져오는 것은 아니지만, 결국 내가 받을 수도 있었던 돈으로 대가를 지급하는 것이다. 다시 한 번 말하지만, 회사의 비품은 공유물이 아니다. 당신과 동료의 땀방울이다.

거위를 잘 키워야
황금알을 낳는다

당신의 역량과 변화와 노력이 쌓여 회사의 역량이 된다.
당신의 회사를 황금알을 낳는 거위로 만들어라.

《이솝우화》를 보면 황금알을 낳는 거위와 농부 얘기가 나온다. 욕심 때문에 거위의 배를 가르는 어리석음을 지적하는 우화다. 조금만 기다리면 황금알을 얻을 수 있을 텐데 그 시간을 견디지 못한 것이다.

그런데 우리 주변에는 이런 어리석음에 한술 더 떠서, 자신은 아무 노력도 안 하면서 황금알을 낳는 거위가 저절로 손에 들어오기를 바라는 욕심쟁이들이 많다. 왜 사람들은 더 나은 결과가 나올 때까지 인고의 시간을 견디지 못할까? 또, 별다른 노력 없이 대박이 나기만을 원할까?

1990년대 초 국내 굴지의 모 그룹은 신입사원을 그룹 단위로 뽑고 입문교육을 시킨 후 계열사에 배치했다. 입문교육이 끝난 후 배치면담을 하면 대부분 무역회사가 제1지망 회사였다. 그때만 해도 무역회사 구성원이라면 최고 엘리트로 대접받던 시절이었기 때문이다. 반면 막 신설된 반도체 회사는 누구나 가기 꺼려했다. 황무지에서 생고생하기 싫다는 것이었다. 어쩔 수 없이 인사팀에서는 강제로 인원을 할당해서 반도체 회사로 보냈고, 무역회사를 지망했던 사원들 중 상당수는 2, 3지망 회사로 배치되었다.

그로부터 25년이 흐른 2016년, 지금의 반도체 회사는 그룹 내에서 황금알을 낳는 자리에 올랐다. 그때 무역회사로 배치되었던 입사동기생들이 반도체 회사에 배치된 사원을 지금 만난다면 무슨 말을 할까?

황금알을 낳는 회사는 하루아침에 만들어지지 않는다

평범한 거위가 황금알을 낳는 것은 유전학적으로 불가능해도, 비즈니스 세계에서는 평범한 회사도 충분히 황금알을 낳을 수 있다. 경기도의 한 중소기업은 외환위기라는 직격탄을 맞아 50여 명의 전 구성원이 당장 직장을 그만둬야 할 처지에 놓였다. 그런데 망해가던 그 회사가 지금은 한 해 매출만 2,000억 원이 넘는 우량기업으로 변모했다.

망해가던 회사가 하루아침에 좋은 회사로 바뀐 것은 아니다. 오늘날의 성장을 구가하기까지 구성원들이 각자의 위치에서 회사를 살리기 위해 피를 말리는 고통과 각고의 노력을 감당했기에 가능했다. 그들은 누구랄 것 없이 하나가 되어 어디에 물건을 팔 것인지, 어느 해외시장을 공략할 것인지, 어떻게 비용을 줄이고 수출은 늘릴 수 있을지, 전략적 제휴를 할 방안은 없는지를 끊임없이 고민하고 제안했다.

만약 외환위기 당시, 구성원들이 도망갈 궁리만 하거나 방관하는 자세로 팔짱 끼고 지켜봤다면 오늘날의 위상은 없었을 것이다. 세상 누구도 성공하기는커녕 시장에서 살아남을 것이라는 기대도 하지 않은 회사였지만, 구성원들의 땀과 노력으로 이제는 황금알을 낳는 회사가 되었다.

황금알을 낳는 회사는 어떻게 탄생하는가? 실패한 기업의 공통적 특징은 기업 구성원들이 환경변화에 둔감하고 현실에 안주한다는 것이다. 선배들이 이루어놓은 성과를 즐기기만 하고 자신의 이익에만 골몰한 대가로 '2류기업', '퇴출기업'이라는 굴욕을 맛보는 것이다.

기업의 미래를 좌우하는 요소는 수없이 많다. 때로는 그러한 요소들이 시장이나 기술의 변화처럼 기업 외부환경에서 비롯되는 경우가 있는데, 그럴 때 많은 기업들은 자기네 힘으로 어떻게 할 수 없다고 여기고 그대로 실패를 수용하고 만다. 그러나 성공한 기업들을 들여다보면, 이런 통제 불가능 요소도 어떻게든 통제 가능한 요소로 바꾸어서 극복해가는 것을 발견할 수 있다.

환경적인 어려움을 극복하고도 성과를 내는 조직의 힘은 어디에서 나오는 것일까? 사실 기업경영을 해보면 기대하는 성과가 외부환경으로부터 거의 90% 이상 영향을 받는다고 해도 과언이 아니다. 그래서 기업들은 자신들이 원하는 성과를 창출하기 위해 실현 가능한 목표를 수립하고 도전적인 전략을 수립하여 불확실한 환경과 미흡한 내부역량요인을 반영하고 지속적으로 관리한다.

조직과 개인의 성과에 영향을 미치는 4대 핵심요소는 환경, 목표, 시간, 역량이다. 이 4가지를 어떻게 제대로 관리하느냐가 성과를 좌우한다. 일단 목표에 영향을 미치는 환경요인과 역량요인을 구체적으로 분석해서 목표수준에 반영하고 목표를 달성하기 위한 전략을 수립하여 핵심성공요인과 예상장애요인을 도출하여 예상장애요인을 제거할 수 있는 플랜B를 세워야 한다. 그리고 내부역량요인이 전략실행계획에 영향을 미치는 요소들을 파악하여 구체적으로 보완해야 한다. 이것이 성과를 내는 조직의 힘이다.

이 힘을 제대로 낼 수 있으려면 구성원 개개인이 갖고 있는 역량의 집합체가 위기극복의 열쇠가 되어야 한다. 회사를 위기에서 구한다, 황금알을 낳는다는 말이 거창해 보일 수도 있다. 그러나 나 스스로부터 제대로 배우고 실천한다면 내 손으로도 얼마든지 황금알을 낳는 거위를 키울 수 있다. '일'이란 것의 매력이 본디 그런 것 아니겠는가?

황금알을 낳는 거위가 되라

황금알을 낳는 회사가 되려면 구성원들 한 사람 한 사람이 황금알을 낳는 거위가 되어야 한다. 구성원의 역량이 뒷받침되어주지 않는

데 회사가 황금알을 낳을 리 없다. 오래 지속되고 있는 저성장시대 속에서는 특히나 더더욱 구성원의 역량이 회사의 운명을 가른다고 해도 과언이 아니다.

이 시대가 요구하는 인재상이 바로 황금알을 낳을 수 있는 역량이 있느냐 없느냐다. 과거에는 역량이 아닌 경험이나 지식, 스킬과 같은 직무수행을 위한 기본 자격요건인 능력만 있어도 충분했고 고도성장 시기였기 때문에 알만 낳을 수 있으면 그것이 황금알이 아니어도 무방했다. 무언가를 계속 생산해낼 수 있으면 그것이 곧 매출로 이어졌기 때문이다.

그러나 지금은 아니다. 시장은 철저하게 고객중심으로 변했고, 글로벌 경쟁사회가 되면서 소비자들의 요구수준은 까다로워졌다. 창의적인 업무방법으로 프로세스를 혁신하지 않으면 고객의 요구를 즉각 반영하기 어렵다. 즉, 스스로 생각하고 자신의 일을 관리하여 지속가능한 성과를 창출할 수 있는 역량을 가진 인재가 필요한 시기다.

회사는 구성원들이 자신에게 할당된 역할을 수행하면서 그것을 통해 지속적으로 성과를 창출하고 필요한 능력과 역량을 개발하기를 원한다. 팀워크가 중요하다고 해서 자신의 역량은 개발하지 않고 동료나 상사의 도움에만 의존하는, 그러면서 팀의 전체적인 성과에만 관심이 있는 사람도 있다. 자신이 맡은 일을 제대로 끝내지 못하면 다른 팀원들의 시간과 노력을 뺏는 것과 같다. 남에게 피해를 주는 것은 물론이고 그런 구성원은 조직도 반기지 않는다.

스스로를 되돌아보자. 정해진 기간 내에 수행해야 할 자신의 역할을 잘 알고 그게 걸맞게 행동하고 책임을 완수하고 있는지를 말이다. 단 하나라도 부족한 것 같다면 당장 황금알을 낳는 거위가 되기 위해 역량개발을 시작해야 한다.

● Performance WAY ●

능력에 훈련을 더해 최고의 역량을 키우는 퍼포먼스 웨이

회사에서 실시하는 아이디어 모집 프로그램에 적극 참여하라

대부분 회사는 '아이디어 뱅크', '창안제도', '제안제도' 등 구성원들이 의견을 공식적으로 제안할 수 있는 제도를 운영하고 있으며, 간혹 그 의견이 회사정책에 반영되기도 한다. 이런 제도에 적극 참여해보자.

아이디어가 거창할 필요는 없다. 일하면서 느낀 사소한 생각이라도 회사발전에 도움이 된다면 의견을 개진하라. 경영진이 미처 생각하지 못했던 부분을 일깨워줄 수도 있다. 누군가는 이렇게 말하기도 했다. "말로 하면 불평이지만, 글로 쓰면 제안이다." 자신이 회사에 대해 아쉬웠던 점이나 불만이었던 내용을 술자리에서 늘어놓지 말고 구체적인 문제점과 원인, 그리고 발전적인 대안을 구상하여 제안해보라. 회사에 대한 애사심은 기본이고 자신도 모르는 사이에 주인의식과 창의성이 겸비된 모습을 발견하게 될 것이다.

내 일에 최선을 다하는 것은 직장인의 기본이다. 내 업무뿐 아니라 회사일도 내 일이라 생각하고 관심을 가지면 애사심이 생긴다. 직원들은 흔히 그런 일은 경영진이나 간부들의 몫이라고 생각하고 무심해지기 쉬운데, 이런 제안제도를 활용하면 회사와 자신의 발전을 동시에 꾀할 수 있다. 물론 제안은 회사를 이해하는 마음가짐에서 우러나온 긍정적인 것들이어야 할 것이다.

자신의 역량을 평가해보라

음식을 먹을 때 맛이 있다 없다를 평가하고, 영화를 보고 나서도 배우의 연기나 스토리에 대해 평가를 한다. 우리는 무의식적으로 하루에도 수십 번씩 평가를 하게 되는데 자기 자신에 대해서는 제대로 평가하지 않는다.

부족한 점이 무엇인지 제대로 파악하고 있지 못하면 불필요한 역량을 개발하는 데 시간과 노력을 투입해야 한다. 자신의 부족한 역량이 무엇인지 파악하는 것에서부터 역량개발은 시작된다. 역량은 반복적으로 발휘되는 행동특성이기 때문에 평소에는 어떤 역량이 부족한지 파악하기 쉽지 않다. 따라서 목표를 수행하는 과정에서 부족한 역량을 찾아내거나, 일의 결과를 놓고 분석해서 찾아내야 한다.

역량을 정확하게 평가하기 위해서는 반드시 성과를 기반으로 한 분석이 선행되어야 한다. 성과를 달성하기 위한 과정 중에 자신이 발휘한 역량, 성과에 영향을 주었던 행동, 어떠한 역량이 부족해서 전략을 실행하지 못했는지 등 철저히 성과를 기준으로 분석한다.

개발하고자 하는 역량목표를 세워라

두 가지 관점을 기준으로 두고 개발하고자 하는 역량목표를 세우면 한쪽으로 치우치지 않는 역량개발이 가능하다. 먼저, 성과목표를 달성하는 도중에 자신의 역량이 부족해서 원하는 전략을 제대로 실행하지 못했던 경우가 발생했을 것이다. 왜 실행을 하지 못했는지, 어떤 역량이 부족했었는지를 살펴보고 다음에 같은 상황에서는 보완된 역량으로 목표를 달성할 수 있도록 한다.

두 번째는 미래에 필요한 역량개발이다. 당장 필요한 역량개발이 우선이기에 미래에 필요한 역량개발은 미뤄질 수도 있지만, 앞으로의 성과목표를 수행하기 위해서 반드시 개발을 해두어야 한다. 매우 빠르게 변화하는 시장에 대응할 수 있는 인재를 확보해야 회사도 그만큼의 경쟁력을 갖출 수 있기 때문이다. 구성원과 회사는 철저한 거래관계이기 때문에 회사에 줄 수 있는 역량을 갖추어야 하고, 회사도 역량을 갖춘 인재를 고용하고 그들이 원하는 경제적 보수를 줌으로써 가치교환이 일어난다.

성장은 언덕길처럼
오는 게 아니라 계단식으로 온다

열심히 하는데도 성장이 멈춘 것 같다고 초조해하지 마라.
한 걸음만 더 힘차게 내디뎌라.

성장은 차근차근 한 단계씩 밟고 올라야 하는 계단이다. 1분, 1시간, 1일마다 내가 변화하고 있다는 것을 체감할 수는 없다. 그러나 어느 일정 기간이 지나고 나면 문득 자신이 예전보다 많이 컸구나 하고 느낄 때가 있다.

다이어트도 그렇지 않은가? 다이어트를 시작하면 음식 양을 줄이거나 운동을 하는 등 평소와는 다른 생활을 경험하게 된다. 그리고 들뜬 마음에 틈날 때마다 몸무게를 체크한다. 하지만 500g도 줄어들지 않은 숫자를 보면 스스로에게 실망하게 된다. 그러나 1주일, 1개월이 지나고 나면 서서히 체중이 줄어드는 것이 눈에 보이기 시작한다. 이제 효과가 나타나고 있다는 기쁨에 전보다 더 열심히 다이어트에 매진한다. 그러다가 또 어느 시점에서는 아무리 운동을 많이 하고, 적게 먹어도 몸무게가 줄지 않는다. 그때가 중요하다. 그 시점을 이겨내지 못하면 다이어트에 성공할 수 없다.

다이어트 효과를 지속하려면 감량한 체중을 적어도 6개월 동안 유지해야 한다. 이렇게 힘든 일이기에 조금 가혹하더라도 단기간에 체중을 확 감량하려는 사람들도 있다. 하지만 단기간 다이어트는 요요현상을 불러와 몸매와 건강을 망칠 가능성이 높다.

단기간에 무엇을 이루려고 하거나 이루어지지 않는다고 초조해 해봐야 되는 것은 아무것도 없다. 마찬가지로 많은 사람들이 단기간에 역량을 향상시키려고 하지만 그러한 방법도 없을뿐더러, 설령 있다 하더라도 그 향상된 실력을 유지하지 못하면 말짱 도루묵이다. 나의 역량이 한 단계 업그레이드될 때까지 악착같이 고생을 참아내고 한결같이 노력하는 것밖에 방법이 없다. 그렇게 해야 자신이 목표한 것을 이뤄낼 수 있다.

어느 시점엔가 벽에 부딪힐 것이다.
그리고 그 벽을 넘으면 더 크게 성장할 것이다

고생이 모여 큰 성장을 가능케 한다. 그러므로 어떻게든 참아내야 한다.

일을 하다 보면 1년, 3년, 5년차 즈음에 슬럼프가 온다. 일을 그만두고 싶다거나 다른 곳으로 옮기고 싶다는 생각이 하루에도 몇 번씩 머릿속을 헤집어놓는다. 1년차 때는 회사도 모르겠고 본인이 맡은 업무도 서툴러서 답답한 마음에 퇴사를 생각하며 다른 곳을 기웃거린다. 뒤늦게 대학원에 가겠다며 향학열을 불태우기도 한다. 그러다 3년차쯤 되면 회사나 일에 대해 조금 알고 자신감도 생기는데, 이번에는 한 곳에 갇혀 있다는 갑갑증이 일어서 변화를 꾀하고 싶다는 생각이 든다. 그 고비를 넘기고 5년차가 되면 업무도, 회사도 알 만큼 알고, 대충 듣고도 팀장이나 윗사람들이 하는 말에 대해 감感이 생긴다. 그러면 또 여기서 이렇게 썩을 게 아니라 다른 직장에서 더 인정받고 싶고 연봉도 높이고 싶은 욕심이 난다.

바로 이 시기가 경력의 고비다. 3년차, 5년차 정도 되었으니 자신의 실력이 저절로 늘어난다고 생각하기 쉽지만, 성과를 창출하는 역량은 언덕길을 오르듯이 매 순간 조금씩, 시간이 지난다고 저절로 늘어나지 않는다. 내 손으로 성과를 만드는 역량을 키우기 위해서는 여러 번의 성장단계를 밟고 올라가야 한다. 그것도 자신이 하고 싶은 것만 내세우지 않고, 상사를 포함해 나의 고객이 바라는 것을 생각하며 역량을 키워야 성장의 계단을 올라갈 수 있다.

개인의 성장은 일을 하다가 정말 괴롭고 지칠 정도로 몰입했을 때, 해도 해도 끝이 보이지 않는 일의 한가운데 있을 때, 급작스럽게 찾아온다. 그 막막한 순간에 그동안 자신이 갈고닦은 역량이 빛을 발한다. 커다랗던 벽이 계단으로 바뀌는 놀라운 경험을 할 때, 비로소 한 단계 성숙해지는 자신을 느낄 것이다.

성장의 벽을 깨고 한 단계 올라서는
퍼포먼스 웨이

작은 성공을 경험함으로써 스스로 동기부여하라

사람들은 본전의식이 강하다. 책 한 권을 읽고, 몇 시간 교육을 받는 것만으로도 자신의 역량이 키워지기를 바란다. 하지만 역량은 단순히 하루이틀 반짝 열심히 한다고 해서 얻어지지 않는다.

또한 경험이 쌓인다고 해서 그것이 곧 역량인 것도 아니다. 우리는 오랜 시간 해당 업무를 맡아 하면 자신의 실력이 쌓여 꾸준한 성과를 낼 수 있으리라 믿는데, 일을 빨리 하는 '기술'이 느는 것이라면 모를까, 역량은 그리 쉽게 누적되지 않는다. 시간과 일의 성과가 비례하지 않듯, 시간과 나의 성장도 비례하지 않는다.

나의 역량이 급격한 전환 없이 언덕길을 오르는 것처럼 계속해서 성장하기만 한다면, 평소에 물과 공기의 소중함을 인지하지 못하듯 어느 순간 내가 성장하고 있다는 것을 망각하게 될 것이다. 그리고 구태여 성장하려고 아등바등 애쓰지도 않게 될 것이다.

하지만 계단식으로 오는 성장에는 나의 역량이 향상되었다고 단박에 알아채는 순간이 있다. '내가 이 일을 과연 해낼 수 있을까?' 하는 두려움을 이겨내고 작은 성공을 거두었을 때, 그 전에는 결코 알지 못했던 기쁨의 맛을 알게 된다. 그것이 동기부여가 되어 더 큰 성취를 갈망하기 시작하고, 전보다 더욱 몰입하게 된다.

전략적 의도를 갖고 계단을 올라라

성장의 계단을 지치지 않고 밟아가려면 그때그때 스스로를 동기부여할 수 있어야 한다. 이것을 거창하게 말하면 '전략적 의도'라 할 것이다.

'전략적 의도'란 자신이 가지고 있는 자원이나 역량을 뛰어넘는 야망을 갖고, 내가 달성하고자 하는 비전이나 목표에 대해 집착하고 끈질기게 추구하는 것을 말한다. 전략적 의도를 갖고 죽을힘을 다해 몰입하다 보면, 필연적으로 '계획'이 나온다. 어떤 역량을 쌓아야 하는지, 그 역량이 왜 필요한지, 무엇을 배우고 연마할지가 구체화되는 것이다. 전략적 의도에 따른 계획이 명확해진다면, 한 계단 새롭게 올라서는 속도가 한결 빨라질 것이다.

슬럼프는 다음 단계로 가기 위한 마지막 관문이다

세간의 스포트라이트를 받던 운동선수들 중에 어느 순간부터 실력이 예전 같지 않더니 2군으로 밀려나고, 벤치를 지키는 신세로 전락하는 경우가 있다. 이렇게 자기 실력을 제대로 발휘하지 못하고 저조한 상태가 계속되면 '슬럼프에 빠졌다.'고들 한다. 목표를 이루고자 정진해가는 사람들에게 가장 반갑지 않은 불청객이 바로 슬럼프다. 이것을 잘 극복하느냐 못 하느냐에 따라 선수로서의 생명이 연장될지, 또는 지금 하고 있는 일을 계속 할지가 결정된다.

이런 중요한 시기를 '왜 나만 이런 걸까? 왜 내게 이런 시련이 닥친 것일까?' 하며 좌절로만 보내서야 되겠는가? 해뜨기 직전이 가장 어두운 것처럼, 성공하기 직전이 가장 힘든 법이다. 그래서 떠오르는 태양이 더 붉고 찬란한지도 모른다. 대부분의 사람들은 고생은 고생대로 하고는 막상 어느 정도 성과가 나려는 찰나에 포기하고 만다. 물론 미래를 훤히 꿰뚫어볼 수 있다면 절대로 그렇게 하지 않겠지만, 마지막 순간을 버티지 못하고 무너지는 모습을 우리는 종종 보곤 한다.

슬럼프는 다음 단계로 올라서기 위한 마지막 관문이다. 좌절하고 방황하며 넋 놓고 있을 때가 아니다. 현재의 처지를 비관하며 시간을 낭비하는 대신 '어떻게 하면 이 시기를 잘 극복할 수 있을까?'를 고민하자. 도움닫기를 위해 몸을 움츠리듯, 잠시 마음을 추스르며 무엇을 해야 한 단계 올라설 수 있을까를 고민하자. 이 고비만 잘 넘기면 폭우가 쏟아진 뒤의 눈부신 하늘처럼, 힘든 과정을 견뎌낸 보상을 받게 된다. 건투를 빈다.

고객이 원하는 성과를
창출하는 사람이 '하이퍼포머'다!

역량을 다지고 지속적인 성과를 창출하기 위해서는 1분, 1초를 허투루 쓸 겨를이 없다. 역량은 치열한 삶의 방식을 정신과 몸으로 터득하는 것이다. 그러니 죽을힘을 다해 자신이 하고 있는 일에 미치는 수밖에 다른 도리가 없다. 그래서 나는 외부에 강의가 있어서 부득이하게 자리를 비워야하는 날이 아니면 늘 사무실로 출근한다. 주말에도, 명절에도 일하는 나를 보며 주변사람들은 일에 미쳤다며 스스로를 돌보는 시간을 가지라고 쓴소리를 한다.

하지만 나에게 사무실은 '일'을 위해 출근하는 노동의 장소가 아니라, '역량'을 쌓기 위한 자기수련의 공간이다. 단 한 번에 성과를 터뜨려서 인생을 바꾸려는 베짱이 같은 생각이나, 이리저리 눈치 보며 어떻게든 쉽게만 살기 원하지 않는다. 나에게 일이란 자신을 사랑하는 것이다. 나는 나 자신을 아끼고 소중히 하고 싶기 때문에, 진정으로 원하는 성과를 얻을 수 있도록 나의 역량을 키우는 것이며 스스로를 아주 치열한 삶의 현장에서 단련시키고자 하는 것이다.

'밥은 천천히 먹고 길은 천천히 걷고 말은 천천히 해라.'라고 피천득 시인은 자신의 딸에게 글을 남겼다. 쉬운 것 같으면서도 실천하기 참 어려운 말이다. 나도 아버지의 심정으로 내 아이들에게 똑같이 말해주고 싶다. 물론 나 자신에게도 해주고 싶은 말이다. 남들보다 더 빨리 행동하고 더 많은 지식을 접하는 데 애쓰기보다는, 하나를 하더라도 그 원리와 본질을 제대로 이해하며 정확하게 꿰뚫어보기를 원한다. 인생을 살다 보면 남들보다 느리게 달릴 수밖에 없는 절박한 이유들이 한두 가지씩 있기 마련이다. 하지만 몸과 마음만 고생하고 스스로가 배울 것이 없다면 그것은 하지 않아도 될 고생이 아닐까라는 생각이 든다. 고생이라는 것이 무조건 해야 할 만큼 유익하지는 않다. 하지 않아도 되는 고생이 있고 해야 할 고생이 있다.

하나를 하더라도 그것을 해야 하는 목적과 의미를 분명하게 이해하고 익히며 온전히 자신의 것으로 만드는 것이 더 중요하다. 이것이 '해야만 하는' 고생이다. 해야만 하는 고생은 즐겁게 할 수 있기를 바란다. 직장인에게 있어서 그 고생은 '일'을 떼놓고 설명할 수 없다. 그렇기에 일에 대한 본질과 그 일을 잘하기 위한 원리에 대해서 스스로가 한 번씩 고민해보기를 바란다.

일의 본질적 측면에서 제대로 된 성과를 내려면 이기적이 아닌 '이타적' 관점에서 일을 해야 한다. 뭔가 고객과 조직에 공헌하겠다는 생각으로 해야 탁월한 성과를 낼 수 있다. 일에 대한 나의 철학, 내가 근무하는 조직에 대한 나의 철학, 함께 근무하는 상사와 동료들에 대한 나의 생각이 이기적이냐, 이타적이냐에 따라 내 일의 성과는 180도 달라진다. 이러한 철학적 성찰이 뒷받침이 되고 난 다음에야 비로소 일을 잘하기 위한 방법적인 측면에서 성과창출 프로세스를 고민하는 게 의미가 있다.

비즈니스 현장은 전쟁터이며, 우리는 전사戰士로서 성과를 창출해내기 위해 일한다. 특급전사들이 자신의 기술과 요령을 상황에 맞게 유연하게 적용함으로써 전쟁에서 승리하는 것처럼, 우리는 언제 어떤 일이 일어날지 모르는 비즈니스 전장에서 성과를 내기 위한 전술들을 연습시켜 몸에 배게 해야 한다. 한번 해봤다고 해서, 또는 한번 공부했다고 해서 안심하지 말고 반복적으로 계속해서 자신의 능력과 환경에 맞게 '성과를 내는 방식Performance WAY'을 혁신시키기 바란다.

어머니가 어린아이에게 하듯 밥을 잘근잘근 씹어 떠먹여주는 것에 익숙해지지 말자. 시중에 떠도는 가벼운 자기계발 지침서로 위안을 삼으려는 욕심도 버리자. 실력으로 승부하지 않고 편하게 목표를 달성해보려는 잔꾀는 말 그대로 일회용일 뿐이다. 반복적으로 재현할 수 없는 것은 역량이라 할 수 없다.

우리는 온전한 자신의 두 발로, 정신력으로 홀로 설 수 있어야 한다. 자신의 비전과 전략을 스스로 분명하게 수립할 수 있어야 하며, 이를 경영하기 위해 실행단위를 쪼개서 년, 월, 주, 일 단위로 목표화하는 지표가 있어야 한다. 그리고 스스로 자신을 끊임없이 동기부여할 수 있는 자가발전기가 되어야만 역량을 지속적으로 발휘할 수 있다.

이제 당신은 새로운 출발선에 섰다. 무엇을 해도 잘하는지 자신이 없고, 내 일에 확신이 들지 않고, 지금 회사에 내 미래를 맡겨도 되는지 불안했다면, 이제 그 의심은 떨쳐버리고 새롭게 마음을 가다듬자.

모쪼록 많은 직장인들이 이 책을 통해 스스로 깨달음으로써 순전히 자신의 땀과 노력에 의해서 탁월한 성과를 창출할 수 있는 역량을 발휘하기를 바란다.

지금까지 함께해준 여러분께 감사드린다.

류랑도

퍼포먼스 웨이 실천하기

이 책에서 제시한 '퍼포먼스 웨이'는 성과를 창출하는 '기본기'인 역량을 몸에 체득하는 구체적인 방법론을 담고 있다. 읽는 순간 당연하다고 받아들여질지 모르지만, 좀 더 곱씹어보면 어떤 것을 요구하는지 알 것이다.

'퍼포먼스 웨이'를 효율적으로 활용하기 위해 총 3개월 단위로 스스로 프로그램을 계획하여 운영해보자. 보는 것과 아는 것은 다르고, 아는 것과 실행하는 것은 또 다르다. 그저 많은 지식과 정보를 보는 데 그칠 것이 아니라, 직접 실행해보면서 자신을 정확히 알고 나의 역량을 키워나가야 진정으로 아는 것이라 할 수 있다. 한정된 시간을 얼마나 잘 활용하느냐에 따라 나의 역량개발 정도가 좌우된다.

'퍼포먼스 웨이'는 3개월이라는 정해진 시간 동안에 일Work, 행동Action, 열망Yearn에 해당하는 44개 주제에서 세분화된 다양한 실천과제를 실행해보며 자신이 어느 정도 수준인가를 한눈에 알아볼 수 있는 일종의 점검표다. '퍼포먼스 웨이'는 본문 각 주제의 실행지침들을 바탕으로 하고 있다. 처음 한 달 동안은 1부의 '일'을 간파하는 실천과제를 수행해보고, 다음 달은 2부의 '행동'을, 그다음 달은 3부 '열망'의 퍼포먼스 웨이를 실천해보고 부족한 부분을 재수행해보도록 한다. 이러한 '퍼포먼스 웨이'는 총 5가지 단계로 실행해 볼 수 있다.

1단계 - 책을 읽으면서 퍼포먼스 웨이를 왜 실행해야 하는가에 대한 필요성을 이해한다.

2단계 - 퍼포먼스 웨이마다 자신이 어떻게 실천할 것인지 직접 작성해본다. 만약, 자신만의 실천과제를 새로 작성하기 어려운 경우에는 기존의 퍼포먼스 웨이를 그대로 사용해도 무방하다.

3단계 - 자신의 실천과제를 수행해보고 하루를 마무리할 때 평가한다. 각각의 '퍼포먼스 웨이'에 대한 자신의 수준은 다음과 같이 4단계로 평가한다.

4단계 - 한 달 후 평가점수를 계산한다.

5단계 - 3개월 동안의 실습이 완료되면 일, 행동, 열망을 비교해가며 부족한 부분은 추가적으로 실습하도록 한다.

3개월 동안 평소 자신의 습관이나 사고를 혁신시키는 계기가 될 것이다. 이러한 과정을 통해 '퍼포먼스 웨이'에서 'O'나 '◎'처럼 시도조차 하지 못했거나 미흡했던 과제를 보완하는 시간을 갖도록 한다. 지난 3개월을 돌아보며 자신의 '퍼포먼스 웨이 평가표'를 통해 스스로를 평가하고 반성하는 시간을 갖는다.

다음 페이지부터는 '퍼포먼스 웨이' 작성방법과 평가방법, 그리고 작성사례를 실었다. 이 책의 실행지침에 따라 직접 퍼포먼스 웨이를 작성하고자 하는 독자는 저자의 홈페이지(www.theperformance.co.kr)의 '커뮤니티 공간'에서 양식을 다운로드 받을 수 있다. 모쪼록 이 책의 내용을 직접 실행해봄으로써 성과를 내는 방식을 직접 체질화하기 바란다.

퍼포먼스 웨이 평가단계

평가기준	점수	표시
시도조차 못했을 때	0점	O
시도는 했지만 중도에 포기하거나 실천력이 부족할 때	1점	◎
의도했던 실천과제를 수행하여 만족스러울 때	2점	◑
목표의 120% 이상을 수행하여 성취감이 컸을 때	3점	●

일하는 방식Work 예시

일정	일하는 방식	퍼포먼스 웨이	평가
1일	1) 성과는 회사와 거래하는 상품이다.	1. 회사는 성과와 금액을 거래하는 시장이다.	◐
2일		2. 고객인 상사의 기준이 상품의 기준이다.	◐
3일	2) 영업이로 일하지 말고 머리로 일하라.	3. 하고자 하는 일의 목차인 성과모습을 시각화하라.	●
4일		4. '업무관리' 하지 말고 일일 '목표경영' 하라.	●
5일	3) 상사가 원하는 일은 따로 있다.	5. 기억력을 믿지 말고 메모장을 믿어라. 그러나 기록만이 능사는 아니다.	●
6일		6. 당신이 상사에게 먼저 다가가라.	◎
		7. 시킨 일을 억지로 하지 말고 먼저 찾아서 즐겁게 일하라.	◐
7일	4) 아무리 맛있는 음식도 유통기한이 있다.	8. 조정기 하지 마라. 하루, 1시간, 한 템포 먼저 일을 완료하라.	●
8일		9. 일의 중요도를 고려하여 일의 우선순위를 정하라.	●
		10. 상사는 지금도 기다리고 있다. 진행과정에 대해 선제적으로 커뮤니케이션하라.	○
9일	5) 남의 인생을 발로 쓰지 마라.	11. 일의 전체를 보며, 성과의 핵심요소를 그려라.	◐
10일		12. 내 언어와 소신으로 무장하되 고객의 입장에서 일하라.	◎
		13. 보고서의 썸네일에 담긴 의미까지도 설명할 수 있어야 한다.	●
11일	6) 과녁을 정조준해야 할 일이 정해진다.	14. 일을 요청한 이에게 당신이 그려본 '성과의 모습'을 설명해주라.	◎
12일		15. 목표가 달성되었을 때의 상태와 구성요소를 명확하게 구조화하라.	●
		16. 성과가 마딧속에 떠올랐다면 고정요소와 변동요소를 나누어 실행계획을 수립하라.	●
13일	7) 성과은 2,000번의 실패를 요구한다.	17. 실패의 학습 포인트를 1개 이상 반드시 습득하라.	◎
14일		18. 배울 점이 있는 실패라도 즐기지는 마라.	◎
		19. 사후 깨달음보다는 사전 예방조치가 돈이 덜 든다.	●
15일	8) 권한위임은 리더가 아니라 나의 문제다.	20. 목격지에 대해 상사와 동상이몽하지 마라.	◐
		21. 상사의 니즈와 연조를 기다리지 말고 리드하라.	○
		22. 권한위임의 핵심은 상사가 원하는 목표를 달성하는 전략과 방법이다.	◐
16일		23. 권한위임이 가능하도록 먼저 여건을 만들어라.	◎

일	내용	
17일	24. 일의 목표를 바라보는 4차원의 시각을 가져라.	◎
	25. 현장에서 성과를 기획하라.	●
18일	**9) 숨어 있는 그림자가 일을 망친다.**	◎
	26. 사전에 업무 프로세스 전체를 머릿속에 통째로 각인시켜라.	◐
19일	27. 목표조감도의 고정요소와 변동요소를 찾아내라.	●
20일	**10) 신이 아니라 틈입이에 걸려 넘어진다.**	●
21일	28. 나만의 성쇄부를 만들어라. 반복해서 자신의 실수를 없애나가라.	◐
22일	29. 나만의 깐깐한 심사위원을 곁에 둬라.	●
23일	**11) 1년 목표는 하루가 결정한다.**	◎
24일	30. 나만의 '갈'로 나누는 훈련을 반복하라.	●
	31. 업무처리절차가 아닌 목표조감도를 쪼개라	●
25일	**12) 혼자 하지 말고 품앗이를 하라.**	●
	32. 도움받을 일을 쪼개고 적재적소에 요청하라.	◎
26일	33. 성과품앗이 워크숍을 선제 활용하라.	●
	34. 쪼갠 업무는 미리 요청하라.	●
27일	**13) 준비한 자만이 승리한다.**	●
	35. 당장 힘들든다 미래의 기회까지 저버리지 마라.	●
28일	36. 일의 의미를 되새겨 한결같음을 유지하라.	●
	37. 달력의 새로줄에도 창조적인 한 주가 숨어 있다.	◎
29일	**14) 예의 있게 소신을 밝혀라.**	◐
	38. 공식적인 자리에서 예의를 갖춰서 가감없이 말하라.	●
	39. 머리가 타지도록 치열하게 논의하라.	◎
30일	40. 결정되었으면 즉각 지원하라.	
	15) 나의 존재가치는 성과로 증명된다.	
	41. 실력의 대차대조표를 만들어라.	
	42. 1년에 두 번 전지훈련을 떠나라.	
	43. 실전 가능한 자기계발 계획을 일 단위로 수치화하라.	
	44. 구체적인 목표를 세우고 전략적 과정을 관리하라.	

행동하는 방식Action 예시

일정	일하는 방식	퍼포먼스 웨이	평가
1일	16) 상사에게도 내가 모르는 한 방이 있다.	45. 상사의 독수리눈을 결정적일 때 빌려라.	◎
2일		46. 아무리 무능한 상사라도 대포는 쏠 안다.	◐
		47. 상사가 내 미음에 들 필요는 없다. 내가 맞추면 된다.	●
3일	17) 목표에 대해 백일몽 꾸지 마라.	48. 성과목표의 진행상황을 한눈에 볼 수 있는 대시보드를 작성하라.	●
4일		49. 성과목표달성 진척상황을 매일 모니터링하라.	○
5일		50. 100% 목표달성을 위해 120%의 전략을 준비하라.	●
6일	18) 이부할 시간에 일의 본질을 깨물어라.	51. 일의 배경과 목적을 긴파하라.	●
7일		52. 스스로에게 성과창출 3단계 질문을 하라.	●
8일	19) 자기완결형 인재가 되어라.	53. 능력과 역량, 두 마리의 토끼를 다 잡아라.	◐
9일		54. 점심시간에 타부서 사람들을 만나라.	●
		55. 보이지 않는 90%가 당신의 경쟁력이다.	◎
10일	20) 사람들은 흔수에 강하다는 것을 활용하다.	56. 아이디어 정합 뱅크 '주황색 노트'를 돌려라.	●
11일		57. 더 많은 흔수를 얻어내려면 인내심이 필요하다.	◐
		58. 같은 이야기를 업그레이드해서 반복 설명하라.	●
12일	21) 한번 일을 시작했으면 끝장을 봐라.	59. 일의 아킬레스건을 구체적으로 파악하자.	◎
13일		60. 나만의 성과코치를 찾아 나서자.	◐
		61. 열정이 밥 먹여준다.	●
14일	22) 상사와 이메일 패스워드를 공유하라.	62. 지시받는 '보고가' 아닌 먼저 찾아가는 '재안'을 하라.	○
		63. 업무상황을 상사와 투명하게 공유하라.	◐
15일		64. 당신의 역량개발에 상사를 직구적으로 참여시켜라.	●

일정	일하는 방식	퍼포먼스 웨이	평가
16일	23) 자신을 뽐내기하지 마라.	65. 1년에 한 번씩 경력사항을 검증하라.	◐
17일		66. 다른 사람에게 '나'에 대한 객관적인 평가를 받아보자.	●
		67. 스스로에 대한 과대평가를 경계하자.	●
18일	24) 명세만 하지 말고 행동으로 실천하라.	68. 자기 수검을 스스로 제하라.	◎
19일		69. 번껍데기뿐인 명세를 검거하라.	●
		70. 치명적인 발과 따뜻한 성을 제시하라.	●
20일	25) 내가 인정받아야 성과도 인정받는다.	71. 외모에서도 전문가의 이미지를 풍겨라.	●
21일		72. 성실은 성과달성의 검증이자 가장 중요한 밑받친이다.	◎
		73. '괜찮은 사람'이라는 평가를 받자.	◎
22일	26) 핑계 대지 말고 인정하라.	74. 보상의 달콤함만큼 책임의 쓴맛도 받아들여라.	◐
23일		75. 성과책임 과제를 분명하게 정하라.	●
		76. 물귀신 직전의 폐해를 뻣슥 깊이 느껴라.	◯
24일	27) 평균의 지배를 벗어나라.	77. 인정받을 수 있는 나만의 무기를 가져라.	●
25일		78. 이제까지의 나를 넘어서자.	◎
		79. 이 세상에 하나뿐인 당신을 70%의 사람으로 만들지 마라.	●
26일	28) 내가 실행한 업무의 품질을 논하라.	80. 내가 실행한 일의 결과로 말하라.	◎
27일		81. 결과와 과정을 동시에 리뷰하고 시사점을 찾으라.	●
28일		82. 자신의 역사를 기록하라.	●
29일	29) 잘 혼나는 법을 익혀라.	83. 리더가 훈좋하기 전에 먼저 문제상황을 깨쳐라.	◐
		84. 잘 혼나고 있다는 증거를 보여준다.	●
30일		85. 무중을 듣고 나면 15분 동안 쉬는 시간을 갖자.	◎

열망하는 방식(Yearn 예시)

일정	일하는 방식	퍼포먼스 웨이	평가
1일	30) 세상에 공짜 점심은 없다.	86. 자신을 피해자로 만들지 마라.	◎
2일		87. 회사에 어떤 기여를 해야 할지를 고민하라.	◎
		88. 나보다 두 단계 높은 팀장으로 일하자.	●
3일	31) 회사에 있는 동안은 내 시간이 아니다.	89. 퇴근하기 전에 '내일'의 성과를 미리 디자인하라.	●
4일		90. 하루를 4등분 하자. '아침, 점심, 저녁'에 '새벽'을 더하라.	◐
5일	32) 프로는 반드시 대가를 지불한다.	91. 내가 직접 생산할 수 있는 '진정한 프로'가 되자.	◐
6일		92. 남들이 대신 해준다고 하면 과감히 거절하라.	◐
7일	33) 이왕 할 거면 확 미쳐라.	93. 안 될 것에 대한 '두려움'은 땅속에 묻어라. 갖고 있어봐야 마음만 무겁다.	○
8일		94. 일에 자신의 자존심을 걸어라.	◐
		95. 업무에 배수진을 쳐라.	●
9일	34) 최고를 나의 라이벌로 선택하라.	96. 나의 비전을 기준으로 라이벌을 정하라.	◎
10일		97. 라이벌에 대한 전문가가 되어라.	◎
		98. 멘토를 선정하여 정점을 모니터링하자.	●
11일	35) 직장에 대한 막연한 환상은 버려라.	99. 환상 속의 회사는 없다.	●
12일		100. 내가 있는 곳이 내가 찾던 그곳이다.	◐
13일	36) 그에겐 뭔가 특별한 게 있다.	101. 내가 여기, 지금, 이 모습으로 왜 있는지 존재의 이유를 적어라.	◎
		102. 비전조감도를 5년마다 업데이트하라.	◎
14일		103. 비전달성의 기준이 되는 가치관을 정립하라.	◎
		104. 성공한 한 명을 철저하게 연구하여 자신에게 접목하라.	○
15일	37) 회사는 고민상담소가 아니다.	105. 자신만의 스트레스 관리 노하우를 만들어라.	●
16일		106. 문제는 발생한 장소에서 해소하라.	◎
		107. 회사활동에 주도적으로 참여하라.	◎

일정	읽히는 방식	파포먼스 웨이	평가
17일	38) 고수는 혹독한 역량훈련으로 탄생된다.	108. 조직의 미래와 나의 미래를 동시에 생각하라.	●
18일		109. 험난한 일이야말로 나를 제대로 단련시킨다.	●
		110. 경영은 종합예술, 다양한 분야를 경험하라.	◎
19일	39) 회사 홍보는 친구를 멀리하라.	111. 내 회사는 내가 만든다.	○
20일		112. '내 회사'에 대해 욕하는 것을 듣고만 있지 마라.	○
		113. 우리 회사의 현재만 바라보지 마라.	●
		114. 현재 직장에서 뼈를 묻는다고 생각하라.	○
		115. 하이퍼포머는 노는 물이 다르다.	●
21일	40) 관점을 바꾸면 숨어 있는 것도 보인다.	116. 똑바로 보지 말고 가끔씩 삐딱하고 가우뚱하게 보라.	●
22일		117. 고객중심의 퓨전사고를 즐겨라.	●
		118. 자신을 자꾸 낯선 환경에 던져라.	●
23일	41) 화려한 과거가 미래를 보장하지 않는다.	119. 지금 여기서 자신이 맡고 있는 임을 자랑스러워하라.	◎
24일		120. 현재의 나를 객관적으로 솔직하게 인정해라.	◎
		121. 제로베이스zero base에서 시작하라.	●
25일	42) 회사 물건의 주인은 나다.	122. 숨어 있는 냄비 습관을 없애라.	●
26일		123. '쫀쫀함' 것이 아니라 '짯짯함' 것이다.	◐
		124. '공유의 비극'은 경제에만 있으면 된다.	○
27일	43) 거울을 잘 키워야 황금알을 낳는다.	125. 회사에서 실시하는 아이디어 모집 프로그램에 적극 참여하라.	●
28일		126. 자신의 역량을 평가해보라.	●
		127. 개발하고자 하는 역량목표를 세워라.	◎
29일	44) 성장은 엘리베이터처럼 오는 게 아니라 계단식으로 온다.	128. 작은 성공을 경험함으로써 스스로 동기부여하라.	●
30일		129. 전략적 의도를 갖고 계단을 올라라.	●
		130. 슬럼프는 다음 단계로 가기 위한 마지막 관문이다.	◎

일하는 방식Work 평가표

번호	일하는 방식	개수			
		3점 ●	2점 ◑	1점 ◎	0점 ○
1	성과는 회사와 거래하는 상품이다.	0	2	0	0
2	엉덩이로 일하지 말고 머리로 일하라.	1	1	0	0
3	상사가 원하는 일은 따로 있다.	1	1	1	0
4	아무리 맛있는 음식도 유통기한이 있다.	2	0	0	1
5	남의 안경은 빌려 쓰지 마라.	1	1	1	0
6	과녁을 정조준해야 할 일이 정해진다.	2	0	1	0
7	성공은 2,000번의 실패를 요구한다.	1	0	2	0
8	권한위임은 리더가 아니라 나의 문제다.	0	2	2	0
9	숨어 있는 그림자가 일을 망친다.	1	1	2	0
10	산이 아니라 돌멩이에 걸려 넘어진다.	2	0	0	0
11	1년 목표는 하루가 결정한다.	1	1	0	0
12	혼자 하지 말고 품앗이를 하라.	2	0	1	0
13	준비한 자만이 승리한다.	2	0	1	0
14	예의 있게 소신을 밝혀라.	3	0	0	0
15	나의 존재가치는 성과로 증명된다.	1	1	2	0

평가
점수

3점 × (20)개 + 2점 × (10)개 + 1점 × (13)개 + 0점 × (1)개
= (93)/132점

행동하는 방식Action 평가표

번호	일하는 방식	개수			
		3점 ●	2점 ◑	1점 ◎	0점 ○
16	상사에게는 내가 모르는 한 방이 있다.	0	1	2	0
17	목표에 대해 백일몽 꾸지 마라.	1	1	0	1
18	아부할 시간에 일의 본질을 캐물어라.	1	1	0	0
19	자기완결형 인재가 되어라.	1	1	1	0
20	사람들은 훈수에 강하다는 것을 활용하라.	0	3	0	0
21	한번 일을 시작했으면 끝장을 봐라	1	0	2	0
22	상사와 이메일 패스워드를 공유하라.	1	1	0	1
23	자신을 뻥튀기하지 마라.	0	3	0	0
24	맹세만 하지 말고 행동으로 실천하라.	1	1	1	0
25	내가 인정받아야 성과도 인정받는다.	1	0	2	0
26	핑계 대지 말고 인정하라.	0	2	0	1
27	평균의 지배를 벗어나라.	2	0	1	0
28	내가 실행한 업무의 품질을 논하라.	2	0	1	0
29	잘 혼나는 법을 익혀라.	1	1	1	0
평가 점수	3점 × (12)개 + 2점 × (15)개 + 1점 × (11)개 + 0점 × (3)개 = (77)/123점				

열망하는 방식Yearn 평가표

번호	일하는 방식	개수			
		3점 ●	2점 ◑	1점 ◎	0점 ○
30	세상에 공짜 점심은 없다.	0	1	2	0
31	회사에 있는 동안은 내 시간이 아니다.	1	1	0	0
32	프로는 반드시 대가를 지불한다.	0	2	0	0
33	이왕 할 거면 확 미쳐라	0	2	0	1
34	최고를 나의 라이벌로 선택하라	1	0	2	0
35	직장에 대한 막연한 환상은 버려라.	1	1	0	0
36	그에겐 뭔가 특별한 게 있다.	0	1	2	1
37	회사는 고민상담소가 아니다.	1	0	2	0
38	고수는 혹독한 역량훈련으로 탄생된다.	0	2	1	0
39	회사 흉보는 친구들을 멀리하라.	1	1	1	2
40	관점을 바꾸면 숨어 있는 것도 보인다.	0	3	0	0
41	화려한 과거가 미래를 보장하지 않는다.	0	1	2	0
42	회사 물건의 주인은 나다.	0	1	2	0
43	거위를 잘 키워야 황금알을 낳는다.	1	1	1	0
44	성장은 언덕길처럼 오는 게 아니라 계단식으로 온다.	0	2	1	0
평가 점수	3점 × (6)개 + 2점 × (19)개 + 1점 × (16)개 + 0점 × (4)개 = (72)/135점				

퍼포먼스 웨이 평가표 종합

퍼포먼스 웨이 점수 환산표

구분	100점 환산	평가표 종합점수
일하는 방식(Work)	(93) ÷ 132 X 100	70
행동하는 방식(Action)	(77) ÷ 123 X 100	62
열망하는 방식(Yearn)	(72) ÷ 135 X 100	53

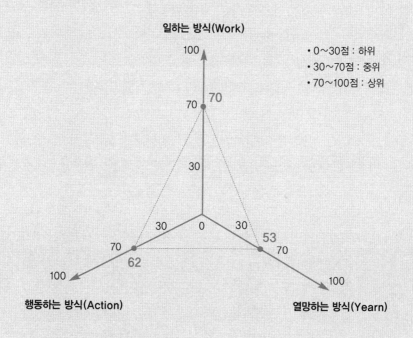

나만의 퍼포먼스 웨이 작성하기

'부록 1'의 '퍼포먼스 웨이'는 내가 성과경영 전문가로서 당신에게 권하고 싶은 기본적인 역량향상의 방법론이다. 이것만으로도 하이퍼포머로 도약하기 위해 기본 단계essential는 마스터할 수 있을 것이다.

그러나 한편으로 나는 당신이 좀 더 욕심을 내어 숙련된 단계expert로 자신만의 '퍼포먼스 웨이'를 고민하고 설계해보기를 희망한다. 책의 내용을 바탕으로 당신의 상황과 상태에 맞는 맞춤형 '퍼포먼스 웨이'를 스스로 작성하여 계획해보자. 자신이 직접 정한 만큼 실행의지도 남다를 것이고 실제 본인이 현업에서 적용하여 역량으로 체화하는 속도도 한결 빠르리라 기대한다. 나만의 퍼포먼스 웨이 작성법은 다음과 같다.

- 키워드 : 책에서 제공된 '퍼포먼스 웨이'마다 자신이 체득해야 할 역량이 무엇인지를 고민해보자.
- 행동수칙 : 도출된 키워드를 업무상에서나 일상에서 실천으로 옮겨 생활화하는 방안을 나만의 창의적인 방법을 동원하여 작성하여 보자.

일하는 방식을 혁신하고자 자신만의 퍼포먼스 웨이를 작성한 시니어Senior 팀원의 사례가 '부록 3'에 담겨 있다. 본 사례를 바탕으로 자신만의 퍼포먼스 웨이를 직접 작성해보자.

일하는 방식|Work 양식

일정	일하는 방식	퍼포먼스 케이	나의 실천과제	평가
1일	**1) 성과는 회사와 거래하는 상품이다.**	1. 회사는 성과와 급여를 거래하는 시장이다.		
2일		2. 고객인 상사의 기준이 성품이 기준이다.		
3일	**2) 영영이로 일하지 말고 머리로 일하라.**	3. 하고자 하는 일의 목적이진 성과목을 시각화하라.		
4일		4. '업무관리' 하지 말고 일일 '목표경영' 하라.		
5일	**3) 상사가 원하는 일은 따로 있다.**	5. 기억력을 믿지 말고 메모장을 믿어라. 그러나 기록만이 능사는 아니다.		
6일		6. 당신이 상사에게 먼저 다가가라.		
7일		7. 시킨 일을 억지로 하지 말고 먼저 찾아서 즐겁게 일하라.		
7일	**4) 아무리 맛있는 음식도 유통기간이 있다.**	8. 조치기 하지 마라. 하루, 1시간, 한 템포 먼저 일을 완료하라.		
8일		9. 일의 중요도를 고려하여 일의 우선순위를 정하라.		
		10. 상사는 지금도 기다리고 있다. 진행과정에 대해 선제적으로 커뮤니케이션하라.		
9일	**5) 남의 인생은 발써 쓰지 마라.**	11. 일의 전체를 보며, 성과의 핵심요소를 먼저 그려라.		
10일		12. 내 언어와 소신으로 무장하되 고객의 입장에서 말하라.		
		13. 보고서의 샘표에 담긴 의미까지도 설명할 수 있어야 한다.		
11일	**6) 과녁을 정조준해야 할 일이 정해진다.**	14. 일을 요청한 이에게 당신이 그려본 '성과의 모습'을 설명해라.		
12일		15. 목표가 달성되었을 때의 상태와 구성요소를 명확하게 구조화하라.		
		16. 성과가 머릿속에 떠올랐다면 고정요소와 변동요소를 나누어 실행계획을 수립하라.		
13일	**7) 성공은 2,000번의 실패를 요구한다.**	17. 실패의 학습 포인트를 1개 이상 반드시 습득하라.		
14일		18. 배울 점이 있는 실패라도 즐기지는 마라.		
		19. 사후 깨달음보다는 사전 예방조치가 돈이 덜 든다.		
15일	**8) 권한위임은 리더가 아니라 나의 문제다.**	20. 목자지에 대해 상사와 동상이몽하지 마라.		
16일		21. 상사의 니즈와 원즈를 기다리지 말고 리드하라.		
		22. 권한위임 핵심은 상사가 원하는 목표를 달성하는 전략과 방법이다.		
		23. 권한위임이 가능하도록 먼저 여건을 만들어라.		

일정	일하는 방식		퍼포먼스 웨이	나의 실천과제	평가
17일	9) 숨어 있는 그림자가 일을 망친다.		24. 일의 목표를 바라보는 4차원의 시각을 가져라.		
18일			25. 현장에서 성과를 기획하라.		
19일	10) 선이 아니라 돌멩이에 걸려 넘어진다.		26. 사전에 업무 프로세스 전체를 머릿속에 각인시켜라.		
20일			27. 목표조감도의 고정요소와 변동요소를 찾아내라.		
			28. 나만의 실행부를 만들어라. 반복해서 자신의 실수를 없애나가라.		
21일	11) 1년 목표도 하루가 결정한다.		29. 나만의 간전한 심사위원을 곁에 둬라.		
22일			30. 나만의 '길'로 나누는 훈련을 반복하라.		
23일	12) 혼자 하지 말고 품앗이를 하라.		31. 업무처리절차가 아닌 목표조감도를 쪼개라		
24일			32. 도움받을 일을 쪼개고 적재적소에 요청하라.		
			33. 성과품앗이 워크숍을 선제 활용하라.		
25일	13) 준비한 자만이 승리한다.		34. 쪼갠 업무는 미리 요청하라.		
26일			35. 당장 힘들다고 미래의 기회까지 저버리지 마라.		
			36. 일의 의미를 되새겨 헌걸음음을 유지하라.		
27일	14) 예의 있게 소신을 밝혀라.		37. 답력의 세로줄에도 창조적인 한 주가 숨어 있다.		
28일			38. 공식적인 자리에서 예의를 갖춰서 거침없이 말하라.		
			39. 머리가 타지도록 치열하게 논의하라.		
29일	15) 나의 존재가치는 성과로 증명된다.		40. 결정되었으면 적극 지원하라.		
			41. 실력의 대차대조표를 만들어라.		
30일			42. 1년에 두 번 전자훈련을 떠나라.		
			43. 실천 가능한 자기계발 계획을 일일 단위로 수치화하라.		
			44. 구체적인 목표를 세우고 전략적 과정을 관리하라.		

행동하는 방식Action 양식

일정	일하는 방식	퍼포먼스 웨이	나의 실천과제	평가
1일				
2일	16) 상사에게도 내가 모르는 한 방이 있다.	45. 상사의 독수리눈을 결정적일 때 벌려라.		
		46. 아무리 무능한 상사라도 대표는 쫌 좀 안다.		
		47. 상사가 내 마음에 들 필요는 없다. 내가 맞추면 된다.		
3일		48. 성과목표의 진행상황을 한눈에 볼 수 있는 대시보드를 작성하라.		
4일	17) 목표에 대해 뻑뻑쿵 꾸지 마라.	49. 성과목표달성 진척상황을 매일 모니터링하라.		
5일		50. 100%의 목표달성을 위해 120%의 전략을 준비하라.		
6일	18) 이부할 시간에 일의 본질을 캐물어라.	51. 일의 배경과 목적을 간파하라.		
7일		52. 스스로에게 성과창출 3단계 질문을 하라.		
8일	19) 자기완결형 인재가 되어라.	53. 능력과 역량, 두 마리의 토끼를 다 잡아라.		
9일		54. 점심시간에 타부서 사람들을 만나라.		
		55. 보이지 않는 90%가 당신의 경쟁력이다.		
10일	20) 사람들은 훗수에 강하다는 것을 활용하라.	56. 아이디어 잡학 밭크 '주황색 노트'를 돌려라.		
11일		57. 더 많은 훗수를 얻어내려면 인내심이 필요하다.		
		58. 같은 이야기를 업그레이드해서 반복 설명하라.		
12일	21) 한번 일을 시작했으면 끝장을 봐라	59. 일의 아웃레스건을 구체적으로 파악하자.		
13일		60. 나만의 성과효과를 찾아 나서자.		
		61. 열장이 밥 먹여준다.		
14일	22) 상사와 이메일 패스워드를 공유하라.	62. 지시받는 '보고기' 아닌 먼저 찾아가는 '제안'을 하라.		
15일		63. 업무상황은 상사와 투명하게 공유하라.		
		64. 당신의 역량개발에 상사를 적극적으로 참여시켜라.		

일정	일하는 방식	퍼포먼스 웨이	나의 실천과제	평가
16일		65. 1년에 한 번씩 경력사항을 검증하라.		
17일	23) 자신을 뽐내기하지 마라.	66. 다른 사람에게 '나'에 대해 객관적인 평가를 받아보자.		
		67. 스스로에 대한 과대평가를 경계하자.		
18일		68. 자기 수준을 스스로 제워라.		
19일	24) 맹세만 하지 말고 행동으로 실천하라.	69. 빈껍데기뿐인 맹세를 검거하라.		
		70. 치명적인 별과 따뜻한 상을 제시하라.		
20일		71. 외모에서도 전문가의 이미지를 풍겨라.		
21일	25) 내가 인정받아야 성과도 인정받는다.	72. 성실은 성과달성의 검증이자 가장 중요한 밑반찬이다.		
		73. '괜찮은 사람'이라는 평가를 받자.		
22일		74. 보상의 달콤함만큼 책임의 쓴맛도 받아들여라.		
23일	26) 핑계 대지 말고 인정하라.	75. 성과책임 과제를 분명하게 정하라.		
		76. 몰가신 작전의 폐해를 뼛속 깊이 느껴라.		
24일		77. 인정받을 수 있는 나만의 무기를 가져라.		
25일	27) 평균의 지배를 벗어나라.	78. 이제까지의 나를 넘어서자.		
		79. 이 세상에 하나뿐인 당신을 70%의 사람으로 만들지 마라.		
26일		80. 내가 실행한 일의 결과로 말하라.		
27일	28) 내가 실행한 업무의 품질을 논하라.	81. 결과와 과정을 동시에 리뷰하고 시사점을 찾아라.		
28일		82. 자신의 역사를 기록하라.		
29일	29) 잘 혼나는 법을 익혀라.	83. 리더가 호출하기 전에 먼저 문제상황을 깨처라.		
		84. 잘 혼나고 있다는 증거를 보여준다.		
30일		85. 꾸중을 듣고 나면 15분 동안 쉬는 시간을 갖자.		

열망하는 방식Yearn 양식

일정	일하는 방식	퍼포먼스 웨이	나의 실천과제	평가
1일	30) 세상에 공짜 점심은 없다.	86. 자신을 피해자로 만들지 마라.		
2일		87. 회사에 어떤 기여를 해야 할지를 고민하라.		
		88. 너보다 두 단계 높은 입장으로 일하자.		
3일	31) 회사에 있는 동안은 내 시간이 아니다.	89. 퇴근하기 전에 '내일'의 성과를 미리 디자인하라.		
4일		90. 하루를 4등분 하자. '아침, 점심, 저녁'에 '새벽'을 더하자.		
5일	32) 프로는 반드시 대가를 지불한다.	91. 내가 직접 생산할 수 있는 '진정한 프로'가 되자.		
6일		92. 남들이 대신 해준다고 하면 과감히 거절하라.		
7일	33) 이왕 할 거면 확 미쳐라.	93. 안 될 것에 대한 '두려움'은 맘속에 묻어라. 갖고 있어봐야 마음만 무겁다.		
8일		94. 일에 자신의 자존심을 걸어라.		
		95. 업무에 배수진을 쳐라.		
9일	34) 최고를 나의 라이벌로 선택하라.	96. 나의 비전을 기준으로 라이벌을 정하라.		
10일		97. 라이벌에 대한 전문가가 되어라.		
		98. 멘토를 선정하여 장점을 모니터링하자.		
11일	35) 직장에 대한 막연한 환상은 버려라.	99. 환상 속의 회사는 없다.		
12일		100. 내가 있는 곳이 내가 꿈던 그곳이다.		
13일	36) 그에겐 평가 특별한 게 있다.	101. 내가 여기, 지금, 이 모습으로 왜 있는지 존재의 이유를 적어라.		
		102. 비전조감도를 5년마다 업데이트하라.		
14일		103. 비전달성의 기준이 되는 가치관을 정립하라.		
		104. 성공한 한 명을 철저하게 연구하여 자신에게 접목하라.		
15일	37) 회사는 고민상담소가 아니다.	105. 자신만의 스트레스 관리 노하우를 만들어라.		
16일		106. 문제는 발생한 장소에서 해소하라.		
		107. 혁신활동에 주도적으로 참여하라.		

일정	일하는 방식	퍼포먼스 웨이	나의 실천과제	평가
17일	**38) 고수는 혹독한 역량훈련으로 탄생된다.**	108. 조직의 미래와 나의 미래를 동시에 생각하라.		
18일		109. 험난한 일이야말로 나를 제대로 단련시킨다.		
		110. 경영은 종합예술, 다양한 분야를 경험하라.		
19일		111. 내 회사는 내가 만든다.		
	39) 회사 홍보는 친구들을 열리하라.	112. '내 회사'에 대해 욕하는 것을 듣고만 있지 마라.		
		113. 우리 회사의 현재만 바라보지 마라.		
20일		114. 현재 직장에서 배울 못든다고 생각하라.		
		115. 하이퍼포머는 노는 물이 다르다.		
21일		116. 똑바로 보지 말고 가끔씩 삐딱하고 가우뚱하게 보라.		
	40) 관점을 바꾸면 숨어 있는 것도 보인다.	117. 고객중심의 뮤지시고를 즐겨라.		
22일		118. 자신을 자꾸 낯선 환경에 던져라.		
23일		119. 지금 여기서 자신이 맡고 있는 일을 자랑스러워하라.		
	41) 화려한 과거가 미래를 보장하지 않는다.	120. 현재의 나를 객관적으로 솔직하게 인정하라.		
24일		121. 제로베이스zero base에서 시작하라.		
25일		122. 숨어 있는 낭비 습관을 없애라.		
	42) 회사 물건의 주인은 나다.	123. '쫀쫀한' 것이 아니라 '꼿꼿한' 것이다.		
26일		124. '공유의 비극'은 경제에만 있으면 된다.		
27일		125. 회사에서 실시하는 아이디어 모집 프로그램에 적극 참여하라.		
	43) 거위를 잘 키워야 황금알을 낳는다.	126. 자신의 역량을 평가해보라.		
28일		127. 개발하고자 하는 역량목표를 세워라.		
29일		128. 작은 성공을 경험함으로써 스스로 동기부여하라.		
	44) 성장은 엘리베이터처럼 오는 게 아니라 계단식으로 온다.	129. 전략적 의도를 갖고 계단을 올라라.		
30일		130. 슬럼프는 다음 단계로 가기 위한 마지막 관문이다.		

퍼포먼스 웨이 평가표 종합

퍼포먼스 웨이 점수 환산표

구분	100점 환산	평가표 종합점수
일하는 방식(Work)	(　　) ÷ 132 X 100	
행동하는 방식(Action)	(　　) ÷ 123 X 100	
열망하는 방식(Yearn)	(　　) ÷ 135 X 100	

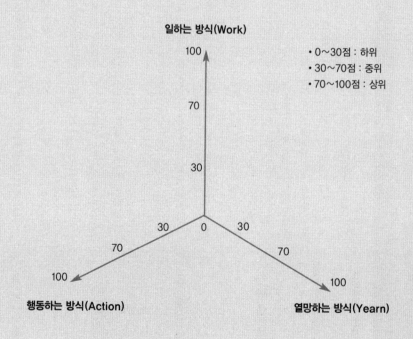

일하는 방식(Work)

- 0~30점 : 하위
- 30~70점 : 중위
- 70~100점 : 상위

행동하는 방식(Action)

열망하는 방식(Yearn)

일하는 방식Work 예시—시니어 팀원 작성 사례

일정	일하는 방식	퍼포먼스 웨이	나의 실천과제	평가
1일	1) 성과를 회사와 거래하는 상품이다.	1. 회사는 성과와 금액를 거래하는 시장이다.	상사가 요청차 지적하는 횟수를 30%로 낮춘다.	●
2일		2. 고객의 상사의 기준이 상품이다.	상사가 원하는 업무 남기일 2일 전 제출한다.	◎
3일	2) 영엉으로 일하지 말고 머리로 일하라.	3. 하고자 하는 일의 목적인 성과모습을 시각화하라.	목적goal과 목표objective를 구분하여 목표를 세운다.	●
4일		4. '업무관리' 하지 말고 일일 '목표경영' 하라.	업무집중시간(9시~12시)에는 절대 몰입한다(타임앙스).	●
5일	3) 상사가 원하는 일은 따로 있다.	5. 기억력을 믿지 말고 메모장을 믿어라. 그러나 기록만이 능사는 아니다.	일이 빠른 최 과정남의 지시는 반드시 메모하여 누락되는 업무가 없도록 한다.	●
6일		6. 당신이 상사에게 먼저 다가가라.	박 부장님과 하루 한 번 사적인 대화를 한다.	◎
7일		7. 시간 일을 억지로 하지 말고 먼저 찾아서 즐겁게 일하라.	주 1회 이상 상사가 시키지 않은 업무를 찾아서 한다.	◎
8일	4) 아무리 맛있는 음식도 유통기한이 있다.	8. 조치기 하지 마라. 하루, 1시간, 한 템포 먼저 일을 완료하라.	성격 급한 최 과정님은 종종 마감 기일보다 빨리 결과물을 원하므로 적어도 1일 이내에 완성한다.	◎
9일		9. 일의 중요도를 고려하여 일의 우선순위를 정하라.	급한 일을 처리하기 전에 중요도를 먼저 생각해본다.	◎
10일		10. 상사는 지금도 기다리고 있다. 진행과정에 대해 선제적으로 커뮤니케이션하라.	상사가 묻기 전에 프로젝트 진행과정에 대해 먼저 보고한다.	◎
11일	5) 남의 인정은 벌려 쓰지 마라.	11. 일의 전체를 보며, 성과의 핵심요소를 먼저 그려라.	내가 하려고 하는 일이 최종적으로 어떤 일과 연관이 있는지 큰 그림을 먼저 그리고 일을 시작한다.	◎
12일		12. 내 언어로 소신으로 무장하되 고객의 언어에서 말하라.	일을 하기 전 '왜?'라는 질문을 통해 스스로 답을 찾아본다.	●
		13. 보고서의 쉽체에 담긴 의미까지도 설명할 수 있어야 한다.	내가 이해하지 못한 보고서는 올리지 않는다.	●
	6) 과녁을 정조준해야 할 일이 정해진다.	14. 일을 요청한 이에게 당신이 그려본 '성과의 모습'을 설명해줘라.	일을 시작하기 전에 최 과장님과 내가 어떤 결과를 만들어낼지 미리 설명한다(다를 경우 최 과장님께 코칭 요청).	●
		15. 목표가 달성되었을 때의 상태와 구성요소를 명확하게 구조화하라.	숫자를 사용하여 목표를 객관적으로 사용한다.	●
		16. 성과가 머릿속에 떠올랐다면 고정요소와 변동요소를 나누어 실행계획을 수립하라.	무작정 실행하지 않고 일의 순서를 정한다.	●

일정	일하는 방식	퍼포먼스 웨이	나의 실천과제	평가
13일	7) 성공은 2,000번의 실패를 요구한다.	17. 실패의 학습 포인트를 1개 이상 반드시 습득하라.	실패한 일에서 사사로 배울 점을 한 가지 이상 기록한다.	◐
14일		18. 배울 점이 있는 실패라도 즐기지는 마라.	반복적인 실패는 3회 미만으로 유지한다.	●
15일		19. 사후 깨달음보다는 사전 예방조치가 돈이 덜 든다.	실패할 것 같은 일은 대안을 미리 마련해 둔다.	◎
	8) 권한위임은 리더가 아니라 나의 문제다.	20. 목적지에 대해 상사와 동상이몽하지 마라.	업무지시를 받으면 제대로 이해했는지 다시 한 번 확인한다.	●
		21. 상사의 니즈와 원조를 기다리지 말고 리드하라.	새로운 이슈를 먼저 제안하고 실행하는 적극성을 보인다.	◐
16일		22. 권한위임의 핵심은 상사가 원하는 목표를 달성하는 전략과 방법이다.	일을 시작하기 전, 목표를 어떻게 달성할 것인지 전략과 방법을 세워 최 과장님의 동의를 구한다.	◐
		23. 권한위임이 가능하도록 먼저 여건을 만들어라.	혼자 마무리할 수 있는 업무를 월 1회 이상 수행한다.	◎
17일		24. 일의 목표를 바라보는 4차원의 시각을 가져라.	업무와 관련된 사람, 부서, 고객사를 함께 고려한다.	●
	9) 숨어 있는 그림자가 일을 망친다.	25. 현장에서 성과를 기획하라.	월 1회 현장에 나가 실무자들과 미팅한다.	●
18일		26. 사전에 업무 프로세스 전체를 머릿속에 통째로 각인시켜라.	프로젝트 간트차트를 모니터 옆에 붙여놓고 수시로 확인하여 프로세스 전체가 머릿속에 들어오도록 한다.	◐
		27. 목표조감도의 고정요소와 변동요소를 찾아내라.	변동요소와 고정요소를 분류하는 습관을 들인다.	◎
19일	10) 산이 아니라 돌멩이에 걸려 넘어진다.	28. 나만의 상벌표를 만들어라. 반복해서 자신의 실수를 없애나가라.	실수라고 변명하지 않고 결과에 책임을 진다.	●
20일		29. 나만의 깐깐한 심사위원을 곁에 둬라.	꼼꼼한 성격의 홍 대리에게 보고서 오탈자 검수를 부탁한다.	◐
21일	11) 1년 목표는 하루가 결정한다.	30. 나만의 '칼'로 나누는 훈련을 반복하라.	2P&2C 기준에 맞춰 일을 나누는 연습을 한다.	○
22일		31. 업무처리절차가 아닌 목표조건도를 짜게 하라	최종목표를 달성하기 위해 중간목표를 설정하는 습관을 들인다.	●

일정	일하는 방식	퍼포먼스 웨이	나의 실천과제	평가
23일	12) 혼자 하지 말고 품앗이를 하라.	32. 도움받을 일을 쪼개고 적극적으로 요청하라.	내 업무를 도와줄 수 있는 조력자를 1명 이상 만든다.	●
24일		33. 성과품앗이 워크숍을 선제 활용하라.	월 1회 정도는 친구들로부터 새로운 아이디어를 얻는다.	○
		34. 조건 업무는 미리 요청하라.	동료와 서로 주 1회 이상 업무 도움을 주고받는다.	●
25일	13) 준비한 자만이 승리한다.	35. 당장 힘들더라도 미래의 기회까지 커버리지 마라.	업무 스트레스를 날려버릴 수 있는 취미생활을 시작한다.	●
26일		36. 일의 의미를 되새겨 한결같음을 유지하라.	일을 경제적 수단이 아닌 나를 성장시키는 수단으로 여긴다.	●
		37. 달력의 세로줄에도 창조적인 한 주가 숨어 있다.	주업마다 과정 전문사험을 위한 영어공부를 한다 (11월까지 Opic IM 취득).	◎
27일	14) 예의 있게 소신을 밝혀라.	38. 공소적인 지리에서 예의를 갖춰서 거짓없이 말하라.	전략회의 시 아이디어 또는 의견을 1가지 이상 개진한다.	●
		39. 머리가 터지도록 치열하게 논의하라.	내 의견과 반대되는 의견이 있다면, 불만보다는 설득할 수 있는 대안 또는 자료를 보완하여 다시 설명한다.	●
28일		40. 결정되었으면 적극 지원하라.	결정된 사항에 관해서는 열렬한 조력자가 되어 업무를 적극 지원하는 태도를 보인다.	●
29일	15) 나의 존재가치는 성과로 증명된다.	41. 실력의 대차대조표를 만들어라.	실력의 대차대조표를 그려보고 부족한 부분에 대한 역량개발계획을 수립한다.	◎
30일		42. 1년에 두 번 전지훈련을 떠나라.	연말과 연초 연휴(1월 1일)를 이용하여 나의 1년 성과를 스스로 평가해보고, 내년도 목표를 설정한다.	●
		43. 실천 가능한 자기계발 계획을 일일 단위로 수치화하라.	1주일에 3일 정도는 퇴근 후 자기계발 시간으로 활용한다.	●
		44. 구체적인 목표를 세우고 전략적 과정을 관리하라.	5년 치 커리어플랜을 작성해본다.	●

류랑도

(주)더퍼포먼스 대표 컨설턴트.

20여 년 동안 '성과를 돕는 사람'으로 대한민국의 모든 리더와 구성원들에게 진정한 '성과'가 무엇인지, 어떻게 하면 일하는 '전략'과 '방법'을 개선해 '역량'을 키울 수 있는지 소개해왔다. 풍부한 실무경험과 인본주의 철학을 바탕으로 제시하는 촌철살인의 강의와 컨설팅은 수많은 개인과 조직의 지속가능한 발전을 이끌어주었다. 핵심을 관통하면서 청중을 휘어잡는 강의로 유명하며, 기업과 정부기관의 초청 1순위 연사로 꼽혀 연간 250회 이상의 강연을 하고 있다. 또한 《완벽한 하루》, 《제대로 시켜라》, 《하이퍼포머》, 《회사 개념어 사전》 등 30여 권의 저서는 출간할 때마다 베스트셀러가 되었다.

연세대학교 사회학과를 졸업한 후, SK건설 인사팀에서 다년간 실무경험을 쌓고, 성신여대에서 성과관리를 주제로 박사학위를 취득했다. 현재 삼보산업, 삼보오토의 경영고문을 맡고 있으며, (주)경신의 경영자문을 맡고 있다.

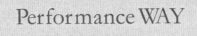
Performance WAY